Symbolon

Peter Orban | Ingrid Zinnel | Thea Weller

Symbolon

Das Spiel der Erinnerungen

Zur Symbolik astrologischer Aspekte

KAILASH

KAILASH

Bibliografische Information der Deutschen Bibliothek

Die Deutsche Bibliothek verzeichnet diese Publikation
in der Deutschen Nationalbibliografie; detaillierte bibliografische Daten
sind im Internet unter http://dnb.ddb.de abrufbar.

© Heinrich Hugendubel Verlag, Kreuzlingen/München 2006
Alle Rechte vorbehalten

Umschlaggestaltung: Weiss/Zembsch/Partner, Werkstatt/München
Produktion: Ortrud Müller
Satz: Fotosatz Amann, Aichstetten
Druck und Bindung: Neografia, Martin
Printed in Slovakia

ISBN-10: 3-7205-2744-1
ISBN-13: 978-3-7205-2744-6

Wir widmen dieses Buch Martin Orban, der die Arbeit von *symbolon musisch* schon so viele Jahre begleitet.

Dein »Spiel«, Martin, ist uns – jeden Tag aufs Neue – ein Geländer zum Abstieg in die Tiefen der Seele.
Es hat hier mehr Türen geöffnet, als du vielleicht ahnst.

Inhalt

Vorwort   9

Über das Spiel und das Spielen   13

Die Karten (Die Personen)   29

Die Großen Arkana

1. Der Krieger (Widder)   30
2. Die Geliebte (Stier)   32
3. Der Vermittler (Zwillinge)   34
4. Die Mutter (Krebs)   36
5. Das Ego (Löwe)   38
6. Die Dienerin (Jungfrau)   40
7. Der Partner (Waage)   42
8. Der Verführer (Skorpion)   44
9. Der Verkünder (Schütze)   46
10. Der Meister (Steinbock)   48
11. Der Narr (Wassermann)   50
12. Der Engel (Fische)   52

Die Mittleren Arkana

13. Der Trotz (Krebs/Widder)   54
14. Die zwei Gesichter der Eva (Krebs/Stier)   56
15. Die Aussprache (Krebs/Zwillinge)   58
16. Die Unvereinbarkeit (Krebs/Löwe)   60
17. Die Für-Sorge (Krebs/Jungfrau)   62
18. Die Familie (Krebs/Waage)   64
19. Die Abtreibung (Krebs/Skorpion)   66
20. Mnemosyne (Krebs/Schütze)   68
21. Die Eiskönigin (Krebs/Steinbock)   70
22. Die Ent-Bindung (Krebs/Wassermann)   72
23. Der Dornröschen-Schlaf (Krebs/Fische)   74
24. Der Kampf (Löwe/Widder)   76
25. Die Herrscherin (Löwe/Stier)   78
26. Der Schauspieler (Löwe/Zwillinge)   80
27. Der kranke König (Löwe/Jungfrau)   82
28. Die Hoch-Zeit (Löwe/Waage)   84
29. Der Magier (Löwe/Skorpion)   86
30. Fortuna (Löwe/Schütze)   88
31. Die Bürde (Löwe/Steinbock)   90
32. Der Sturz (Löwe/Wassermann)   92
33. Der Rückzug (Löwe/Fische)   94

Die Kleinen Arkana

34. Der Eros (Widder/Stier)   96
35. Der Pranger (Widder/Zwillinge)   98
36. Die Schuld (Widder/Jungfrau)   100
37. Der Streit (Widder/Waage)   102
38. Der Vampir (Widder/Skorpion)   104
39. Der Kreuzritter (Widder/Schütze)   106
40. Die Verhinderung (Widder/Steinbock)   108
41. Der Giftzwerg (Widder/Wassermann)   110
42. Der reine Tor (Widder/Fische)   112
43. Die Goldmarie (Stier/Zwillinge)   114
44. Das Festhalten (Stier/Jungfrau)   116
45. Der goldene Käfig (Stier/Waage)   118
46. Die Marionette (Stier/Skorpion)   120
47. Materie und Geist (Stier/Schütze)   122
48. Die Verantwortung für die Schöpfung (Stier/Steinbock)   124
49. Der Abschied (Stier/Wassermann)   126
50. Der Garten der Geister (Stier/Fische)   128
51. Der Stratege (Zwillinge/Jungfrau)   130
52. Marktplatz der Eitelkeiten (Zwillinge/Waage)   132
53. Der Rattenfänger (Zwillinge/Skorpion)   134
54. Meister und Schüler (Zwillinge/Schütze)   136
55. Das Gebrechen (Zwillinge/Steinbock)   138
56. Hans Guckindieluft (Zwillinge/Wassermann)   140
57. Das Schweigen (Zwillinge/Fische)   142
58. Der Beziehungs-Alltag (Jungfrau/Waage)   144
59. Die Kasteiung (Jungfrau/Skorpion)   146
60. Die Inquisition (Jungfrau/Schütze)   148
61. Die Angst (Jungfrau/Steinbock)   150

62. Die Erinnyen (Jungfrau/Wassermann) 152
63. Die Täuschung (Jungfrau/Fische) 154
64. Das Verhängnis (Waage/Skorpion) 156
65. Das Symbolon (Waage/Schütze) 158
66. Die Trauer (Waage/Steinbock) 160
67. Die Trennung (Waage/Wassermann) 162
68. Die zwei Köngskinder (Waage/Fische) 164
69. Die schwarze Messe (Skorpion/Schütze) 166
70. Die Depression (Skorpion/Steinbock) 168
71. Der Phönix (Skorpion/Wassermann) 170
72. Der Heiligen-Schein (Skorpion/Fische) 172
73. Die Beichte (Schütze/Steinbock) 174
74. Der Quanten-Sprung (Schütze/Wassermann) 176
75. Die Pythia (Schütze/Fische) 178
76. Die Gefangenschaft (Steinbock/Wassermann) 180
77. Die Moira (Steinbock/Fische) 182
78. Die Grals-Frage (Wassermann/Fische) 184

Anhang: Legesysteme 186

I. Tat twam asi 187
II. Der Janus-Kopf 188
III. Die Reise des Helden 189
IV. Der Gordische Knoten 189
V. Das Pentagramm 190
VI. Skylla und Charybdis 191
VII. Die Seelenburg 192
VIII. Persephone 193
IX. Das »symbolon« 195
X. Mnemosyne (und ihre 9 Töchter) 196
XI. Der Quanten-Sprung 198
XII. Drehbuch des Lebens 199

Autorenseite 200

Schema zum Auffinden der Karten (Zahlen gleich Seitenzahlen)

	Widder	Stier	Zwillinge	Krebs	Löwe	Jungfrau	Waage	Skorpion	Schütze	Steinbock	Wassermann	Fische
Widder	30	96	98	54	76	100	102	104	106	108	110	112
Stier	96	32	114	56	78	116	118	120	122	124	126	128
Zwillinge	98	114	34	58	80	130	132	134	136	138	140	142
Krebs	54	56	58	36	60	62	64	66	68	70	72	74
Löwe	76	78	80	60	38	82	84	86	88	90	92	94
Jungfrau	100	116	130	62	82	40	144	146	148	150	152	154
Waage	102	118	132	64	84	144	42	156	158	160	162	164
Skorpion	104	120	134	66	86	146	156	44	166	168	170	172
Schütze	106	122	136	68	88	148	158	166	46	174	176	178
Steinbock	108	124	138	70	90	150	160	168	174	48	180	182
Wassermann	110	126	140	72	92	152	162	170	176	180	50	184
Fische	112	128	142	74	94	154	164	172	178	182	184	52

Schema zum Auffinden der Zeichen siehe Seite 21

Vorwort

»Gib das Verwahrte zurück!«
Pittakos von Mitylene

Ein Spiel ist ein Spiel und kein Orakel!

Als wir in unserem Inneren auf jene Bilder stießen, von denen dieses Buch handelt, hatten wir nicht die Pythia im Sinn, also nicht die Orakelpriesterin, sondern unsere Gedanken weilten bei einer anderen Form des Berührtwerdens.

Unser Denken und unser Gedenken kreise um das Thema der Musen. Von ihnen, besonders von ihrer Mutter, Mnemosyne, sind wir verzaubert. Wir sind tief bewegt, von dem Bild, dass eine Mutter ihre Töchter einmal nicht wohlfeil unter die Haube zu bringen bestrebt war, sondern sie, ganz im Gegenteil, in die Welt hinaus entließ, damit sie – eine jede auf ihre Art – die Menschen mit ihrem Kuss erinnerten.

Erinnern? Woran?

Nun, das ist eine sehr lange Geschichte.

Um diese Geschichte vielleicht eines Tages erzählen zu können, also eines Tages zu wissen, was es alles zu erinnern gibt, müssen wir erst einmal versuchen, uns des Erinnerns zu erinnern.

Anders gesagt, wir haben nicht nur sehr vieles, was einmal Teil von uns war, was einmal zu uns gehört hat, weggegeben und können uns daran nicht erinnern, wir haben sogar diejenigen vergessen, die ausdrücklich angetreten sind, uns zu erinnern: die Musen und jene mütterliche Größe, die hinter ihnen steht und ihnen diesen Auftrag vergab: Mnemosyne.

Da freilich nie etwas endgültig dem Vergessen anheim fällt, haben auch die Töchter bis heute überlebt. Ihr Name dauert fort in einer unauffällig gewordenen Nische, die niemand mehr so eigentlich mit ihren *Personen* in Verbindung bringt, die aber dennoch das große Potenzial der Erinnerungen in sich aufbewahrt trägt: in der Musik (von *musike* den Musen zugehörig). Auch der Volksmund hat dieses Wissen gespeichert in dem Satz:

»Wo Menschen singen, lass dich ruhig nieder, böse Menschen haben keine Lieder.«

Böse Menschen haben keine *musike*, haben keine Beziehung zu den Musen. Sie sind deshalb »böse«, *weil sie vergessen haben*.

Musik hilft dabei, sich zu erinnern. Das ist einer der Gründe dafür, warum in den alten Asklepiaden, den griechischen Heilungstempeln, immer eine zarte Musik erklang, und es ist auch der Grund, warum in den heutigen Therapieräumen – mehr und mehr – im Hintergrund Kitaro oder Klaus Schulze oder Tangerine Dream läuft.

Es wäre freilich vollständig einseitig, das Thema der Musen allein auf das Gebiet der Musik zu reduzieren – und es war auch bei den Griechen niemals so gedacht.

Jede Form der schönen Künste hatte ihre eigene Muse, bis hin zur Philosophie, die von Platon im Phaidros (Vers 259d) ausdrücklich den Musen Kalliope und Urania unterstellt wird.

Sie sind gleichsam die Schutzgöttinnen der Philosophie, was für Platon buchstäblich bedeutete: Ohne eine Hinwendung an die Musen, ohne deren Kuss, findet keine Philosophie statt!

Wir wollen es nicht verhehlen: Ursprünglich sollte unser Kartenspiel »Mnemosyne« heißen und also dieser (inneren) Person gewidmet sein. Als wir aber die Sache bei Licht besahen, wurde uns diese Anmaßung bewusst, und wir ahnten etwas voraus: dass wir mit diesem Namen ganz ebenso Mnemosynes große Gegenspielerin auf den Plan rufen würden, und wir sahen schon die Käufer in der Buchhandlung stehen und nach diesem Namen suchen, der ihnen nicht einfallen wollte.

Als mahnendes Beispiel erschien uns die Geschichte des Buches von Julius Schmidhauser »Mnemosyne«[1], das als eines der ganz großen Philosophiebücher der zweiten Hälfte dieses Jahrhunderts in der Vergessenheit verschwunden war.

Mit den Kräften der Lethe, der Göttin des Vergessens (und damit Mnemosynes »Alter Ego«) ist eben nicht zu spaßen. Sie sind heute so stark, dass wir uns auf dieses Risiko nicht einlassen wollten, und deshalb heißt unser Spiel (gleichsam als ein Pseudonym) »symbolon«.

Der Leser jedoch – und auch der Spieler –, der durch das Spiel zu mehr Erinnerung sich hindurchgearbeitet hat, darf es am Ende bei seinem wahren Namen nennen.

Wovon handelt nun unser Spiel?

Nicht nur davon, dass es Wesenheiten gibt, die den Auftrag des »Erinnerns« einmal hatten, son-

---

[1] Julius Schmidhauser, Mnemosyne, Heidelberg 1954

dern dass sich noch ganz andere Kräfte und Personen im Inneren der Welt aufhalten und sich damit auch im Inneren unserer Seele tummeln. Ebendiese gilt es zu erinnern.

Von diesem Phänomen wusste schon Kirchenvater Origines: »Du wirst sehen, dass ein Mann, der einer zu sein scheint, nicht nur einer ist, sondern es erscheinen so viele Personen in ihm, wie er Verhaltensweisen hat.«[1]

In unserer blutarmen, d.h. seelenarmen Zeit, in der die Seele (nach den Erzählungen der Schulpsychologie) nur noch aus Komplexen, Mechanismen und Neurosen zu bestehen scheint, gibt es kaum noch den Gedanken an Wesenheiten, kaum noch den Gedanken an *innere Personen*, die einst auftauchten aus den Tiefeschichten der Seele und von dort etwas zu berichten wussten. Die Erinnerung an diese Personen ist seit Beginn der Neuzeit in einer großangelegten Aufklärungskampagne aus den Kammern des Inneren getilgt worden, und die letzte große Seelengestalt, die hier vertrieben worden ist, war – bezeichnenderweise – die Gestalt des Teufels. Mit seiner Demontage hatte man jedoch (buchstäblich) das Kind mit dem Bade ausgeschüttet. Nicht nur das Kind, sondern alle anderen inneren Gestalten gleich mit. Still ruhte seitdem der (Seelen-)See.

Jetzt hatte die Wissenschaft das Sagen, und in ihr hatten *innere Personen* keinen Platz mehr. Die Gestalt, die hier zum alleinigen Fahnenträger werden musste, eine merkwürdig asexuelle Erscheinung namens »Rationalität« (oder »Vernunft«), wurde weder als Person gesehen noch ging aus diesem Arbeitsbündnis sehr viel (die Seele befruchtendes) Neues hervor.

Man könnte sagen, dieser Gestalt fehlte das Weibliche, und so gebar sie zwar Nobelpreisträger, aber kaum (lebendiges) Wissen. (Ganz ebenso hatte die Gestalt der »Alma Mater«, also die nährende Mutter »Universität«, ihre lebensspendende Milch weitgehend verloren und durch schnell verwertbare Kunstprodukte ersetzt.)

Kaum ein Psychologe lernt hier, dass sich hinter seiner Berufsbezeichnung ebenfalls eine Frau verbirgt: Er übersetzt »Psyche« mit »Seele« nicht ahnend, dass er es mit der Gemahlin des Gottes »Amor« zu tun hat: einer ehemaligen Königstochter namens »Psyche«, die später von Jupiter zu den Göttern emporgerissen wurde.

Was, so mag sich der Leser fragen, hat denn das Märchen von Apuleius, der die Geschichte von »Amor und Psyche« erzählt, zu tun mit unserem Thema der Erinnerung oder gar mit den Personen im Inneren meiner Seele?

Die Antwort ist ebenso einfach wie verblüffend: Das Märchen und – noch deutlicher – der Mythos *ist die einzige Erinnerung daran, dass es im Inneren des Menschseins und d.h. im Inneren einer jeden menschlichen Seele verschiedene Personen gibt:* verschiedene Wesenheiten, die mich umhertreiben, die mich antreiben, die mich glücklich machen, mich auf die Suche schicken und die mich zerreißen.

Aber auch der Wissenschaft, die bestrebt ist, jeden Menschen als eine identische und authentische Einheit auf einen gemeinsamen Nenner zu zwingen, begegnet (seit etwa 1980) ein Phänomen, vor dem sie – mit ihren normalen Werkzeugen – bisher hilflos steht. In ihren Kliniken und Laboratorien treten, zunächst als Kranke, Menschen auf, die glaubhaft und leidend demonstrieren, dass in ihrem Inneren *viele* am Werk sind. Unter dem Etikett »MPD« (»multiple personality disorder« = Störungen durch vielfältige innere Persönlichkeiten) machen eine Reihe von Patienten schmerzlich glaubhaft, dass in ihrem Inneren nicht *eine* Person ihres Amtes waltet, sondern deren viele. Das hat sich noch nicht bis in die deutsche Psychiatrie hinein herumgesprochen (obwohl es ganz zarte Ansätze gibt), aber das große Feld der Sachbücher, die allesamt Patientenbeschreibungen enthalten, spricht hier, unabhängig voneinander, eine deutliche Sprache. Allein im deutschsprachigen Raum kann sich der interessierte Leser hinreichend informieren.[1]

Und das ist nur die Spitze des Eisberges, denn die eigentliche Aufarbeitung dieses Phänomens findet (in der amerikanischen Psychiatrie) in Fachbüchern, Zeitschriften und Kongressen statt.

Diese Texte sagen – z.T. ohne dass sie voneinander wissen – dasselbe. Sie sind der Aufschrei einer Person, die entdecken muss: Ich bin in meinem Inneren nicht allein. *Ich bin viele!*[2]

Das aber wollte die großartig angelegte Seelenlehre der Griechen (und Römer) uns auch immer schon erzählen, wenn sie unter dem Namen

---

[1] Zitiert nach C. G. Jung: Die Psychologie der Übertragung, Olten 1973, S. 45

---

[1] Flora Rheta Schreiber: Sybil (Fischer Verlag), Daniel Keyes: Die Leben des Billy Milligan (Heyne), Lucy Freeman: Der stille Schrei (Kabel Verlag), Truddi Chase: Der Aufschrei (Bastei Verlag)

[2] So der Titel eines neuen Buches von Joan Frances Casey, Reinbek 1992

»Mythos« ihre alten Geschichten zur Erinnerung der Seele an sich selbst ausbreitete.

Jeder Mythos erzählt die Geschichte der Seele! Aber nicht die Geschichte irgendeiner Seele, sondern die Geschichte desjenigen, dem der Mythos zu Ohren kommt. Insofern behandelt jeder Mythos die Geschichte deiner und meiner Seele!

Das hat Freud als erster Abendländer erahnt, und in den Bildern des »Narziss« und des »Ödipus« hat er diese »Erinnerung«, diese »Rückverbindung« wieder hergestellt, die jahrhundertelang verloren war. Das ist seine großartige Leistung. Dass er gegen die Meinung der Fachkollegen den Kuss der Musen ernst nahm und das Amt des »Erinnerers« (gegen alle Widerstände) stur und starrköpfig durchhielt, zeichnet ihn als genialen Menschen aus. Er hat es gefunden (wenn er es auch selbst nicht ganz verstanden hat): Die Muse hatte eben ihn geküsst und damit als Finder auserwählt. Jetzt war es in der Welt und konnte z.T. von seinen »abtrünnigen Schülern« (C.G. Jung, Groddeck, Rank etc.) weitergeführt werden.

Dass wir das vorliegende Buch schreiben können, verdanken wir ihm. Und das sei hier einmal mit dem nötigen Respekt und in tiefer Dankbarkeit angemerkt. Er hat dem Thema der Seele, wie kein Zweiter, ein neues Fundament gegeben (oder doch wenigstens die wichtigsten Pfeiler errichtet), auf dem wir Späteren – ein jeder nach seiner Art – uns unsere eigenen Zimmer einrichten dürfen.

Jeder Mythos erzählt die Geschichte einer (oder zweier oder gar dreier) Personen und einer Konfliktsituation.

Warum?

Damit du dich daran erinnerst, dass es diese Person und diesen Konflikt auch in dir gibt. Es muss immer *als Geschichte* erzählt werden, sonst versteht es deine Seele nicht. Es kann nicht als Mahnung an dich ergehen, als Gebot oder als Verbot, als »du darfst …« oder »du darfst nicht …«. Es würde dir ein schlechtes Gewissen machen, und du müsstest den Zusammenhang erneut verdrängen. Jede Verdrängung aber hat damit zu tun, dass eine der inneren Personen auf der Oberfläche des Bewusstseins (also in deiner Erinnerung) nicht mehr vorhanden sein darf. Sie – diese Person – wird bei einer »Verdrängung« gezwungen, aus dem Parterre des Bewusstseins in die Kellerräume hinab zu entweichen, und dort wird sie jetzt zum Spuk. Und das Bewusstsein hat in Zukunft Angst davor, dass dieser Spuk – eben als Gespenst – in das Parterre zurückkehrt und mich dort furchtbar erschreckt.

Der *Inhalt des Verdrängten* (und das ist für uns alle so eminent schwer zu verstehen) ist immer *eine Person*! Nie werden Einzeltatsachen verdrängt oder Einzelszenen, sondern in diesem Akt der Verdrängung entsteht eine eigene und (ab jetzt) eigenständige Person!

Und so gibt es eine riesengroße »Kammer des Vergessens« in unserem Inneren, und in dieser Kammer tummeln sie sich alle. Die Wesenheiten des alltäglichen Wahnsinns.

Dieser Kammer der Lethe das Vergessene zu entreißen, war jeder Mythos angetreten. Und um einen Blick in diese Kammer zu werfen, haben wir dieses Kartenspiel entworfen.

Unser Spiel ist also – so lautet sein Untertitel – das »Spiel der Erinnerungen«.

Es will dir etwas zurückbringen!

Damit aber unterscheidet es sich in seiner Blickrichtung von den meisten anderen Kartenspielen, die sich heute am Markt befinden. Sein Ziel *ist nicht die Zukunft*, der es prophetisch etwas entreißen möchte (das wäre der Dienst der Orakelpriesterin, vgl. unsere Karte DIE PYTHIA), sondern sein Ziel *ist das Vergangene*, aus dem es eine Erinnerung in die Gegenwart hinein zurückerstatten möchte. Dass diese beiden Ziele letztlich nicht voneinander zu scheiden sind, sehen wir daran, dass – wie Pausanias erzählt – im Giebel des Orakeltempels (zu Delphi) Apollon *mit den Musen* dargestellt war. Und dass – ebenfalls – unten zur Öffnung hin, über der die Pythia auf ihrem Dreibein saß, ein Spruch sich eingemeißelt befand. Er lautete: »Gib das Verwahrte zurück!«[1]

Zu diesem Zweck, eben das Verwahrte zurückzubringen, bedient sich unser Spiel der »Bilder«. Ganz ähnlich wie die »musike«, haben auch die Bilder eine eigentümlich erinnernde Kraft in sich. Und zwar übersteigt diese Kraft die Fähigkeit des geschriebenen Wortes bei weitem. Bei Platon schon findet sich der Hinweis, dass mit der Erfindung des geschriebenen Wortes das Vergessen geradezu gefördert wird. Er sagt sinngemäß, dass die *Schrift* den Seelen Vergessenheit einflößt, weil der Mensch im Vertrauen auf die Schrift sich jetzt nur noch von außen vermittels fremder Zeichen (Buchstaben) erinnern kann, nicht aber er sich selbst von innen heraus unmittelbar *er-in-*

---

[1] Vgl. Luciano De Crescenzo: Geschichte der griechischen Philosophie, München 1990. S. 24

nern kann. Damit bleibt das Erinnern gleichsam äußerlich. (Vgl. Phaidros 275 a2 – b2.)

Diese Einschränkung haben Bilder nicht! Sie treten mit der Seele unmittelbar in Kontakt, berühren sie und geben Anlass zu der Frage: Wie sieht dieses äußere Bild wohl in meinem Inneren aus?

Dass wir den Bildern auch begleitende Texte an die Seite stellen, ist eine Konzession an die linke Hirnhälfte – für uns jedoch sekundär. Der Leser tut gut daran, diese Texte zur Kenntnis zu nehmen, dann aber sollte er die Worte wieder verlassen und die Bilder *als Bilder* in sein Inneres einsinken lassen. Dort und nur dort können sie ihre herbeiholende Kraft entfalten.

Unser Spiel trägt in sich noch eine weiterführende Absicht. Es entstand an der Stelle, an der die beiden Haupttätigkeiten der Autoren sich berühren: im Schnittpunkt zwischen *Therapie und Astrologie*. Der Inhalt seiner Bilder wurde sozusagen aus dem befruchtenden Akt zwischen diesen beiden Tätigkeiten von einem Mann und einer Frau gezeugt und von einer Künstlerin, Thea Weller, zur Welt gebracht.

Als wir für unser Astrologie-Buch »Drehbuch des Lebens«[1] die »inneren zwölf Personen« mitsamt ihren Kombinationsmöglichkeiten (Mond-Mars, Mond-Venus, Mond-Merkur) etc. durchzählten, um festzulegen, wer (von uns) wie viele Kombinationen zu beschreiben hatte, stellten wir fest, dass 78 derartiger Beschreibungen notwendig wären. Das war der Moment, an dem die Muse erschien, und damit war es die Geburtsstunde des vorliegenden Spieles!

Derjenige, der es erworben hat, hat also jetzt nicht nur die Möglichkeit, seine Erinnerung zu beflügeln, sondern er erhält darüber hinaus auch ein Bilderbuch der astrologischen Aspekte, das ihn in die Lage versetzt, jede mögliche astrologische Kombination zu »schauen« und sich so tiefer in sein Horoskop (und das seiner Klienten) einzulassen, als er es in einer wörtlichen Beschreibung vermag. Wenn er sich also für seinen »Mond im Zeichen Steinbock« interessiert, so schaue er sich die Karte DIE EISKÖNIGIN an, denn sie trägt die Signatur »Krebs-Steinbock« bzw. »Mond-Saturn«.

Auch wenn er für sein Mond-Saturn-Quadrat eine Erläuterung sucht, ist diese Karte sein symbolisches Heilmittel.

Der Leser muss nur wissen, dass Steinbock und Saturn bzw. Krebs und Mond ja nur Synonyme für zwei verschiedene innere Personen sind.

Dennoch: Es ist nicht nur ein astrologisches Spiel! Es handelt eigentlich nicht von Planeten und Tierkreiszeichen (obwohl diese auf den Karten abgebildet sind)!

Planeten und Tierkreiszeichen sind nur die Pseudonyme, die Künstlernamen für Gestalten und Gestaltungen tief im Inneren der Seele. Und um diese geht es!

Freilich, wer etwas von Astrologie versteht, erhält für diese Disziplin eine zusätzliche Kartographie.

Die Autoren verwenden diese Bilder schon lange zum Illustrieren bestimmter astrologischer Aspekte in ihren Horoskop-Beratungen.

Letztlich ist Astrologie ja nichts anderes als eine Form der Therapie, eine Form des Erinnerns. Jede Interpretation eines Horoskopes erläutert die inneren Personen, die als Darsteller die Bühne des Lebens bevölkern.

Entstanden sind die Karten jedoch hauptsächlich als Bilder in unserer Seele und der Seele vieler unserer Patienten. Ihnen möchten wir an dieser Stelle herzlich danken, dafür, dass sie uns das Gruseln beibrachten und dass sie uns lehrten, dass hinter jedem Gruseln der verborgene Gruß einer inneren Person sich verbirgt, die, hat man einmal den Mut gefasst, ihre Seelen-Kammer zu durchwandern, sich mit einem liebevollen Kuss, winkend und augenzwinkernd dafür bedankt.

Vor ihr gruselt es uns jetzt nicht mehr, denn sie ist jetzt *er-innert*. Das alte Märchen stimmt wörtlich: Nur so wird aus dem Frosch ein Prinz.

Zu guter Letzt müssen wir den Leser an diejenige erinnern, ohne die es dieses Spiel in der vorliegenden Form nicht gegeben hätte: die Künstlerin Thea Weller, eine der »Moiren« im Inneren unserer Seele. Sie arbeitet hier schon sehr lange, und sie hat sich – in unserem Inneren – längst schon ein eigenes Denkmal und ein Mahnmal errichtet. Eines, dessen steinböckische Kraft uns jedes Mal mahnte, für jede einzelne Karte erneut die Verantwortung zu überprüfen.

Wir lieben sie nicht nur für das, was sie hier mit ihrem bunten Strich »angerichtet« hat: Die Übersetzung unserer Ideen und Skizzen in die endgültigen Bilder hinein ist ihr ureigenstes Werk.

Frankfurt, März 1993
Peter Orban & Ingrid Zinnel

---

[1] Peter Orban/ Ingrid Zinnel, Drehbuch des Lebens, Reinbek 1990

Über das Spiel und das Spielen

Die Griechen ließen sich durch delphische Seherinnen regieren. Der Mann aber ist kein Seher. Ihm fehlt der sechste Sinn, den manche Frauen besitzen und um dessentwillen auch die alten Germanen ihre Frauen als seherische und gottähnliche Wesen verehrten, wie Tacitus berichtete.«
(Ernst Bergmann: Erkenntnisgeist und Muttergeist, Breslau 1932, S. 164)

I. Die Bilder

Hinter den Bildern liegt die Grundidee, dass im Inneren eines jeden Menschen zwölf Personen ihr Wesen und ihr Unwesen treiben. Wir haben in unserem Buch »Personare«[1] diese Sichtweise ausführlich erläutert, so dass wir uns hier mit Andeutungen begnügen können. Diese zwölf Personen sind seit alters her als Archetypen beschrieben worden (Monate, Tierkreiszeichen, Jünger Jesu, Ritter der Tafelrunde, Stämme Israels, Götter des Olymp, Taten des Herakles etc.), aber eben nicht als *innere Personen*.

In diesem Sinne sind alle Menschen multiple Wesen! Da aber nicht nur diese zwölf Personen auftreten, sondern auch Kombinationen der Typen untereinander vorkommen können[2], waren nicht nur die zwölf Einzelpersonen zu beschreiben, diese bilden gleichsam die »Großen Arkana«, sondern auch die Mischungen einer jeden inneren Person mit jeder anderen inneren Person. Jeder mathematisch versierte Mensch weiß, dass die Kombinationsmöglichkeiten der Zahl 12 (12 + 11 + 10 + 9 ... + 2 + 1) = 78 betragen.

Für die Astrologen:
Ein beliebiges Tierkreiszeichen, zum Beispiel der »Krebs«, müsste also kombiniert werden als: »Krebs-Widder« ... bis »Krebs-Fische« (das ergibt elf Karten).

Aber das wäre nur die astrologische Sichtweise der Karten. Gleichsam nur ein Bein dieses Wesens!

Das andere Bein entstand in den Therapien mit ungezählten Patienten, die seit mehr als zehn Jahren durch unsere therapeutische Praxis hindurch tiefe Spuren in unserer Seele hinterlassen haben. Einen Teil dieser Spuren (auch in uns) lebendig zu halten, gleichsam in den Bildern diesen Menschen ein Denkmal zu setzen und uns ihrer Seelen-Themen zu erinnern, dazu hat uns das Entwerfen der Karten geradezu gezwungen. Da wir aber jeden Patienten nur und ausschließlich als einen Spiegel für unsere eigene Problemlage betrachten, waren wir immer tief in unsere eigene Erinnerung verwickelt, wissend, dass jede Karten-Kombination (wie grausam oder langweilig auch immer) ebenfalls in unserem eigenen Inneren lebt!

Nur aus diesem Wissen heraus, dass sie *alle* – in voller Schärfe – auch in uns, den Autoren, leben, dürfen wir sie den Menschen im Außen zumuten.

Dieses Spiel hat die Aufgabe zu erinnern!
Nicht mehr und nicht weniger.
Zu erinnern, dass du, der du eine bestimmte Karte ziehst (oder eine bestimmte astrologische Konstellation hast), dieses Thema, das auf der Karte sich befindet, *jetzt* zu bearbeiten hast. Jetzt über diese Form des Inneren dir ein eigenes Bild zu vergegenwärtigen hast. Die Karte präsentiert dir freilich nur die *allgemeine* Form des Bildes. Du aber benötigst deine eigene *besondere* (und ganz individuelle) Form.
Dein Bild!
Dann erst ist das »symbolon« geschlossen.
Dann erst hast du dich erinnert!

Da das Bild des »symbolon« noch nicht allgemein bekannt ist, sei es hier noch einmal erläutert: Ein »symbolon« ist ein Wort, das gleichzeitig einen Gegenstand wie auch eine Tätigkeit umschreibt. Als Substantiv meint es einen Gegenstand, der auseinander gebrochen ist und dessen Teile sich in verschiedenen Gegenden der Welt aufhalten. So nahm man in den alten Tagen einen Ring oder eine Münze oder einen Teller, brach ihn ent-*zwei* und gab diese beiden Teile verschiedenen Menschen, die einander nicht kannten. (In der heutigen Zeit zerreißt man gern

---

[1] Peter Orban/Ingrid Zinnel, Personare, Reinbek 1992
[2] Siehe dazu Lucy Freeman/Emily Peterson/Nancy L. Gooch, Der stille Schrei. Die 56 Persönlichkeiten der Nancy Lynn Gooch, Hamburg 1989

einen Geldschein zu diesem Zweck.) Jeder der beiden weiß jetzt, dass ihm etwas fehlt, und er ist getrieben, seine andere Hälfte zu suchen.

Auch der Mythos erzählt diese Geschichte: Die Rippe, die Adam entnommen wurde (manche sagen, die Übersetzung laute: die Seite) und aus der Eva gestaltet wurde, ist ein »symbolon«, ganz ebenso der Doppelmensch in Platons »Rede des Aristophanes«: Der Mensch, so erzählt Platon, hätte ursprünglich zwei Köpfe, vier Beine und vier Arme gehabt. Dieser Mensch aber frevelte gegen die Götter, und so nahm ihn Zeus, teilte ihn in zwei Hälften und setzte diese in verschiedenen Teilen der Welt aus. Seit dieser Zeit suche die eine Hälfte ihre andere Hälfte, damit sie wieder ein »symbolon« werden.

Jede Ehe ist ein solches Gebilde, daran kann auch eine Scheidung nichts ändern, denn nach einem Auseinanderbrechen (nach dem Fall in die Vereinzelung) geht jeder der beiden Teile sofort wieder auf die Suche nach einer Ergänzung.

In diesem Sinne ist auch jede Therapie eine Suche nach dem Fehlenden, die Suche nach dem »Symbolon«.

Die Übersetzung des Wortes lautet: »sym« = »zusammen« und »ballein« = »werfen«, das »Zusammengeworfene« oder: Die eine Seite sucht nach der anderen Seite, um sich wieder zusammenzufügen.

Natürlich stehen auch die Karten unseres Spieles an keiner anderen Stelle: Sie wollen Katalysator sein, um dich und dein Vergessenes wieder zusammenzubringen. Sie wollen das eine, das fehlt, dem anderen, das an dem Fehlenden leidet, näher bringen.

Unsere Karten sind eben die Darstellung von »Symbolen«: Jedes Symbol möchte auf etwas Dahinterliegendes aufmerksam machen, an etwas Tieferliegendes erinnern. Und der Betrachter tut gut daran, die Symbole nicht wörtlich zu nehmen. Täte er es, er hätte nur etwas auswendig gelernt – und wäre doch seiner Seele noch weit entrückt. Damit die Karten leben können, benötigen sie das Wasser der Seele des Betrachters. Sie müssen in diesem Wasser gelöst werden und damit für den Betrachter – und nur für ihn – neu übersetzt werden. Er muss gleichsam sein eigenes Lösungsmittel dazugeben, dann erst haben sie die Kraft zu erinnern. Wer die Beschreibung der Karten auswendig lernt, macht aus ihren Gestalten starre Wesenheiten, die kaum noch etwas zu sagen haben. Er friert sie ein. Dagegen aber wehrt sich die Seele.

Wer die Karten jedoch nimmt, als wären sie der Vorspann zu einem Film, um dann den *eigenen* Film ablaufen zu lassen, dem haben sie jahrelang etwas zu erzählen.

Der Leser sieht, es ist nicht leicht, mit Symbolen umzugehen. Es erfordert ein wenig Mut und ein Hineinspringen in die eigenen Ängste. Wer diesen Mut aufbringt, wird reich belohnt.

Es ist ein altes Gesetz, dass die Seele in Bildern und Gefühlen lebt, ja dass Gefühle letztlich nichts anderes sind als eingefrorene Bilder. Und dass das Leben zurückkehrt, wo ich mich auf die Gefühle und die Bilder besinne. Bilder sind – ganz ebenso wie Märchen, Sagen und Mythen – Nahrungsmittel für die Seele: dass sie kräftig werde, dass sie lebendig werde! Nur Geschichten in Bildern helfen dabei. Aber keine vorgefertigten Geschichten, deren Ausgang feststeht (sie zwingen die Seele, starr zu werden), sondern Bilder, die mich an den eigenen – noch nicht gehobenen – Schatz im Inneren erinnern. Aus diesen Gründen muss der Betrachter sie für sich noch einmal *übersetzen*.

Dann werden sie zu einer Suche.

Bei dieser Suche kommt es nicht auf das Ergebnis an, sondern darauf, dass man sich auf den Weg macht. Das Ziel ist dabei nicht *so* wichtig, und es mag sich im Laufe des Wanderns viele Male ändern; aber es ist wichtig, dass du aus deinem bequemen Sessel dich erhebst und losgehst, weil du spürst, du bist nur die eine Hälfte des symbolon – dabei wollen die Karten Hilfestellung, Erinnerungshilfe leisten.

II. Astrologie

Wir haben es im Vorwort bereits angemerkt: Bei unseren astrologischen Beratungen sind uns die Bilder zu einer unschätzbaren Hilfe geworden, denn sie erklären das, worüber man sonst viele Worte »verlieren« musste, mitunter auf Anhieb.

So könnte man sein gesamtes Horoskop als einen Kreis von einem Meter Durchmesser auslegen und an die Stellen der Planeten die jeweiligen (»großen« Einzel-)Personen legen und an die Stellen der Aspekte die jeweiligen (»kleinen« Kombinations-)Personen einfügen. Und es dann neu lesen!

Des Weiteren könnte man jeden seiner Planeten in seinem Zeichen (im individuellen Horoskop) als Kombinations-Karte betrachten und darüber eine Weile meditieren (angenommen, meine Sonne steht im Zeichen »Steinbock«, so nehme ich die Karte DIE BÜRDE).

Und so sind die Möglichkeiten, die Bilder innerhalb der Astrologie einzusetzen, Legion. Da aber unser Spiel eben kein astrologisches Spiel ist, sondern nur *auch* ein astrologisches Spiel ist, birgt es für Astrologen eine Denkschwierigkeit, wenn wir es auf die Ebene der Planeten übertragen.

Zwar sind seit alters her zwölf Tierkreiszeichen überliefert (die oben in den Karten symbolisch dargestellt sind), doch die Anzahl der dazugehörigen Planeten beträgt, ebenfalls seit alters her, sieben (in den letzten zweihundert Jahren sind noch einmal drei Planeten dazuentdeckt worden, so dass die Zahl jetzt bei zehn liegt). Die Planetenfiguren (am unteren Rand der Karten abgebildet) haben also nur zehn Symbole zur Verfügung. Jeder Astrologe weiß, dass der »Merkur« als Planet Stellvertreter für zwei Tierkreiszeichen ist, nämlich für die Zeichen »Zwillinge« und »Jungfrau«. Ebenso verhält es sich mit der »Venus«, sie ist Vertreterin für die Zeichen »Stier« und »Waage«.

Es kommt somit auf den ersten Blick zu einem Paradoxon, nämlich dass bei uns der Merkur (des Zeichens Zwillinge) mit dem Merkur (des Zeichens Jungfrau) kombiniert wird, so dass jeder Astrologe uns sofort zuruft: Wie könnt ihr das tun, es ist doch derselbe Merkur? Er steht doch an ein und derselben Stelle im Horoskop und kann nicht mit sich selbst kombiniert werden? Außerdem: Woher weiß ich, dass das jetzt der Jungfrau-Merkur ist und nicht der Zwillinge-Merkur, denn er steht ja für beides? (Bei der Venus gilt das gleiche Argument.)

Richtig, rufen wir zurück, und falsch zugleich!

Stellen wir uns vor, jemand hätte im Horoskop einen Zwillinge-Aszendenten. Der dazugehörige Merkur hätte dann in der Tat ein Übergewicht des Themas Zwillinge! Wo immer er sich aufhält, er wäre viel stärker ein Zwillinge-Merkur als ein Jungfrau-Merkur. Und stellen wir uns weiter vor, dieser Merkur als Herrscher des Zwillinge-Aszendenten stünde in diesem Horoskop im Zeichen Jungfrau, dann hätten wir ebenjene Kombination: (Zwillinge-)»Merkur« mit (Jungfrau)»Merkur«, den unsere Karte DER STRATEGE beschreibt.

Man kann also sehr wohl »Merkur mit Merkur« und »Venus mit Venus« zusammenfügen, und das kommt auch im Horoskop vor, wenn auch Astrologen nicht allzu oft über derartige Kombinationen nachdenken dürften. Diese Konstellation hat der Leser bisher auch in keinem anderen Astrologiebuch gefunden.

Aber, wir betonen es noch einmal, wir kombinieren hier keine Planeten oder Tierkreiszeichen, sondern »innere Personen«! Jeder von uns hat einen VERMITTLER, der für den Kontakt und die Kommunikation (und die Rollendarstellung etc.) zuständig ist, also einen Zwillinge-Merkur, und jeder hat eine Art Geschäftsführer, der mit Vernunft und Rationalität die alltäglichen Anpassungs-Geschäfte tätigt und den Notwendigkeiten dient, also einen Jungfrau-Merkur (DIE DIENERIN) – und das sind zwei Personen.

Man darf freilich nicht in den Trugschluss verfallen, dass jede Karte, die ich ziehe, auch als Konstellation in meinem Horoskop vorhanden sein müsste.

Stellen wir uns vor, der Leser zieht die Karte »Mond-Uranus« (DIE ENT-BINDUNG), so geht es jetzt ganz aktuell um die Fragen: Wo sollte ich aufbrechen? Wo sollte ich ausbrechen? Welche Bindung ist alt geworden? Es geht nicht um die Frage: Habe ich in meinem Horoskop irgendwo den Mond im Zeichen »Wassermann« (oder im 11. Haus) oder habe ich den Uranus im »Krebs« (oder im 4. Haus)? Eine derartige Frage bringt die beiden Beine, auf denen dieses Spiel steht, durcheinander. Deshalb hier

III. Die beiden grundsätzlichen Arten, mit dem Spiel umzugehen

Ich kann das Spiel verwenden:

1. Als Erinnerungs-Spiel *außerhalb der Astrologie*
2. Als Erinnerungs-Spiel *im Inneren der Astrologie*

Beide Spiele haben denselben Hintergrund: Sie wollen dich erinnern. Sie wollen dabei helfen, ein »Symbolon« zu erschließen und zu schließen.

Aber beide Spiele sind voneinander gänzlich unabhängig und müssen auch getrennt voneinander gespielt werden. Und der Spieler sollte sich jederzeit darüber klar sein, welche Variante er spielt.

Zu 1. Zunächst einmal: Der Spieler benötigt für diese Variante *keinerlei* Vorkenntnisse der Astrologie. Er muss noch nicht einmal die Symbole des Tierkreises oder die Zeichen für die Planeten beherrschen. (Obwohl er diese, da sie auf den Karten aufgedruckt sind, im Laufe der Zeit lernen wird.)

Ja, um die Karte, die er zieht, zu verstehen,

braucht er sie im Grunde genommen nur anzuschauen! Und die Symbole lebendig zu machen, d.h. sie auf die eine oder andere Art auf sich selbst zu beziehen.

Angenommen, er zieht die Karte DIE TÄUSCHUNG (Jungfrau-Fische), auf der ein Gaukler abgebildet ist, der heute in moderner Form noch genauso die Straßen der Großstadt unsicher macht, wie er es vor fünfhundert Jahren auf den Gauklermärkten tat. Mit seinen drei Nussschalen (heute Streichholzschachteln) macht er dem Betrachter ein »X für ein U« vor. Er ist ein »falscher Fuffziger«. Er gaukelt dir etwas vor. Das sagt die Karte. (Denn das Kügelchen liegt in Wahrheit unter keiner Schale, er hat es vorher weggetrickst. Du kannst gar nicht gewinnen!)

Wenn du also, nachdem du die Karte gezogen hast, den Schluss ziehst: »Aha, jemand gaukelt mir etwas vor, jemand schmiert mich an«, dann bist du nicht auf einem Erinnerungs-Weg, sondern auf dem Holz-Weg!

Die Karte (jede Karte) will *dich* an etwas erinnern, etwas, was *dich* betrifft, was *in dir* vor sich geht. Die Fragen müssen also lauten: Wem gaukle ich etwas vor? Wem versuche ich etwas vorzumachen?

Dann wird sie eine Erinnerungs-Karte. Suche ich im Außen nach einem Täuscher, so wird sie ein Projektions-Slogan und heilt nicht. Du verwendest sie mal wieder als eine Augenwischerei-Karte. Du täuschst dann dich selbst (und damit stimmt sie ja wieder – aber du merkst es nicht).

Die Karte möchte dich nachdrücklich daran erinnern: In dir gibt es jemanden, der gaukelt, der trickst, der täuscht. Sogar noch dich.

Natürlich kann es sein, dass es auch im Außen einen Täuscher gibt. Es ist sogar sehr wahrscheinlich, dass du herausfindest, ein guter Freund, eine gute Freundin, dein Mann, deine Frau täuschen dich. Aber da das Äußere immer nur ein Spiegel für dein eigenes Inneres ist, lautet die Formulierung: Dein Mann täuscht dich nur deshalb, damit du dich daran erinnerst, dass auch du ein Täuscher bist. Willst du, dass man dich nicht mehr täuscht, dann erinnere dich deines eigenen Täuschers. Hast du ihn entdeckt, hören die äußeren Täuschungen von allein auf. Warum?

Sie werden dann nicht mehr benötigt.

Nur so macht eine derartige Karte Sinn. Solange du im Außen nach Täuschungen suchst, willst du nichts über dich wissen, sondern nur dein eigenes Thema in die Welt hinausprojizieren. Du befindest dich dann auf einem Fluchtweg.

Das alles kannst du erkennen, ohne jede Erläuterung und ohne astrologische Kenntnisse. Hast du diese Karte vorgefunden, so kannst du aber auch – weil du vielleicht unsicher bist, was die Symbole noch alles zu erzählen haben – das vorliegende Buch aufschlagen, bis du die entsprechende Karte auf der rechten Seite gefunden hat. Und jetzt den erläuternden Text lesen. Und dir deine eigenen Gedanken machen, welche Täuschung in dir gemeint sein könnte. Sei sicher, in kurzer Zeit weißt du es. Du hast es immer schon gewusst, aber aus der Erinnerung verbannt! Du wolltest es nicht so genau im Bewusstsein haben, dass du es bist, der jemanden täuscht oder der sich täuscht. Aber die Karte ist unerbittlich: Sie sticht dich.

Du bist ein falscher Fuffziger!

Du schweigst da, wo es etwas zu erzählen gäbe. Wo es etwas aufzudecken gälte.

Ob du dann deinen Schwindel enthüllst oder weiter täuschen willst, bleibt ganz allein dir überlassen. Aber wundere dich nicht darüber, wenn das Spiel dich in Zukunft mit der Karte DIE TÄUSCHUNG (die jetzt oftmals auftaucht) quälen wird. Warum?

Weil du mit jedem, den du täuschst, eigentlich dich selbst täuschst. Das aber kann ein Erinnerungs-Spiel nicht akzeptieren. Das können die Musen dir nicht durchgehen lassen. Mit jeder fortgesetzten Täuschung machst du dich selbst dumm – du hast jetzt keine »musike« mehr.

Die Logik des Spieles in der Variante A lautet immer (und so sollte auch die Frage gestellt werden): Was soll ich an diesem Thema (dem die Frage gilt) über mich lernen? An was soll dieses Thema mich erinnern? Welche meiner eigenen inneren Personen sind hier am Werk?

Die Karten haben eine eindeutige Richtung, und diese führt von außen nach innen. Sie sind Hilfsmittel für den Abstieg in das Innere, daher der Name: Er-*Innerung*. Diese Blickrichtung muss bei der Abfassung der Fragen unbedingt berücksichtigt werden. Denn diese Dynamik schließt eine ganze Reihe von Fragen einfach aus. Sie werden sinnlos.

Einige dieser sinnlosen Fragen sind:

a) Wann werde ich endlich die Frau/den Mann meiner Träume treffen?
b) Wie kann ich in meinem Beruf aufsteigen (oder wann werde ich aufsteigen)?
c) Was soll ich tun, damit meine Frau/mein Mann mich nicht mehr so eifersüchtig machen kann?
d) Ist dieser Studienplatz für mich geeignet?

e) Werde ich diesen Gerichtsprozess gewinnen (oder was muss ich tun, damit ich ihn gewinnen kann)?
usw.

Sinnlos sind diese Fragen deshalb, weil ich eine Antwort aus dem Äußeren der Welt erhoffe (gleichsam eine Zukunfts-Prognose). Dafür jedoch ist die Pythia zuständig, das Orakel – aber nicht die Musen.

Diese Fragen zielen ausdrücklich darauf ab, sich nicht zu erinnern, sondern im Außen eine günstige Lösung prognostisch herbeizuzwingen, also eigentlich das Schicksal zu überlisten. Damit bin ich im falschen Spiel! Ich gehe auch nicht mit meinem Fußpilz zu einem Augenarzt.

D.h., das Spiel versteht derartige Fragen nicht – und auch wenn es sie versteht, ich werde die Antworten nicht verstehen.

Wir müssen die Fragen so formulieren, dass die Musen etwas damit anfangen können (und sich nicht resignierend zurücklehnen und sagen: »Du willst gar nichts von uns!«). Sie müssen mit den Fragen zufrieden sein.

Versuchen wir also, die gleichen Fragen noch einmal im Sinne der veränderten Blickrichtung (also in Bezug auf das Innere) umzuformulieren:

a) Welche innere Person hindert mich, einen geeigneten Mann/eine geeignete Frau zu finden? Oder:
Warum träume ich immer nur von einem Mann/einer Frau? Oder:
Warum ist kein Mann/keine Frau gut genug für mich, so dass ich immer nur von ihm/von ihr träume? Oder:
An was soll mich mein Traum, der sich nie realisiert, erinnern?
b) Welche meiner inneren Personen behindert mich in meinem Beruf? Oder:
Warum muss ich unbedingt beruflich aufsteigen? Wer in mir zwingt mich dazu? Oder:
Welche meiner inneren Personen hilft mir aufzusteigen? Und (diese Frage muss ich unbedingt sofort hinterher stellen): Welche innere Person behindert mich?
c) Was bedeutet das Thema »Eifersucht« für mich? Oder:
An was will mich meine Frau mit ihrem Flirten (ihrer Untreue etc.) erinnern? Oder:
Wer in mir ist so eifersüchtig? Oder:
Was ist das Motiv in mir, das meine Eifersucht speist?
d) Welches Thema in mir soll in einem Studium behandelt werden? Oder:
Was möchten meine inneren Personen mit einem Studium erreichen? Oder:
Welche innere Person will dieses Studienfach studieren (und welche nicht)? Oder:
Welches Studienfach erinnert mich am besten an mich? (Und welches nicht?)
e) Was ist das eigentliche (innere) Thema dieses Gerichts-Prozesses? Oder:
Wer (in mir) führt eigentlich diesen Prozess? Oder: Was soll ich dabei lernen?

Wir sehen, derartig gestellte Fragen beziehen sich nur auf mich, und die Antworten geben Auskunft nur über mich (nicht über die Welt). Darauf kommt es an: Dass ich Auskunft erhalte über mich.

Die letzten beiden Fragen des ersten Fragenkomplexes sind noch aus einem besonderen Grunde sinnlos. Sie wollen nicht nur Auskunft über die Welt, sie wollen auch noch eine einsilbige Antwort.

Das vorliegende Spiel aber weigert sich, mit »Ja« oder »Nein« zu antworten – es gibt keine entsprechende Karte, die das könnte. Das eigentliche Problem besteht darin, dass es im Inneren der Seele diese Worte ebenso wenig gibt wie die Worte »gut« und »böse«. In ihr, in der Seele, gibt es Landschaften, es gibt Berge und Meere und Täler und Städte, und in ihnen wohnen Wesen, die alle du bist. Und die beiden großen Dualitäten hier in dir sind nicht »ja« oder »nein« und »gut« und »böse«, sondern die Hauptpolaritätsachse verläuft entlang der Prädikate »vergessen« oder »erinnert«. Ich weiß um die unendliche Dimensionalität des Inneren, oder ich weiß nicht um sie! Vielleicht ist es das, was Hamlet ausdrücken wollte mit seiner Frage: »To be or not to be?« Je mehr ich Zugang habe zu meinem Inneren, desto mehr gibt es mich, je weniger ich Zugang habe, desto weniger bin ich eigentlich da. Desto weniger gibt es mich! Die Seele in ein »Ja-Nein-Schema« hineinzwängen zu wollen ist absurd, so absurd, wie die Einseitigkeit unserer linken Hirnhälfte mitunter ist.

Weil aber die Göttinnen der Erinnerung nicht an der Rationalität interessiert sind und ihre Antworten *niemals* der linken Hirnhälfte entstammen, sondern sich (aus der Tiefe) an der rechten Hirnhälfte emporarbeiten, *sollte die Karte auch immer mit der linken Hand gezogen werden.*

Weil die rechte Hand, die mit der linken Hirnhälfte verbunden ist, für die äußere Welt federführend und die linke Hand (mit der rechten Hirnhälfte) für das Innere zuständig ist, bringt dich allein diese Geste, die Karten mit links zu ziehen, näher an dein Inneres heran.

Vor vierzig Jahren haben unsere Eltern (Lehrer etc.) dir vielleicht beigebracht, dass die Linke das »böse Händchen« ist; und das stimmt, denn es bringt dich auf die Seite der Gefühle, es erinnert dich, und das möchte eigentlich niemand.

Aber angenommen, du bist Linkshänder, dann hast du eine schwierige Aufgabe vor dir. Die Polarität deiner Hirnhälften kann genau umgekehrt sein. Dann solltest du mit rechts ziehen, die Rechte ist dann die »Erinnerungshand«. Es kann aber auch sein, dass du ohnehin ein hochemotionaler Mensch bist und deine Hirnhälften nicht vertauscht sind, dann bleibst du bei deiner linken Hand.

Woher du weißt, was jetzt auf dich zutrifft?

Du musst es ausprobieren. Nach zwei Monaten abwechselnden Ziehens weißt du es!

Kehren wir zurück zu dem Thema des Fragens: Deine Frage muss also so formuliert werden, dass eine Person in deinem eigenen Inneren sich angesprochen fühlt. Dann sind die Antworten direkt zu verstehen. Die einfachste Frage lautet in jedem Fall:

»*An was will ich mich bei diesem Thema* (dem die Frage gilt: Studium, Prozess, Untreue meiner Frau/meines Mannes) *erinnern?*«

Dann wird das Spiel zu einem Therapeutikum.

Selbstverständlich kann der Fragende, nachdem er eine Karte erhalten hat, eine zweite (weiterführende) Frage stellen.

Angenommen, er zieht auf die erste Frage die Karte DIE TÄUSCHUNG (Jungfrau/Fische) und er weiß jetzt, dass er an irgendeiner Stelle sich und andere täuscht, so kann er anschließend die Frage stellen: »In welchem Bereich liegt die Täuschung?« Er erhält die Antwort: DER PARTNER (Waage), und er stellt die nächste Frage: »Worüber täusche ich den Partner?« Antwort: DER EROS (Widder/Stier), und schon kommt die nächste Frage: »Was hindert mich daran, mit der Täuschung aufzuhören?« und er zieht usw.

Das alles kann der Fragende tun. Und das Spiel antwortet auch brav und wahrheitsgemäß!

Aber wir möchten ihn auf eine Erfahrung hinweisen, die viele Anfänger mit dem Tarot gemacht haben und vor der kein Kartenspiel gefeit ist. Die Kräfte der Lethe, die Kräfte des Vergessens bedienen sich gern eines Tricks: Sie veranlassen den Fragenden, nachdem er eine Antwort erhalten hat, sich nicht etwa der Antwort zu überlassen und diese auf sich wirken zu lassen (dass sie den Erinnerungsfilm auslösen kann), sondern *sie treiben ihn dazu, eine weitere Karte zu ziehen!* So lange, bis die ursprüngliche Frage vergessen worden ist und der Fragende sich in einem Gestrüpp von Antworten befindet, aus dem er den Ausweg nicht mehr findet. Manche Menschen ziehen hintereinander 25 Karten und gehen schlicht in den Antworten verloren. Keiner kann das verarbeiten.

Deshalb empfehlen wir, am Anfang, solange der Betrachter mit dem Spiel (und dem Erinnern) noch nicht vertraut ist, nur eine Karte zu ziehen. Und sich lieber vorher sehr intensive Gedanken über die Frage zu machen.

Oder: Wenn er mehrere Karten ziehen möchte, *vorher* festzulegen, wie viele Karten er ziehen wird. Und diese Zahl (am Anfang kann man mehr als vier kaum verarbeiten) nicht zu überschreiten.

Wie sehr Lethe jene im Griff hat, die – gefällt ihnen die erste Antwort nicht – einfach noch eine Antwort (für dieselbe Frage) ziehen, braucht hier nicht eigens betont zu werden. Es kommt vor, dass das Spiel ihnen gegenüber widerborstig wird und die Karte DIE GRALS-FRAGE erscheint, d. h., du läufst der falschen Frage hinterher. (Oder: DIE TÄUSCHUNG wird jetzt oft gezogen!)

Als besonders erinnerungsträchtig hat sich herausgestellt, jede Frage auf eine kleine Karteikarte zu notieren und die Antworten ebenfalls festzuhalten. So hat man nach einiger Zeit einen Karteikasten, der die Spuren der Seelenarbeit (mit Datum) getreulich festhält. Man erlebt hier – im Nachvollzug nach Monaten – so manche Überraschung.

All das bisher zur Version 1 Gesagte betrifft noch nicht jene Art zu fragen, die im letzten Kapitel dieses Buches unter der Überschrift »Legesysteme« behandelt werden. Hier legt man die Karten mit »System« und entscheidet sich – je nach Thema oder Gusto – für eines der dargestellten zwölf Erinnerungs-Systeme. Auch bei den Legesystemen raten wir dem Anfänger, längere Zeit das Vierer-System nicht zu überschreiten.

Bedenke: Das Zwölfer-System ist vergleichbar

einer mathematischen Aufgabe mit zwölf Unbekannten. Ein Neuling sollte sich nicht in diesen Stress bringen.

Zu 2. Erinnerungs-Spiel im Inneren der Astrologie

Die einfachste Art zu spielen ist die:

Ich will wissen, was mein Quadrat zwischen Sonne und Uranus bedeutet, und ich suche mir die Karte DER STURZ (Löwe/Wassermann). Ich betrachte sie und lese den dazugehörigen Text.

Die zweite Art ist ungleich komplizierter. Wieder greife ich eine Konstellation aus meinem Horoskop heraus. Beispielsweise meine »Venus«. Angenommen, sie steht im 4. Haus und im Zeichen »Wassermann«.

Als Erstes suche ich mir die beiden Venus-Karten (als »große« Karten) aus dem Spiel: die »Stier«-Venus (DIE GELIEBTE) und die »Waage«-Venus (DER PARTNER). Ich muss deshalb *beide* Karten heraussuchen, weil meine Venus ja für beide Themen gleichberechtigt steht. (Würde mich mein »Mond« interessieren, so bräuchte ich dazu nur eine Karte, da er ja nicht für zwei Themen stellvertretend steht.)

Es geht also bei der Venus um zwei »innere Personen« (die an einer Stelle stehen) und die ich deshalb zusammen betrachten muss. Es geht einmal um meine »Attraktivität« und zum anderen um meine »Partnerschaftsbedürfnisse«. Beide stehen im 4. Haus. Also auf dem Boden des »Krebs«Themas (4. Haus = Krebs = Mond).

Neben die beiden Venus-Karten, nur ein wenig tiefer, lege ich also jetzt die »Mond«-Karte (DIE MUTTER), die ja stellvertretend für das 4. Haus steht. Sodann muss ich die jeweilige Venus-Karte mit der Mond-Karte kombinieren. Ich lege seitlich unter die beiden Venus-Karten jeweils ihr Mond-Pendant (D und E).

Ich erhalte einmal die Karte DIE ZWEI GESICHTER DER EVA (D = Stier/Krebs) und zum anderen die Karte DIE FAMILIE (E = Waage/Krebs). Mit diesen beiden Karten ist bereits ein leichter Konflikt gesetzt. Zwar gefällt es der Waage-Venus (MEIN PARTNER) gut, eine FAMILIE (Waage/ Krebs) haben zu wollen, aber die Stier-Venus (DIE GELIEBTE) steht jetzt vor dem Spiegel und kann sich nicht *entscheiden*, will ich jetzt Mutter sein oder Geliebte (DIE ZWEI GESICHTER DER EVA)? Gehe ich aus oder koche ich meinem Kind einen Brei? Auch wenn sie sich entscheidet, bleibt die andere Seite als Sehnsucht zurück (oder als Schuldgefühl).

Endgültig spitzt sich die Situation zu, wenn ich zu der Hausebene der Venus (4. Haus) die Tierkreisebene hinzufüge: den Wassermann. DER NARR (F) wird also unterhalb der MUTTER ausgelegt und gibt jetzt Anlass für drei neue Karten:

(G) DER VERLUST (Stier/Wassermann)
(H) DIE ENT-BINDUNG (Krebs/Wassermann)
(I) DIE TRENNUNG (Waage/Wassermann).

Alle drei Karten aber sagen mir, dass die betreffende innere Person (Venus) eine geheime Sehnsucht in sich trägt, nämlich die Sehnsucht, frei zu sein, ungebunden zu sein, und dass sie sich auf mysteriöse Weise immer wieder aus Partnerschaften löst, *obwohl sie sich auch zu Familie und Mutterschaft hingezogen fühlt!*

Dieser Widerspruch durchzieht diese Venus zu-

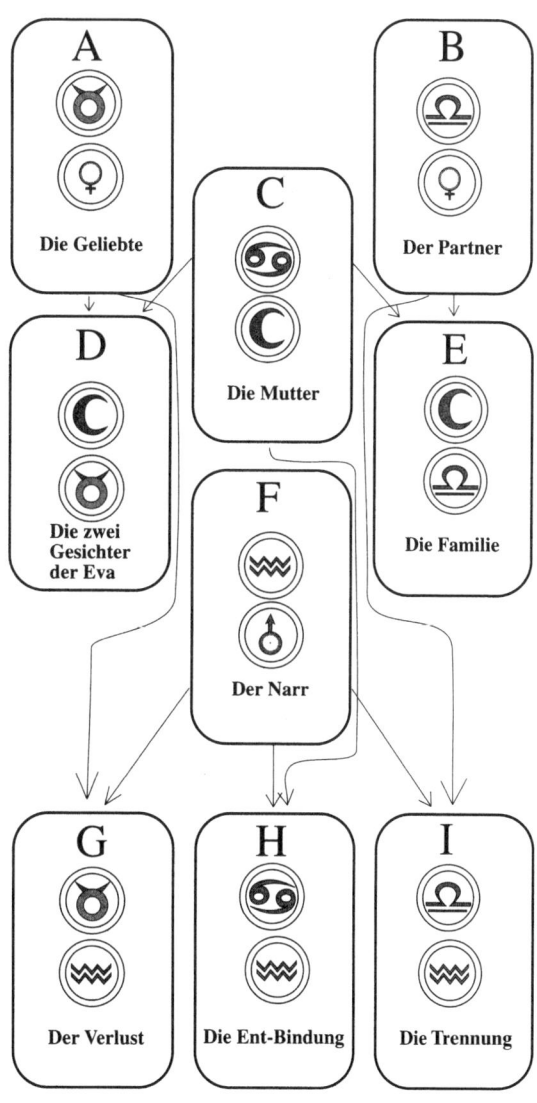

tiefst, und diese innere Person erwartet von mir, dass ich den Widerspruch wahrzunehmen und mit ihm zu leben lerne. Es gelingt mir nicht, ihn zum Verschwinden zu bringen! Es gelingt mir höchstens, ihn zu verdrängen. Dann aber muss er sich von außen an mich heften, sei es, dass er mich veranlasst (obwohl ich in Partnerschaft stehe), meinen Partner zu betrügen, sei es, dass er meinem Partner den unbewussten Auftrag gibt, mich zu betrügen (und dergleichen mehr).

Wir sehen, worum es geht: Die inneren Personen fordern mich dazu auf, mich selbst, meine eigenen Intentionen kennen zu lernen. Mich (wieder) zu erinnern, dass es in mir einen Ent-Binder gibt, und ihn als Ensemble-Mitglied wieder einzugliedern. Das will das englische Wort »re-member« ausdrücken: die Wiedereingliederung der Mitglieder des Ensembles.

Mit dieser Illustration meiner inneren Venus ist aber das Problem in der Regel noch nicht beendet: denn meine Venus hat noch ein Quadrat zu meinem Mond und einen Spiegelpunkt zu meinem Jupiter. Also darf ich noch eine Menge Karten dazulegen, und zwar alle nach dem gleichen Schema. Mein Mond ist die Karte DIE MUTTER, sie steht im Quadrat zu meiner Venus (Quadrat = Saturn) im 7. Haus (= Waage-Venus) im Zeichen Stier (DIE GELIEBTE) und will dort das tun, was meine Venus im 4. Haus gar nicht tun kann. Sie möchte vom anderen bemuttert werden (oder ihn bemuttern). Deshalb mögen die beiden sich auch nicht, sie sind das, was man »interne Feinde« nennt.

Brechen wir hier ab. Wir möchten dem Leser möglichst wenige Formulierungen vorgeben, damit er seine eigenen zu finden den Mut aufbringt.

IV. Zu der Beschreibung der Karten

Der Leser findet im Textteil des Buches die Beschreibung der einzelnen Karten unter verschiedenen Rubriken, die im Folgenden erläutert werden:

A: Ganz oben findet er (in großer Schrift) den idealtypischen »Namen« der Karte, d.h. der betreffenden »inneren Person«. Dieser Name ist gleichsam der auf menschliche Belange bezogene Archetypus, also das, was der Karte zugrunde liegt (»arché« ist griechisch und heißt der »Grund«, oder »das, was auf dem Grunde liegt«). Dieses Wort ist nicht zu verwechseln mit dem deutschen Wort »Ursache«, denn ein Grund hat keine Ursache! Er ist, wie er ist. An diesem Grund, an der »arché«, kann man nichts verändern, man sollte es gar nicht erst versuchen. Aber man kann es verstehen lernen! Wenn als Überschrift hier das Wort DER TROTZ« (Krebs/Widder) steht, dann ist eine meiner inneren Personen trotzig – und sie bleibt es! Aber ich kann lernen, mit ihrem Trotz umzugehen, ich kann ihn, den Trotz, identifizieren lernen. Wahrnehmen, aha, jetzt ist er am Werk, und ihn wie einen alten Bekannten begrüßen. Ich kann aber auch versuchen, ihn in die Wüste zu schicken, mich von ihm zu trennen. Das bekommt mir zwar nicht, denn darauf ist er besonders geeicht: mich dabei zu entlarven, wie ich mich meines beleidigten Kindes entledigen will, und jetzt spuckt er erst recht Galle. Ich kann auch versuchen, ihm eine Ursache anzudichten. Ich bin deshalb so trotzig, weil meine Mutter nie Zeit für mich hatte. Dann habe ich eine Ursache! Aber immer noch nichts verstanden.

Es geht also niemals (wir betonen: niemals) darum, die Ursache für eine Person zu finden, denn bei Licht besehen ist die Ursachensuche nur der etwas erweiterte Versuch, sich *nicht* zu erinnern, indem ich einen Schuldigen (im Außen) identifiziere.

Der »Name« als Überschrift über der Karte soll uns helfen, die Person im eigenen Inneren zu finden, und nicht, herauszufinden, wer an etwas die Schuld trägt.

Es liegt natürlich nahe, wenn ich die Karte DIE MUTTER ziehe, sofort an meine Mutter (im Außen) zu denken, besonders wenn ich ein Mann bin (oder mich auch sonst für ein etwas armes, von seiner Mutter vernachlässigtes Hascherl halte).

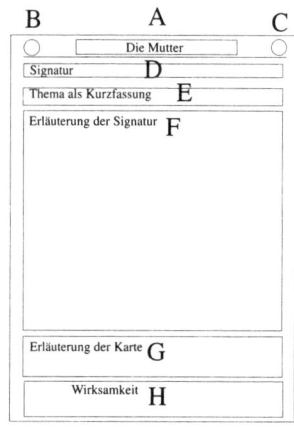

Aber diese Karte meint nicht meine reale Mutter, sondern die »Mutter in mir«. Die Karten meinen nie das Äußere, sondern immer das Innere! Es wird lange dauern, bis dem Leser dieser Sachverhalt in Fleisch und Blut übergegangen ist, aber es ist lohnend, sich dieses Ziel zu setzen. Natürlich kann es sein, dass auch meine Mutter im Außen die Merkmale trägt, auf die die Karte mich aufmerksam machen möchte (ja es würde uns wundern, wenn es nicht so wäre), aber das ist kein Grund für den Leser, zu frohlocken und zu sagen:

»Siehst du, es ist doch meine Mutter im Außen, die von der Karte beschrieben wird, und nicht meine Mutter im Inneren!« Es ist dies wieder die Frage nach »Henne und Ei«.

Die herkömmliche psychologische Sichtweise besteht darauf zu glauben, dass meine (äußere) Mutter die Ursache für meine Störung in sich birgt. Die Sichtweise dieses Buches besteht darin, dass meine (innere) Mutter vom Außen gespiegelt wird und ich an der äußeren Mutter Fingerzeige dafür bekomme, wie es um meine innere Mutter bestellt ist – insofern ist meine äußere Mutter ein *Symbol!* Ein Symbol, das auf etwas Dahinterliegendes aufmerksam machen möchte. Gebe ich diesem Symbol die Schuld, so habe ich ebenso wenig verstanden, wie wenn ich ein Verkehrszeichen mit der Aufschrift »Kurve« dafür verantwortlich mache, wenn in dreihundert Metern eine Kurve kommt. Aber das Zeichen hat die Kurve nicht zu verantworten, es soll nur auf sie aufmerksam machen. So ist es auch mit meiner äußeren Mutter: Sie soll mich aufmerksam machen auf meine »innere Mutter«. Dafür allein ist sie da: Sie soll mich erinnern!

B: Links neben dem Kartennamen befinden sich die Tierkreissymbole, sei es als Einzelne, bei den »großen« Karten, sei es als Kombination, bei den jeweils »kleinen« Karten. Diese Symbole stehen auf den Spielkarten *oben* im rechten und/oder linken Kreis.

Diese Symbole haben folgende »Namen«:

Sie wiederholen den archetypischen Titelnamen der Karte noch einmal in astrologisch-symbolischer Form.

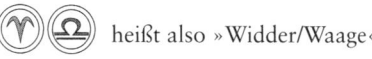 heißt also »Widder/Waage«

C: Rechts neben dem Kartennamen befinden sich die jeweiligen Planetensymbole, sei es als Einzelne, bei den »großen« Karten, sei es als Kombinationen von zwei Planeten bei den jeweils »kleinen« Karten. Diese Symbole stehen auf den Spielkarten unten im rechten und/oder linken Kreis.

Diese Symbole haben folgende Namen:

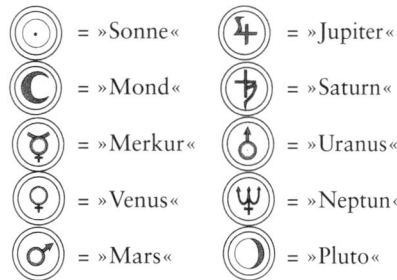

Sie wiederholen den archetypischen Titelnamen der inneren Person noch einmal in astrologisch-symbolischer Form.

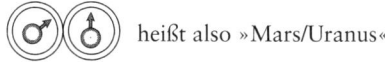 heißt also »Mars/Uranus«

Insofern sind alle drei oberen Bezeichnungen miteinander identisch (A = B = C), nur jeweils in einer anderen Schreibweise.

Wir hätten auch ganz andere Symbole wählen können, z. B. die Namen der dazugehörigen »homöopathischen« Präparate (statt »Mond/Neptun« hätte dann möglicherweise »Pulsatilla« an dieser Stelle gestanden) oder der Tarot-Karten oder des dazugehörigen Märchens. Aber da wir den Leser nicht unnötig verwirren oder ihn auf andere Spuren bringen wollten (die ihn dann wieder ablenken könnten), haben wir die Zuordnungen so einfach wie möglich gehalten.

D: Signatur

Unter dem Stichwort »Signatur« haben wir sowohl die Tierkreissymbole (B) als auch die Planetensymbole (C) noch einmal ausgeschrieben. Auch in der Hoffnung, dass der astrologisch Nichtkundige in der dauernden Wiederholung die astrologischen »Namen« kennen lernt.

E: Thema als Kurzfassung

Hier befindet sich eine Auswahl weiterer »Namen«, die man dieser inneren Person ebenfalls verleihen könnte. Im Prinzip könnte jede der hier genannten Bezeichnungen auch in den oberen Kasten (A) wandern. Bei der Karte »Krebs/Steinbock«, die von uns DIE EISKÖNIGIN genannt wird, könnte auch DAS EINSAME KIND als Überschrift gelten und also dieser Titel unter A) genannt werden. Da aber die Karte nun einmal eine Frau im Eis zeigt, und wir dieses Bild als archetypisch betrachten, wählten wir sie als Überschrift. *In uns sieht die Karte eben so aus.* Aber der Leser tut gut daran, auch die anderen »Namen« auf seiner Zunge zergehen zu lassen, um zu sehen, wie diese ihm »schmecken«.

F: Erläuterung der Signaturen

Hier erhält der Leser Hintergrundmaterial, das ihn in die Lage versetzt, die Signaturen und das Bild deutlicher nachzuvollziehen. Die seelische Dynamik und der (seelische) Konflikt, der sich aus den Personen (und deren Kombinationen) ergeben, werden sprachlich dargestellt und dienen dazu, der linken Hirnhälfte etwas zum »Kauen« zu geben. Aber der Leser sollte sich angewöhnen, mehr auf die Karte zu schauen als auf den Text. *Die Karte wirkt – der Text erläutert nur!* Als sinnvollste Vorgehensweise erscheint uns folgende: Du schaust dir die Karte an und lässt sie auf dich wirken. Jetzt liest du den Text »Erläuterung der Signaturen« und lässt ihn ebenfalls wirken. Sodann schaust du dir noch einmal die Karte an und fragst dich: »Wie ist diese Person in meinem Inneren beschaffen?«

G: Erläuterung der Karte

Hier wird die Karte noch einmal, gleichsam als Bildbeschreibung, nacherzählt. Es gibt einige zusätzliche Informationen, die der Betrachter vielleicht nicht auf den ersten Blick verstanden hat oder deren Symbolik er noch nicht kennt.

H: Wirksamkeit

Diese Rubrik ist eine rein astrologische. Da unser Buch ebenfalls ein Aspekte-Buch ist, lernt der Leser hier etwas über unsere Vorstellung von der Wirksamkeit astrologischer Aspekte.

Aspekte sind Winkelentfernungen (im 360-Grad-Kreis) der Planeten untereinander.[1]

---

[1] Vgl. Peter Orban/Ingrid Zinnel, Drehbuch des Lebens, Reinbek 1990, S. 196-229

Diese Winkelentfernungen sind der Ausdruck dafür, dass die Planeten (also Personen) zueinander eine bestimmte Allianz eingegangen sind, eine bestimmte Beziehung zueinander unterhalten. Es geht hier zu wie im normalen Leben auch. Ich habe auch draußen Beziehungen zu anderen Personen: Manche liebe ich, manche hasse ich, manche sind mir egal, manche gehen mir auf den Wecker. So ist es auch im inneren Theater mit den Bühnendarstellern meines internen Lebens. Wir sind in einem Bühnenstück, und es steht der ganz normale Wahnsinn auf dem Spielplan.

Folgende Allianzen (Aspektfiguren) berücksichtigen wir unter der Rubrik »Wirksamkeit«:

Spiegelpunkte, Quadrate, Oppositionen, Konjunktionen, Sextile, Trigone.

Diese Aspekte haben »interne Qualitäten«.

Diese *Qualitäten* lassen sich ebenfalls beschreiben, als wären es Personen. Stellen wir uns vor, zwei meiner inneren Personen (Mars – DER KRIEGER und Venus – DIE GELIEBTE) stehen einander in einer Quadrat-Beziehung gegenüber. Die beiden, die gemeinhin sehr gut zueinander passen (denn Mars-Venus bedeutet DER EROS), heißen jetzt Mars-*Quadrat*-Venus. Diese Konstellation ist so zu verstehen, als stünde eine dritte Person zwischen den beiden und *entzweite* sie. Sie sorgt dafür, dass die beiden sich nicht aus-stehen können.

(Als wir Juana fragten, was denn das heißen soll: sich »nicht aus-*stehen* können«, sagte sie, »das sei doch ganz klar: mit dieser Person wollte man im Mittelalter nicht gemeinsam »auf Wache stehen, man wollte es eben mit ihm nicht aus-stehen«).

Sie verhalten sich jetzt wie ein Ehepaar in einer Scheidungssituation: Jeder weiß, der andere ist ein mieser Kerl und will mich reinlegen. Die Signatur eines Quadrates ist die Signatur des Themas »Saturn«.

Hier die Übersicht, welche Qualitäten die einzelnen Aspekt-»Personen« haben:

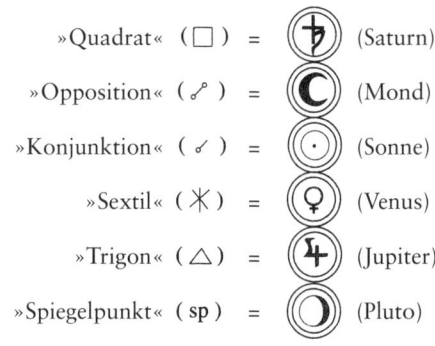

Jeder »Aspekt« (von lat. *aspectus*: anschauen, anblicken) verhält sich also so, als wäre eine dritte Person vorhanden, die sich zwischen zwei der inneren Personen (Planeten) geschoben hat und jetzt eine Art »unsichtbarer Dritter« bildet. Er ist deshalb unsichtbar, weil ich nicht weiß, weshalb sich zwei innere Personen entweder lieben oder hassen. Ich weiß das nämlich bei inneren Personen genauso wenig wie bei äußeren. Der Witz bei der »Liebe« besteht ja auch im Außen darin, dass ich *niemals weiß*, warum ich mich in jemanden verliebe. Zwar glaube ich, es zu wissen (weil er so hübsch lächelt, weil sie so zauberhafte Grübchen hat usw.), aber das sind, bei Licht besehen, Rationalisierungen, denn ich würde mich auch in ihn (sie) verlieben, wenn er nicht lächelte (oder sie keine Grübchen hätte). Es gehört zu den Geheimnissen der inneren Personen, dass (und warum) ich mich im Außen verliebe oder eine Beleidigungsklage führe.

Hergestellt wird diese Anziehung oder Abstoßung eben von den »Aspekten«.

Selbstverständlich darf vermutet werden, dass es von diesen *Vermittlern*, von diesen *Katalysatoren* ebenfalls zwölf gibt. Dass jedes archetypische Tierkreisthema auch eine Aspektentsprechung hat. Und die verschiedenen astrologischen Schulen arbeiten ja auch mit weiteren »Aspekten«, von denen wir hier nur einige benennen wollen:

Halbsextil (30 Grad), Nonagon (40 Grad), Halbquadrat (45 Grad), Septil (51 Grad), Quintil (72 Grad), Quincunx (150 Grad).

Dass wir diese unter der Rubrik »Wirksamkeit« nicht aufführen, liegt daran, dass wir mit ihnen keine Erfahrungen haben, nicht, dass sie unwirksam wären.

Den einzelnen Aspekt-Figuren bei den jeweiligen Kombinationskarten haben wir Prozentzahlen zugeordnet. Zum Beispiel:

Mond-Quadrat-Saturn = –90 %
Mond-Sextil-Saturn = –20 %

Diese Zahlen sind (wie jeder Versuch, in eine geisteswissenschaftliche Disziplin *als Wertung* Zahlen einzusetzen) Milchmädchenrechnungen! Sie können nicht stimmen und bilden nur Ausgangswerte unter einer »ceteris paribus- Klausel«.

»Ceteris paribus« heißt in diesem Falle: »wenn alle Menschen im gleichen Maße unbewusst wären«. Das aber sind sie nicht. Wir müssen also von einem (idealtypischen) Normalfall ausgehen, den es nirgends gibt:

Dieser normale Mensch, der noch nicht viel an seiner Seele gearbeitet hat, trägt beim Vorliegen eines Mond-Quadrat-Saturn in sich eine innere Feindschaft mit einer Wirksamkeit von –90 %, also eine sehr starke.

Anders gewendet: Hat derselbe Mensch bereits zwanzig Selbsterfahrungsworkshops und drei verschiedene Therapien hinter sich, so darf vermutet werden, dass diese »Feindschaft« nur noch einen Zahlenwert von etwa –45 % als Ladung (und d. h. als »Wirksamkeit«) in sich trägt. Seine Feindschaft ist nicht mehr so stark, die Luft ist schon ein wenig raus. Dieser Mensch möge aber jetzt nicht auf die Idee kommen (nach zwanzig Workshops und drei Therapien), aus diesen –90 % ein +90 % sich zurechtzubiegen. So leichtfüßig ist Selbsterkenntnis nicht zu haben. Die Wahrheit sieht oft so aus, dass er nach zehn Workshops und einer abgeschlossenen Therapie erst einmal *weiß*, dass er ein Problem mit diesem Thema hat. Da diese minus 90 % zunächst ein *rein unbewusstes Potenzial* darstellen, hält der Betreffende am Anfang sein Verhältnis zu seiner Weiblichkeit (zu seinem Mond) für völlig ungestört. Zwar hat er eine Aversion gegen Milch (in jeder Form), und seine erste Ehefrau ist an Krebs gestorben, aber was – bitteschön – hat das mit seinem inneren Frausein zu tun (mag er sich fragen)?

Die Werte von –100 % bis –50 % sind (in aller Regel) dem Betreffenden vollständig unbewusst. »Unbewusst« aber heißt (wörtlich übersetzt): Bei einem Aspekt zwischen zwei Personen, dessen Wert –50 % übersteigt, ist eine der beiden Personen aus dem Bewusstsein verbannt! Sie scheint nicht mehr vorhanden zu sein. Es gibt sie nicht mehr. Sie ist von der Oberfläche des Bewusstseins getilgt. Und es erfordert viele Jahre (Therapie oder) Lebenserfahrung, bis man auf sie stößt und die Feindschaft im Inneren vollständig erlebt. Wir müssen diesen Sachverhalt hier in aller Schärfe so darstellen, weil wir es immer wieder erleben, dass jemand in unserer Praxis sitzt und behauptet (beim Vorliegen von Mond-Quadrat-Saturn): »Ja, dieses Thema der Feindschaft gegen das Weibliche, das war vor 10 Jahren so, aber heute längst nicht mehr! Damals in diesem (oder jenem) Wochenendseminar ist das von mir und dem Therapeuten intensiv bearbeitet worden.« Viele haben sich kurz an der Peripherie dieses Themas aufgehalten, sind gleich wieder (vom Thema weg) abgebogen und glauben jetzt, es sei bearbeitet, es sei (wie der schöne Ausdruck hier lautet) »transzendiert worden«.

Für die Zahlen von –100 % bis +100 % gelten also folgende (Nährungs-)Regeln:

–100 bis –50 % (Feindschaft)
Zwei innere Personen stehen sich zunächst in unversöhnlicher Feindschaft gegenüber. Eine der beiden Personen ist mit großer Sicherheit unbewusst, sie arbeitet also »hinter meinem Rücken«, so dass mein Bewusstsein viele Jahre benötigt, um davon eine Ahnung zu erhalten. Eigentlich arbeitet diese Person selbst daran, in mein Bewusstsein zu gelangen. Dazu aber muss sie die Außenwelt mobilisieren. Da ich diese Person *verbannt* habe, muss sie jetzt als Feindschaft (Gerichtsverfahren, Krankheit, Drogen, Selbstmord etc.) an meine Erinnerungssysteme herangebracht werden.

Diese Person bringt mich zur Verzweiflung!

–50 bis 0 % (Ablehnung)
Zwei innere Personen stehen einander in Ablehnung gegenüber, aber meist weiß ich das. Die Feindschaft ist nicht stark genug, um eine Person zu verdrängen, sondern diese tritt jetzt gern als Gewissen, Moral, als Ankläger, Mahner, als Ablehner (von Teilen meiner selbst) auf.

Diese Person bringt mich in Konflikte!

0 bis +50 % (Vorlieben)
Hier befinden sich zwei Personen in einem Verhältnis, das sich gegenseitig unterstützt. Die beiden teilen ihre Hobbies, Vorlieben, ihre kleinen Freuden, Musikwünsche, Lieblingsgerichte, Sammlungen etc.

Diese Personen sind mit mir, und ich bin mit ihnen einverstanden. Sie gehen gemeinsam mit mir in eine Richtung, ohne mich innerlich zu zerreißen.

+50 bis +100 % (Starke Anziehung, Liebe)
Hier sind zwei Personen in mir regelrecht verliebt ineinander (deshalb verliebe ich mich auch gern im Außen in sie). Ich verliebe mich im Außen ohnehin immer nur in eine meiner inneren Personen. Hier treten mir *meine* »Inneren« endlich harmonisch und Glück verheißend vor die Augen! Es geht um starke Attraktivität! Diese Personen produzieren jene Momente, in denen man »ja« sagt.

Unser Leben spielt sich zu 98 % auf den jeweils mittleren Ebenen (von –50 bis +50 %) zwischen »Vorlieben« und »Abneigungen« ab. Die unteren 50 % (von –100 bis –50 %) und die oberen 50 % (von +50 bis +100 %) auf unserer Wirksamkeits-Skala nehmen statistisch nur 2 % unseres Lebenslaufes ein. Wenn auch diese 2 % manchmal zehn Jahre lang fehlen oder sie im Falle von »Schicksalsschlägen« (Liebe, Hass, Krankheit, Lottogewinn) in manchen Jahren 100 % einzunehmen scheinen, so sind wir doch im Alltag eher auf der jeweils mittleren Ebene.

Aber – dass wir es nicht missverstehen – die Ebenen sind nicht getrennt. Sie existieren nicht unabhängig voneinander! Genauso wenig wie Innen und Außen in Wahrheit getrennt sind, sind Plus und Minus voneinander geschieden. Sie sind über eine Spiegelachse miteinander verlötet. Anders gesagt: Die Kurve des Negativen hat ihr Pendant in der Kurve des Positiven und umgekehrt. D.h., das unbewusst Negative findet seine Entsprechung in dem bewusst (d.h. tatsächlich vorhandenen) Positiven, und das unbewusst Positive zieht das bewusst Negative herbei.

Es ist hier nicht der Ort, diese Dialektik ausführlich zu erörtern, doch so viel sei gesagt: *Jeder Aspekt des Inneren* (und sei er noch so positiv!) will auf etwas Dahinterliegendes aufmerksam machen, will erinnern.

In die Astrologie hat sich das Bild von den positiven Aspekten (und von den negativen) eingeschlichen, so als wollte man damit sagen: Auf den positiven darfst du dich ausruhen, und die negativen gehe an. Das ist nicht so! Eine »Erkrankung an Tuberkulose« ist eine Aufforderung der inneren Personen: »Beschäftige dich mit uns« – ganz ebenso wie sechs Richtige im Lotto. Beide Ereignisse korrelieren mit meinem Unbewussten und wollen Medium sein. Der einzige Unterschied: In dem einen Fall deprimiert mich das Ereignis zutiefst (–90 %), in dem anderen macht es mich euphorisch (+90 %).

I: Bedeutungen der Karten im Legesystem
Dieser Punkt bezieht sich auf die Arten, die Karten zu legen. Insbesondere wenn sich der Leser eines der im Anhang aufgeführten »Legesysteme« bedient, erhält er hier Auskünfte über die verschiedenen Stellungen der *Karten im System*. In den Legesystemen gibt es grundsätzlich drei Arten, eine Karte zu interpretieren:

a) als Problemkarte (Anfangskarte)
b) als Weg-Karte und
c) als Ziel-Karte

zu a) Diese Kurzinterpretation gilt für die Karte dann, wenn du sie als erste Karte ziehst (oder auch als einzige Karte, um kurzfristig über das Problem einen Fingerzeig zu bekommen). Sie stellt also gleichsam die Tiefe des Problems dar (an das du dich erinnern sollst!). Sie ist die Ausgangslage, um die die folgenden Karten kreisen. Sie ist eigentlich der Aszendent des Themas, der vorliegende Hintergrund des Problem-Materials.

zu b) Ziehst du mehrere Karten (in einem Legesystem), so gilt für jede dieser Weg-Karten die Interpretation b) (also für jede zweite Karte und die folgenden – mit Ausnahme der letzten). D.h. du hast auf deinem Weg etwas zu tun! Deshalb enthält die Karte in der Regel die Aufforderung, aktiv an etwas zu arbeiten, einen bestimmten Weg zurückzulegen, um das Problem (der Karte a) ins Bewusstsein zu holen. Hier kannst du wirklich etwas tun!

zu c) Eine End-Karte ist immer eine, die als letzte (innerhalb eines Systems) gezogen wird. Nur wenn das der Fall ist, und du dir das vorher auch klar machst, gilt ihre Interpretation. *Niemals* solltest du den Text c bei einer Einzelkarte lesen, obwohl es dich ganz sicher juckt, das zu tun. Die Karte zeigt einen (noch nicht erreichten) Endzustand für das Problem, dem deine Frage gilt.

(In seltenen Fällen gilt keine der drei Interpretationen, sondern die »neutrale Beschreibung« der Karte – in ihrem Textteil – als Ganzes.)

Die Dialektik zwischen a, b und c sieht etwa so aus:

Kartenfassung a zeigt dir den Erinnerungsberg, den es zu besteigen gilt. Sie nennt dir den monumentalen Gipfel bei seinem Namen: »Gauri Shankar im Himalaya«. Aber du bist noch gar nicht losgegangen, sondern du sitzt noch in Castrop-Rauxel in deinem Sessel. Die Folgekarte sagt dir, was du zu tun hast: Ausrüstung kaufen, nach Düsseldorf zum Flughafen, von dort nach Neu-Delhi jetzt nach Katmandu, dort Trekking-Führer anwerben. Mit dem Range-Rover ins Basislager. Sauerstoffflaschen füllen – und los geht es. Auf dem Berg gibt es ebenfalls noch vieles zu tun. Die Endkarte schließlich sagt dir, was dich am Ziel erwartet. Vielleicht sogar musst du auf halbem Weg zurück, weil ein Schneesturm kommt. Auch das könnte zu dem Ergebnis gehören. Dass du nicht auf den Gipfel kommst.

Liest du jetzt c am Anfang, »Du kommst nicht ans Ziel«, so könntest du glauben, dass du dir alle Schritte vorher auch gleich ersparen könntest. Weil du es sowieso nicht schaffst. Aber das ist der Trugschluss! Nein, das Gehen gehört zum Erinnerungs-Spiel. Ohne dein Gehen kommst du nirgends an. Ohne zu gehen, kannst du den Misserfolg nicht verstehen. Denn nur im Misserfolg kannst du dich (in diesem Fall) erinnern. Ersparst du ihn dir, gibt es keine Erinnerung. Du gehörst dann zu den vielen, die lieber ein Buch über das Schwimmen lesen, anstatt ins Wasser zu gehen. Bei Licht besehen bist du damit *noch nicht einmal* ein Nicht-Schwimmer.

V. Reihenfolge der Karten

Im Tarot sind (zumindest) die Großen Arkana nummeriert, und deren Reihenfolge beschreibt einen Entwicklungsweg. Auch die Kleinen Arkana folgen jeweils einer bestimmten Anordnung.

So einfach ist es mit den inneren Personen nicht. Natürlich gibt es auch hier Gewichtigkeiten und Intensitäten, aber eben keine festgelegte Reihenfolge. Denn welche der inneren Personen bei dir in einem bestimmten Moment wirksam werden, unterliegt keinem nummerischen Ablauf.

In der Beschreibung der Karten (in diesem Buch) haben wir natürlich eine Reihenfolge wählen müssen, damit der Leser weiß, welche Karte er wo finden wird. Diese Reihenfolge wollen wir hier darstellen.

Wieder haben wir drei Gruppen gebildet:

Erste Gruppe
Diese Karten erläutern die Einzelpersonen, gleichsam den reinen Archetypus (der in der Realität kaum je angetroffen wird). Diese Anordnung folgt dem Tierkreis, der von Widder bis Fisch verläuft.

Wer es unbedingt möchte, darf diese Karten als »Große Arkana«, als »große Geheimnisse« betrachten. In unseren Karten ausgedrückt also folgende Reihenfolge:

1. Der Krieger (Widder)
2. Die Geliebte (Stier)
3. Der Vermittler (Zwillinge)
4. Die Mutter (Krebs)
5. Das Ego (Löwe)
6. Die Dienerin (Jungfrau)
7. Der Partner (Waage)
8. Der Verführer (Skorpion)
9. Der Verkünder (Schütze)

10. Der Meister (Steinbock)
11. Der Narr (Wassermann)
12. Der Engel (Fische)

Zweite Gruppe
Hier haben wir die beiden großen Areale des menschlichen Lebens, Yin und Yang, Anima und Animus, weibliche Seite der Seele und männliche Seite der Seele, rechte Hirnhälfte und linke Hirnhälfte, Frau und Mann, Mond und Sonne mit den jeweils anderen Personen kombiniert. Anders als in dieser Gesellschaft üblich, haben wir mit den Kombinationen des weiblichen Typus begonnen, denn er ist ein größeres Geheimnis und tiefer in der Verdrängung als das relativ flachbrüstige und einfacher gestrickte männliche Ego.

Außerdem ziemt es einem Erinnerungs-Spiel, mit jener Figur zu beginnen, die hauptsächlich zu erinnern ist – und die auch tatsächlich die Erinnerungs-Leistung zu vollführen hat.

Diese Karten können als Mond- und Sonnen-Karten, als »Mittlere Arkana« bezeichnet werden.

Ihre Reihenfolge im Buch:

13. Der Trotz (Krebs-Widder)
14. Die zwei Gesichter der Eva (Krebs-Stier)
15. Die Aussprache (Krebs-Zwillinge)
16. Die Unvereinbarkeit (Krebs-Löwe)
17. Die Für-Sorge (Krebs-Jungfrau)
18. Die Familie (Krebs-Waage)
19. Die Abtreibung (Krebs-Skorpion)
20. Mnemosyne (Krebs-Schütze)
21. Die Eiskönigin (Krebs-Steinbock)
22. Die Ent-Bindung (Krebs-Wassermann)
23. Der Dornröschen-Schlaf (Krebs-Fische)

24. Der Kampf (Löwe-Widder)
25. Die Herrscherin (Löwe-Stier)
26. Der Schauspieler (Löwe-Zwillinge)
Kombination Löwe-Krebs siehe 16. Karte.
27. Der kranke König (Löwe-Jungfrau)
28. Die Hoch-Zeit (Löwe-Waage)
29. Der Magier (Löwe-Skorpion)
30. Fortuna (Löwe-Schütze)
31. Die Bürde (Löwe-Skorpion)
32. Der Sturz (Löwe-Wassermann)
33. Der Rückzug (Löwe-Fische)

Dritte Gruppe
Hier werden die jeweiligen Einzelpersonen (ohne Mond und Sonne) zusammengesetzt. Gleichsam die »Kleinen Arkana«, was nicht heißt, dass sie nicht so wichtig wären. (Eine einzige Kombination von »kleinen« Karten kann mitunter ein Leben auf das Heftigste zerstalten!) Wieder beginnen wir mit der Reihenfolge des Tierkreises:

Widderkarten
34. Der Eros (Widder-Stier)
35. Der Pranger (Widder-Zwillinge)
   Widder-Krebs und Widder-Löwe siehe 13. und 24. Karte.
   ... bis Nr.
42. Der reine Tor (Widder-Fische)

Stierkarten
43. Die Goldmarie (Stier-Zwillinge)
   ... bis zu den

Zwillingskarten
51. Der Stratege (Zwillinge-Jungfrau) usw.
   Hier würden jetzt die Krebs- und Löwe-Karten stehen, aber sie befinden sich in der 2. Gruppe. Es folgen also

Jungfraukarten
58. Der Beziehungs-Alltag, (Jungfrau-Waage)
   ...

Waagekarten
64. Das Verhängnis (Waage-Skorpion)
   ...

Skorpionkarten
69. Die schwarze Messe (Skorpion-Schütze)
   ...

Schützekarten
73. Die Beichte (Schütze-Steinbock)
   ...

Steinbockkarten
76. Die Gefangenschaft (Steinbock-Wassermann)
   ...

Wassermannkarten
78. Die Grals-Frage (Wassermann-Fische)
   Das ist die letzte Karte.

VI. Das Spiel als weiterführendes Therapeutikum
Im eigentlichen Sinne ist das Spiel eine Art Kompass: Es deutet eine Richtung an, wie wir uns in einem unbekannten Land, nämlich der Seele, ori-

entieren können. Freilich, dieser Kompass hat nicht vier Himmelsrichtungen, sondern deren zwölf. Und natürlich sind es auch keine Himmelsrichtungen, denn das Seelenland ist nicht wie die Windrose eingeteilt nach Norden oder Süden, sondern es wird bevölkert von Wesenheiten und Personen, die ich normalerweise nur aus meinen Träumen kenne. Hier – im Traum – quellen sie in unergründlicher Zahl hervor und wollen meine Aufmerksamkeit.

Einen kleinen Teil dieser Gestalten haben wir in unseren Bildern eingefangen, und es unterliegt allein der Verantwortung des Lesers (oder des Kartenlegers), was er mit dem anfängt, worauf unser kompassähnliches Gebilde *jetzt* gedeutet hat. Er kann jene Person, die heute als Karte auf seinem Tisch liegt, genauso schnell wieder beiseite legen (wie er sie gezogen hat) oder er kann der Deutung des Kompasses nachgehen und sich ernsthaft auf die Suche nach jenen inneren Personen machen, deren Richtung ihm die Karte gewiesen hat.

Dabei gilt es für *jede Person*, die im Inneren auftaucht, drei Fragen zu beachten, und je nachdem, wie intensiv mich diese Fragen beschäftigen, zeigt sich, ob ich die inneren Personen irgendwann einmal für mein Leben akzeptieren werde.

Diese drei Fragen kann ich ebenfalls mit Hilfe des Spieles an die betreffenden inneren Personen stellen, ich kann sie aber auch direkt an mein Inneres adressieren. Diese Fragen lauten:

Was willst du von mir haben?
Was brauchst du wirklich?
Welche Gaben hast du mir anzubieten?

Nachdem diese Fragen eine Zeit lang gestellt worden sind und ich ausreichend Hinweise bekommen habe, darf ich eine vierte Frage stellen. Sie lautet:

Wie ist dein Name? Oder
Wie heißt du?

Alle Personen im Inneren haben einen Namen! Ausnahmslos alle! (Aber nicht alle geben ihn – in den ersten Monaten – preis.)

Und die meisten dieser Namen kennst du nicht. Angenommen, du bist ein Mann und heißt mit Vornamen »Heinz Helmut Viktor«, so kannst du fast sicher sein, dass dies die Namen von drei wichtigen inneren Personen sind. Aber nicht immer ist es so einfach.

Um mit den inneren Personen umzugehen, müssen sie früher oder später Namen oder Arbeitsbezeichnungen (»Der Pechvogel« oder »Hans Guck-indieluft«) bekommen. Ohne dass du ihren Namen verwendest, fühlen sie sich von dir weder akzeptiert, noch hast du die Chance, dass sie dir mehr über ihr Geheimnis preisgeben und du sie ausreichend kennen lernst.

Diese Hinweise sollen hier genügen, dass der Leser sich jetzt selbst auf die Suche machen kann.

Die Karten
(Die Personen)

Der Krieger

Signatur: **Widder, Mars**

Thema als Kurzfassung

Die Aggression, Die Durchsetzungsfähigkeit, Die Eroberung, Der Täter,
Die phallische Kraft, Die Energie des Neubeginns

Erläuterung der Signaturen

Diese innere Person ist der Träger unserer Durchsetzungsfähigkeit. Ihr obliegt jede Form des Angriffes und des Kampfes. Sie trägt jene Energien, die sich nach außen – in die Welt hinaus – wenden und sich dort, an einem Gegenüber, abzuarbeiten wünschen. Das kann (bei einem Surfer) der Kampf mit dem Wind und den Wellen sein, oder (bei einem Fußballspieler) der sportliche Angriff gegen die Kämpfer der anderen Mannschaft oder (bei einem Boxer) der Faustkampf mit dem Gegner oder gar (im Krieg) der tödliche Kampf Mann gegen Mann. Die Attribute, die bei diesem Kampf gefordert sind, sind Muskelkraft und Ausdauer. In all diesen Beispielen muss die Person des KRIEGERS (von den anderen inneren Personen) nach vorn geschickt und gleichsam an die Spitze des Handelns gestellt werden. Damit wird diese Person zu einem Täter, denn nur in der Tat wird sie ihrem Naturell gerecht.

Man muss sich das wirklich vorstellen: Angenommen, die *Gesamt*person sitzt im Wirtshaus und ist gerade damit beschäftigt, mit einer Partnerin zu flirten (d. h., in ihm ist jetzt die GELIEBTE am Werk oder das EGO), plötzlich wird er vom Nachbartisch angerempelt, und sein Bierglas stürzt seiner Partnerin über den Rock. Er springt auf, und (das ist zumindest der normale männliche Reflex) die Personen GELIEBTE (oder EGO) verschwinden von der Oberfläche, und der KRIEGER wird an die erste Stelle geschickt. Der ballt innerlich bereits die Fäuste und geht auf »Kriegsfuß«.

(Ein Patient nannte das einmal: »seinen Gorilla freilassen«.)

Ganz zu Beginn des Lebens bereits zeigt sich, wie diese innere Person beschaffen ist, denn der Weg durch den Geburtskanal hindurch erfordert in der Regel ein gerüttelt Maß an Kampf, an Durchsetzungsvermögen, ein »mit dem Kopf durch die Wand«. Wenn Heraklit behauptet, der »Krieg sei der Vater aller Dinge«, so meint er ebendiese innere Person, ohne deren Energien eine Raumergreifung nicht möglich ist. Der Archetypus dieser Person trägt in sich ein hohes Maß an Aktivität, Handlungsfähigkeit, Spontaneität und die Kraft zur sofortigen Tat. Das Vorbild dieser Kraft ist der erigierte Phallus und die ihm innewohnende Fähigkeit, zu erobern und einzudringen: also auch die Gewalt und die Ver-Gewaltigung. In diesem KRIEGER finden wir das Thema der Rücksichtslosigkeit und des Zerstörens, ohne über die Folgen der Tat großartig zu reflektieren. (Das müssen anschließend die anderen inneren Personen besorgen. Und es kann sein, dass einige dann Gewissensbisse und Mitleid über das empfinden, was ihr Kollege da draußen angerichtet hat.)

Es versteht sich von selbst, dass diese Person ein Draufgänger ist und keiner, der subtil sein Tun analysiert. Kurzum: Das Reflektieren, Denken und Abwägen ist für den Krieger eher schädlich und hindert ihn, das Gesamt-Ensemble vor Gefahren zu schützen.

Wirksamkeit (der Signaturen im Horoskop)
(–100 % = negative Wirksamkeit, 0 % = neutral, +100 % = positive Wirksamkeit)

Mars in Widder (oder im 1. Haus) = +100, Mars in Stier (2. Haus) = +10, Mars in Zwillinge (3. Haus) = +40, Mars in Krebs (4. Haus) = –40, Mars in Löwe (5. Haus) = +40, Mars in Jungfrau (6. Haus) = –40, Mars in Waage (7. Haus) = –50, Mars in Skorpion (8. Haus) = –40, Mars in Schütze (9. Haus) = +30, Mars in Steinbock (10. Haus) = –60, Mars in Wassermann (11. Haus) = –40, Mars in Fische (12. Haus) = –60

Bedeutung der Karten im Legesystem

a) (als Einzelkarte oder als erste Karte):
   Das Problem

Auf dem Grunde deines Problems liegt deine Wut, liegen deine Aggressionen, die du noch nicht gefühlt hast, zu denen du dich noch nicht bekannt hast. Was ist mit dieser Person geschehen? Wieso versteckst du ihre Gefühle? Du glaubst vielleicht, sie wären nicht angemessen, oder du wärst dir zu fein für sie und man müsste das Ganze doch auch »vernünftig« regeln können. (Vielleicht möchtest du auch nur deiner Feigheit nicht begegnen.) Die Karte möchte dich daran erinnern, dass es diese »primitiven« Gefühle auch in dir gibt. Solange du dieser Person nicht Ausdruck verleihen kannst (also sie in das Außen hinein ausdrückst), befindest du dich in einer Stagnation.

b) (als Folgekarte): Der Weg durch das
   Problem hindurch

Es gehört als Station zu deinem Weg, dass du zum Täter wirst. Eine Handlung wird von dir gefordert, die den Gordischen Knoten (der dich gefesselt hält) durchtrennt.

Ohne einen Entschluss zum Handeln, den du dir erkämpfen musst, kommst du hier nicht weiter.

Erläuterung der Karte

Das Bild ist in Rottönen gehalten, denn die der Person zugeordnete Farbe ist das feurige Rot des Kampfes und des Krieges. Dargestellt ist ein klassischer Krieger, wie er in Tausenden von Jahren durch die Weltgeschichte stürmt. Im Hintergrund eine brennende Ansiedlung und rechts im Bild eines seiner Opfer, das er im Kampf niedergestreckt hat. Er schaut nicht zurück, denn das würde seine Aufmerksamkeit (von der vor ihm liegenden Gefahr) abwenden. Sein Schwert hat ganz bewusst den Neigungswinkel des erigierten Penis.

c) (als Endkarte): Das Ergebnis des Weges

Du gewinnst deine Handlungsfähigkeit zurück, hast (erst jetzt) die Kraft für ein Neuwerden. Am Ende des Prozesses gibt es einen voraussetzungslosen Neubeginn, an dem deine Kräfte wieder in deinem Inneren versammelt sind und der Krieger in dieser neuen Runde des Menschsein-Spiels wieder mitspielen darf.

Die Geliebte

Signatur: **Stier, Venus**

Thema als Kurzfassung

Der Wert, Das Anziehende, Der Besitz, Die Geselligkeit,
Die körperliche Attraktivität

Erläuterung der Signaturen

Der als Überschrift gewählte Hauptname der Person DIE GELIEBTE ist ein wenig irreführend, denn eigentlich müsste die Karte »Das Geliebte« heißen. Unser Bild ist nämlich das Symbol für eine innere Person, der es sehr wichtig ist, dass sie für ihre äußere Attraktivität geliebt wird. Wie die Königin im Märchen schaut sie in den Spiegel, in der Hoffnung, der Spiegel sage ihr, sie sei die Attraktivste im ganzen Land und spiegele das, was die anderen begehrenswert finden: das Geliebte. Die Hauptenergien dieser Person richten sich nämlich auf das Thema des Wertes, insbesondere auf die Frage: Wie kann ich in den Augen der anderen (und natürlich in meinen eigenen) meinen Wert darstellen (und möglicherweise sogar noch erhöhen)?

So ist sie jene Person, die erst einmal im Äußeren versucht, sich mit Schminke oder hübschen Kleidern attraktiv zurechtzumachen, die sich mit wertvollen Dingen behängt und umgibt, in der Erwartung, diese Dinge mögen ihre Anziehungskraft erhöhen. Von dieser Person lebt heute die gesamte Kosmetik- und Modebranche und (wo das nicht mehr reicht) die Schönheits-Chirurgie. Alle Anstrengungen werden unternommen, dass diese Person in der Gruppe der Gleichgesinnten als wichtiges und wertvolles Mitglied herausragen kann. Wo immer es etwas Materielles von Wert und Wichtigkeit anzusammeln gibt, hat sie ihre Hand im Spiel: Sei es bei Aktien, Grundstücken, Bankkonten, sei es bei Briefmarken oder Gemälden, immer ist es der Versuch jener Person, den Eigen-Wert zu erhöhen (nach dem alten Sparkassen-Motto: Hast du was, dann bist du was (wert)!)

Auch das Thema der Sinnlichkeit und der Erotik wird von dieser Person verwaltet – aber nicht das Thema der Sexualität! Deshalb müssen wir die Begriffe deutlicher fassen: Die Venus-Sinnlichkeit ist eine anlockende Attraktivität, die Nähe und Körperkontakt herstellen soll, die also die äußeren Attribute bereitstellt und sich in ein sinnliches Spiel (einen Flirt) einlässt mit dem Ziel, die einzig Begehrte zu sein. Es ist also der Wunsch nach Nähe und der Wunsch, wichtig und wertvoll zu sein, der hier die Triebfeder bildet. Ob dann die dem Flirt (und der Nähe) folgende Sexualität das hält, was die Venus versprochen hat, ist eine Frage, die von ganz anderen Personen entschieden wird (z. B. von der Sonne = dem Ego). Die Venus ist darüber hinaus zuständig für die Themen Freundschaft, Treue, Geselligkeit und Verlässlichkeit.

Wirksamkeit (der Signaturen im Horoskop)

(–100 % = negative Wirksamkeit, 0 % = neutral, +100 % = positive Wirksamkeit)

Venus in Widder (oder im 1. Haus) = +30, Venus in Stier (2. Haus)= +100, Venus in Zwillinge (3. Haus) = +40, Venus in Krebs (4. Haus) = +60, Venus in Löwe (5. Haus) = +20, Venus in Jungfrau (6. Haus) = –20, Venus in Waage (7. Haus) = +100, Venus in Skorpion (8. Haus) = –40, Venus in Schütze (9. Haus) = +40, Venus in Steinbock (10. Haus) = –30, Venus in Wassermann (11. Haus) = –20, Venus in Fische (12. Haus) = –30

Bedeutung der Karten im Legesystem

a) (als Einzelkarte oder als erste Karte): Das Problem

Tief im Inneren definierst du dich als wertlos, und in diesem Gefühl der Wertlosigkeit sitzt du fest, bist ein Opfer. Deine Minderwertigkeitsgefühle, der Ausdruck: »Ich mag mich nicht« müssen an die Oberfläche kommen dürfen. Es reicht nicht mehr, dich mit äußeren Attributen zu umgeben oder auf die Jagd zu gehen, ob dich noch jemand mag, ob du doch noch jemanden für dich einnehmen kannst (oder ihn ins Bett bekommst). Die Karte möchte dich an deine Gefühle der Wertlosigkeit und der Ohnmacht erinnern, denen du dich endlich aussetzen kannst.

b) (als Folgekarte): Der Weg durch das Problem hindurch

So sehr in esoterischen Kreisen das »Loslassen« von Materie und Körperlichkeit auch propagiert wird, auf deinem Weg liegt es zuerst einmal, dich mit deiner Venus zu beschäftigen, d.h. dich mit ihr anzufreunden. Nur was man einmal besaß, sich wirklich ganz zu eigen gemacht hat, kann man am Ende auch loslassen. Lerne das Leben als eine sinnliche Erfahrung zu betrachten und deinen Körper als Wohnstätte deiner Seele zu ehren und zu schätzen, jedoch ohne ihn überzubewerten und zu viele Energien an ihn zu binden.

c) (als Endkarte): Das Ergebnis des Weges

Am Ende des Weges hast du dir ein Gefühl für deinen eigenen Wert erarbeitet. Du hast gelernt, die Dinge realistisch einzuschätzen als das, was sie in Wahrheit sind: Dinge.

Du akzeptierst deinen Platz, akzeptierst, dass er so ist, wie er ist. Die Situation muss sich nicht verändert haben, aber du bewertest sie jetzt anders.

Erläuterung der Karte

Eine junge Frau ist dargestellt mit den Attributen der luxuriösen Sinnlichkeit. Sie dient der Muße und der Schönheit. Ihre Anziehungskraft bestätigt sie sich immer wieder selbst durch den Blick in den Spiegel. Und das Schönheitsbad und die kostbaren Geschmeide warten schon auf sie. Sie verkörpert ein sehr wertvolles Wesen, eines, mit dem jeder Mann sich gern »schmücken« würde – das sich aber nicht jeder »leisten« kann. Die Trauben und das Obst signalisieren, dass sie auch den Gaumenfreuden nicht abgeneigt ist und gern üppig und ausgiebig speist.

Der Vermittler

Signatur: **Zwillinge, Merkur**

Thema als Kurzfassung

Der (Götter-)Bote, Der Intellekt, Der Kontakt, Der Zuschauer, Die Leichtigkeit

Erläuterung der Signaturen

Diese Person hat in deinem Inneren die Aufgabe der Vermittlung von Wissen und des Überbringens von Botschaften. Sie bezieht der Welt gegenüber die Position eines neutralen Beobachters und sammelt Informationen, welche sie – einem Computer gleich – einspeichert, benennt und katalogisiert, um sie bei Bedarf wieder »auszuspucken«. Um seiner Aufgabe gerecht zu werden, muss der Merkur alles vermeiden, was ihn schwer macht und bindet. Die Leichtigkeit, mit der er tänzelnd zwischen Ort und Ort, zwischen den Menschen und – als Götterbote – zwischen Himmel und Erde, hin- und hereilt, wäre verloren, wenn er die Oberfläche des Daseins verlassen und sich auf jemanden einlassen oder an eine Meinung, einen Standort binden würde. Neugierde treibt ihn an, Abwechslung ist sein Element. Seine Flügel sind die Sprachen der Welt, auf deren Schwingen er die Menschen verbindet, um wie ein Schmetterling im intellektuellen Flug eloquent zwischen ihnen hin und her zu flattern.

Er ist das Mitglied deiner inneren Familie, das den Kontakt mit der Außenwelt herstellt, auf Parties geht, dort Menschen kennen lernt, um sie dann deinen anderen inneren Personen vorzustellen (von denen allerdings werden diese oft als »zu leicht befunden« abgelehnt). Auch im Außen treffen ihn oft ähnliche Vorwürfe. Seine Leichtfüßigkeit wird ihm als Oberflächlichkeit und seine Neutralität als Belanglosigkeit angekreidet. Sein Ego, das sich aus dem »Sehen und Gesehenwerden« nährt, kommt daher schnell in den Konflikt, *allen* gefallen zu wollen und damit die Wertschätzung Einzelner zu verlieren. Er verfehlt seine Aufgabe, wenn er zu sehr nach Bestätigung sucht und sich selbst zu wichtig nimmt. Die Botschaft ist letztlich wichtiger als der Bote, der sie überbringt.

Sobald er dies verstanden hat, wachsen seine Fähigkeiten, sein »göttliches Amt« im Inneren der Seele auszuführen, und er wird zum Symbol für die Verbindung von oben und unten. Er wird zum Überbringer der »heilenden« Kunde des Himmels, die er auf der Erde, dem Boden der Seele, verbreitet. Er verbindet intellektuell die verschiedenen Personen miteinander, tut ihnen Kunde voneinander und befruchtet sie so mit dem göttlichen Staub, der an ihm haftet.

Auf diese Art und Weise ist er der Katalysator für die »Verbindungen« und die Integration der inneren Personen zur Einheit des menschlichen Wesens.

Wirksamkeit (der Signaturen im Horoskop)

(–100 % = negative Wirksamkeit, 0 % = neutral, +100 % positive Wirksamkeit)

Merkur in Widder (oder im 1. Haus) = +50, Merkur in Stier (2. Haus) = +20, Merkur in Zwillinge (3. Haus) = +100, Merkur in Krebs (4. Haus) = –20, Merkur in Löwe (5. Haus) = +50, Merkur in Jungfrau (6. Haus) = +100, Merkur in Waage (7. Haus) = +50, Merkur in Skorpion (8. Haus) = –30, Merkur in Schütze (9. Haus) = –20, Merkur in Steinbock (10. Haus) = –50, Merkur in Wassermann (11. Haus) = +20, Merkur in Fische (12. Haus) = –60

Bedeutung der Karten im Legesystem

a) (als Einzelkarte oder als erste Karte): Das Problem

Du bist im Moment unzufrieden mit deiner Alltagssituation. Sie ist dir zu langweilig, zu banal und oberflächlich. Du möchtest dich mit den Inhalten und Aufgaben deines Merkur nicht identifizieren, du hast ihn mit einer Negativ-Bemerkung blockiert und verbannt. Nun fehlen dir seine Flügel – seine Leichtigkeit.

b) (als Folgekarte): Der Weg durch das Problem hindurch

Merkur bietet dir seine Hilfe an, dein Problem einer Lösung zuzuführen. Seine Botschaft an dich lautet: Schaue dir zuerst deine Situation gelassen und mit Abstand an, sprich dann aus, was dich bewegt, stelle dich den Tatsachen sachlich und neutral.

c) (als Endkarte): Das Ergebnis des Weges

Wie schwer auch immer dein Weg sein mag, auf Hermes' Schwingen wirst du das Unten (das Unbewusste) mit dem Oben (dem Bewussten) verbinden können, um dann aus einer neutralen Position dir selbst zuschauen zu können – vielleicht mit einem nachsichtigen und schelmischen Lächeln.

Erläuterung der Karte

Die vorherrschende Farbgebung der Karte ist gelb, die Farbe des Archetypus Luft und der Vermittlung (sowie der Post). Abgebildet ist Hermes, der Götterbote. Mit seinen Flügeln am Helm und an den Schuhen schwebt er leichtfüßig über den Boden. Er hat die Stadt verlassen, um eine Botschaft in die Welt hinauszutragen. Die Schmetterlinge, die ihn umflattern, sind ebenso Symbol für Flug, Spiel und Leichtigkeit wie der Löwenzahn, der als »Pusteblume« seinen Samen dem Wind übergibt, um ihn hinwegtragen zu lassen an einen möglichst fernen Ort.

Die Mutter

Signatur: **Krebs, Mond**

Thema als Kurzfassung

Die Weiblichkeit, Die Familie, Das kleine Kind, Die Gefühle, Die Hingabe,
Das Annehmen-Können, Die Seelen-Geschichte

Erläuterung der Signaturen

Als Abbildung dieser inneren Person haben wir bewusst Mutter *und* Kind gewählt, um dem Betrachter zu verdeutlichen, dass die beiden tatsächlich eine einzige Person sind. Zuerst einmal ist jeder Mond ein kleines Kind und ein Symbol für die Gefühle, für die Seelen-Geschichte des Menschen, für seine Verletzungen, für seine Berührbarkeit und seinen Wunsch nach Geborgenheit. Es bedarf einer langen Entwicklung, bis aus dem unbewussten kleinen Kind eine erwachsene hingabefähige Frau wird, die sich dann als Mutter ihrer Familie, ihren Kindern widmen kann.

Solange das Kind noch unbewusst im Inneren der Seele sein (seit der Geburt) ausgestoßenes Dasein führt, ist es zumeist trotzig, beleidigt und bockig und verschafft sich über Bauch- und Herzschmerzen, über Klagen und Weh Gehör. Erst wenn wir seinen Schmerz wahrnehmen, seiner Geschichte zuhören und es ernstnehmen, kann unsere Seele zu wachsen beginnen, bis sie der »Maria« als dem Inbegriff der weiblichen Demut und Stärke ähnlich wird. Denn die wahre Stärke liegt in dem Satz: »Ja, ich bin die Magd des Herrn…«. Sie liegt in der Fähigkeit, annehmen zu können, »ja« zu sagen. Das »Nein« unseres inneren Kindes schwächt uns, da wir immer mehr Kraft aufwenden müssen, um die Mauer (die eigentlich die Seele schützen soll aufrechtzuerhalten. Hinter dieser Mauer bleibt das Kind einsam und seine Ungeborgenheit unverändert bestehen. Mit der Öffnung allerdings wird das Innerste überflutet, und der Mensch läuft Gefahr, von seinen Gefühlen überschwemmt zu werden. Und doch ist dies die einzige Lösung und der einzige Weg, irgendwann einmal erwachsen zu werden.

Diese innere Person ist der weibliche *Hauptdarsteller* in dem Theaterstück des menschlichen Lebens. (Der männliche Hauptdarsteller wird von der nächsten Karte, Das Ego, gebildet.) Insofern ist sie eine eminent große Potenz – um sie drehen sich alles Leid und alle Hingabe der Welt. Sie ist der Yin-Teil des Tai Chi, sie ist die Anima, die große Mutter, und sie hat eine schwindelerregende (und noch nicht ansatzweise ausgelotete) Tiefe. Sie verkörpert das »ewig Weibliche«, das uns hinan (hinauf und hinab) zieht, so wie der Mond mal ganz voll und mal ganz verschwunden ist. In ihrer Tiefe, d. h. im »Reich der Mütter«, kann man sich als Mann wahrlich verlieren, und hier wurzelt eine der Urängste der Männer vor den Frauen.

Wirksamkeit (der Signaturen im Horoskop)
(–100 % = negative Wirksamkeit, 0 % = neutral, +100 % positive Wirksamkeit)

Mond in Widder (oder im 1. Haus) = –50, Mond in Stier (2. Haus) = +60, Mond in Zwillinge (3. Haus) = –20, Mond in Krebs (4. Haus) = +100, Mond in Löwe (5. Haus) = –50, Mond in Jungfrau (6. Haus) = +30, Mond in Waage (7. Haus) = +50, Mond in Skorpion (8. Haus) = –60, Mond in Schütze (9. Haus) = –10, Mond in Steinbock (10. Haus) = –60, Mond in Wassermann (11. Haus) = –30, Mond in Fische (12. Haus) = –10

Bedeutung der Karten im Legesystem

a) (als Einzelkarte oder als erste Karte): Das Problem

Das »Nein« deines inneren Kindes und das »Nein«, mit dem du dein Innerstes verschließt, lässt deine Gefühle, deinen Seelen-See austrocknen. Du hast Angst, dich zu spüren, Angst vor deiner weiblichen Seite, Angst vor der Ohnmacht, die diese mit sich bringen könnte.

b) (als Folgekarte): Der Weg durch das Problem hindurch

Diese Karte sagt dir deutlich: Gehe den Gefühlsweg. Lasse den Kopf beiseite und handle ganz aus dem »Bauch« heraus. Suche dein inneres Kind, lasse es sich ausdrücken, lasse es leben.

Vielleicht möchte es spielen, vielleicht einfach nur wahrgenommen werden. Fast erscheint es so, als solltest du lernen, für dein inneres Kind (oder für jemanden aus der Außenwelt) Mutter zu sein.

c) (als Endkarte): Das Ergebnis des Weges

Am Ende des Weges wirst du dein inneres Kind umarmen, mit ihm einverstanden sein, du erarbeitest dir ein Stückchen Heimat, kommst nach Hause zu dir selbst, zu deinen Gefühlen, deiner weiblichen Seite. Du findest Geborgenheit in dir selbst!

Erläuterung der Karte

In unserer westlichen Mythologie ist »Maria« das Symbol der Urmutter und der weiblichen Hingabe. Sie trägt das Kind auf dem Arm – an der linken Seite ihres Herzens. Sie hat es angenommen. Sie steigt von Lilien umgeben aus dem nächtlichen Meer, dem Unbewussten, dem Wasser, dem urweiblichen Element. Die Nacht wird vom Vollmond, der sich im Wasser spiegelt, erhellt. So wird Licht und Erkenntnis ins Dunkel der Seele, ins Dunkel der Gefühle getragen.

Das Ego

Signatur: **Löwe, Sonne**

Thema als Kurzfassung

Die Macht, Das Wollen, Die Einzigartigkeit, Die Herrlichkeit, Die Zeugungskraft, Die Kreativität, Die Sexualität

Erläuterung der Signaturen

Diese innere Person ist der männliche Hauptdarsteller im Spiel des Lebens.

Es ist seine Majestät, das EGO. Diese Person ist gleichzeitig die pralle Lebenskraft, die auf Entfaltung drängt, und die Kreativität, die uns treibt, schöpferisch zu sein. Es ist aber auch der – meist uneingestandene – Wunsch, König zu sein in unserem Reich und damit mächtiger zu sein als jeder andere.

Das EGO ist der Träger der Hauptidentifikation des Menschen. Es ist die Figur, die »ich« zu mir sagt, in der Regel mit den Beiworten: »ich will« oder »ich bin«, denn sie trägt die geballte Kraft des seelischen Wollens und des Seins. Auch der KRIEGER (s. o.) trägt einen Willen in sich, nämlich den Willen zur Tat, aber das seelische Wollen des Egos, das in der Regel in die Höhe *hinauf* will (in die Karriere, in die Einzigartigkeit) liegt um einiges tiefer als das aktive Wollen des KRIEGERS.

Im Ego befindet sich der Wille zur Macht!

Diese beiden Seiten der Medaille wollen gut verstanden werden: ist auf der einen Seite die Lebensfreude, die Fruchtbarkeit, die Sexualität (als kreatives Spiel der Möglichkeiten), die strahlende Kraft für Gesang, Kunst und Spiel vorzufinden, so befindet sich auf der anderen Seite derselben Münze der *Zwang*, aufsteigen zu müssen, herrschen zu müssen. Und es wäre ein verhängnisvoller Trugschluss zu glauben, das eine wäre ohne das andere möglich! Die beiden Lieblingsspiele dieser Person sind denn auch Ausdruck der beiden Münzseiten: Seite A liebt es, sich zu verlieben und in der Verliebtheit ihre ganze schöpferische Kraft auszuleben. Seite B liebt es, in die Macht zu gehen und auf diesem Weg lästige Nebenbewerber um die Königswürde in einem Konkurrenzkampf auszuschalten.

Diese innere Person setzt dem Erinnerungswerk ein großes Maß an Widerständen entgegen. Freiwillig, und d. h., im sicheren Besitz des Thrones denkt sie nicht im Traum daran, sich dem Inneren zuzuwenden. Es gibt dann für sie keinen Grund, sich zu erinnern. Warum sollte sie auch? Es geht ihr gut! Erst in dem Moment, in dem der König sich in einer tiefen Krise befindet, haben die Mächte der Erinnerung eine Chance, durchzudringen. (Niemand, der gerade hochverliebt ist oder neue Höhen im Management erreicht hat, käme auf die Idee, jetzt Therapie zu machen.) Insofern ist das intakte Ego der größte Feind der Erinnerung.

Wirksamkeit (der Signaturen im Horoskop)

(–100 % = negative Wirksamkeit, 0 % = neutral, +100 % positive Wirksamkeit)

Sonne in Widder (oder im 1. Haus) = +80, Sonne in Stier (2. Haus) = +20, Sonne in Zwillinge (3. Haus) = +40, Sonne in Krebs (4. Haus) = +20, Sonne in Löwe (5. Haus) = +100, Sonne in Jungfrau (6. Haus) = +30, Sonne in Waage (7. Haus) +40, Sonne in Skorpion (8. Haus) = +30, Sonne in Schütze (9. Haus) = +70, Sonne in Steinbock (10. Haus) = +20, Sonne in Wassermann (11. Haus) = +40, Sonne in Fische (12. Haus) = +10

Bedeutung der Karten im Legesystem

a) (als Einzelkarte oder als erste Karte): Das Problem

In dir existiert zutiefst ein Mangel an Lebendigkeit, ein Mangel an Freude, eine Art Herzlosigkeit, d. h. du hast den Zugang zu deiner Kraft verloren. Es kann sein, dass du diese Macht- und Kraftlosigkeit durch äußeres Herrschergebaren auszugleichen versuchst und also im Außen Attribute der Macht herzustellen bemüht bist, aber das alles bleibt aufgesetzt, denn du hast ganz ebenso die Liebe zu dir selbst verloren. Du musst dir die Frage vorlegen: Wo ist das Leben geblieben? Versuche zu akzeptieren, dass du in diesem Moment auf der »Straße der Verlierer« bist. Willkommen im Club!

b) (als Folgekarte): Der Weg durch das Problem hindurch

Es gehört zu deinem Weg, dich, deine Identität, dein Sein ausdrücken zu lernen.

Auch wenn die anderen sich dadurch verletzt fühlen könnten, bleibt dir nichts anderes übrig, als *dich* zu leben. Das ist nicht so leicht, wie es sich anhört: Lebe dein Leben!

c) (als Endkarte): Das Ergebnis des Weges

Am Ende deines Weges lebst du wieder. Die Kraft, die Lebendigkeit, derer du im Moment vielleicht entbehrst, kehren zu dir zurück. Die Sonne geht auf, ein neuer Tag beginnt.

Du bist wieder mit dem Herzen bei der Sache.

Erläuterung der Karte

Ein Mann sitzt auf dem Thron und hält die Insignien der Macht in seinen Händen. Die Krone symbolisiert, dass er größer ist als die anderen (und strahlender, weil sie aus Gold ist). Das Szepter (hervorgegangen aus der Keule) beschreibt, dass er auch materiell der Mächtigste ist. Der Reichsapfel stellt seine Welt dar, über die er herrscht. Sein Thron ist erhöht, steht über den anderen. Im Hintergrund ist die Sonnenscheibe, die auch immer das Symbol der ägyptischen Sonnenkönige war. Er ist der uneingeschränkte Souverän, niemand kann es mit seiner Größe und Herrlichkeit aufnehmen, so glaubt er.

Die Dienerin

Signatur: **Jungfrau, Merkur**

Thema als Kurzfassung

Die Vernunft, Die Anpassung an die Notwendigkeiten, Die Rationalität, Die Bescheidenheit, Die seelische Aussteuerung

Erläuterung der Signaturen

Diese innere Person ist Trägerin eines sehr undankbaren Amtes. Sie lenkt unser Inneres, das Zusammenspiel der inneren Personen, mit Vernunft und Ratio in züchtige, angepasste Bahnen. Zugunsten einer weltlichen Ordnung und Moral ist sie oft bereit, der einen oder anderen Person »Hausarrest« zu geben, sie nicht am Spiel des Lebens teilnehmen zu lassen. Natürlich brauchen wir ihr Wissen und ihre Fähigkeiten, denn ohne sie kämen wir äußerlich wie innerlich permanent ins Chaos.

Die Angst des Menschen vor allem Neuen, vor dem Unvorhersehbaren, gibt ihr oft zu viel Macht, so überschreitet sie oft ihre Kompetenzen und nimmt mitunter nicht nur den ihr zustehenden zwölften Teil des Seelenraumes ein, sondern bemächtigt sich eines Areales nach dem anderen, um in Ordnung, Ruhe und Sicherheit ein wohlorganisiertes, aber letztlich nicht sehr lebendiges Dasein zu fristen.

Sie ist eine Alltags-Bewältigerin, die sich – der Vernunft dienend – stets den Umständen beugt, um Konflikte zu vermeiden. Sie hält die (Seelen-)Welt sauber und versucht unter *allen* Umständen zu überleben. In diesem Punkt kannst du dich allerdings auf sie verlassen: Sie beobachtet gut und warnt dich immer rechtzeitig vor Gefahren. Wird sie nervös, liegt sie pausenlos auf der Lauer, schlägt oft falschen Alarm, verschreckt dich, und in deinem Seelengefüge bricht Angst aus. Angst, die sich gern in Krankheit (sei es körperliche oder seelische) umsetzt. Bist du dann durch Krankheit geschwächt, ist sie es, die dir schon wieder mit gutem Rat und Hilfe beisteht: Wie könntest du das nächste Mal noch besser aufpassen – noch besser die Gefahr (und damit das Leben) vermeiden.

Bleibe sauber, unschuldig und rein, flüstert sie dir zu, und dir wird nichts geschehen.

Achte sie und höre auf sie, denn sie ist die Person, die beständig deine inneren und äußeren Lebensumstände durchleuchtet und analysiert – aber opfere ihr nicht all deine gesamte Kraft, nicht deine ganze Lebensenergie.

Im Konzert der inneren Personen übernimmt diese Person gern den Part des Mahners, des Anklägers (der dir innerlich Schuldgefühle bereitet) und die Funktion des Über-Ich, das dich mit seinen (meist unerfüllbaren) Forderungen quält, endlich ein guter Mensch zu werden und die Hände über der Bettdecke zu lassen. Da du nicht anders kannst, als gegen ihre Forderungen zu verstoßen, hat sie aus dir schnell einen Schuldigen gemacht – und damit musst du dich dann wieder herumplagen.

Wirksamkeit (der Signaturen im Horoskop)
(–100 % = negative Wirksamkeit, 0 % = neutral, +100 % positive Wirksamkeit)

Merkur in Widder (oder im 1. Haus) = +50, Merkur in Stier (2. Haus) = +20, Merkur in Zwillinge (3. Haus) = +100, Merkur in Krebs (4. Haus) = –20, Merkur in Löwe (5. Haus) = +50, Merkur in Jungfrau (6. Haus) = +100, Merkur in Waage (7. Haus) = +50, Merkur in Skorpion (8. Haus) = –30, Merkur in Schütze (9. Haus) = –20, Merkur in Steinbock (10. Haus) = –50, Merkur in Wassermann (11. Haus) = +20, Merkur in Fische (12. Haus) = –60

Bedeutung der Karten im Legesystem

**a) (als Einzelkarte oder als erste Karte):
Das Problem**

Diese Karte will sagen, dass du dich im Moment deiner Lebenssituation nicht beugen kannst, dich ihr verweigerst. Du wälzt die Schuld auf andere ab, möchtest eine weiße Weste behalten und verstrickst dich auf diese Weise in Projektionen, die mit einem auf dich zeigenden Finger doch letztlich wieder zu dir zurückkehren.

Indem du deine Schuld loswerden möchtest, kommst du niemals nach Hause.

**b) (als Folgekarte): Der Weg durch das
Problem hindurch**

Es hilft nichts, du musst in den sauren Apfel beißen und dich fügen, dich deinen Lebensumständen anpassen und – wie man so schön sagt – kleine Brötchen backen.

Bei einer Entscheidung zwischen Kopf und Bauch ist es in diesem Fall angemessen, dass der Kopf, also die Vernunft, entscheidet.

c) (als Endkarte): Das Ergebnis des Weges

Im Ergebnis deines Lernprozesses steht in diesem Fall nicht der große Schatz am Ende des Regenbogens, sondern ein stilles, unscheinbares Einrenken, ein Verstehen, bei dem deine Seele sich wieder einordnet und zufrieden den Platz einnimmt, der ihr zusteht.

Erläuterung der Karte

Die Dienerin Gottes vor dem Altar symbolisiert die innere Person, die sich beugen kann, die opferbereit nicht nur dem eigenen Ego dient, sondern sich auch einer höheren Macht darbietet. Sie ist weiß, in der Farbe der Unschuld gekleidet. Der Caduceus, der Hermesstab mit den beiden sich windenden Schlangen und den Flügeln, ist ein Symbol für die Aussteuerung und Vereinigung des Männlichen und Weiblichen – Yin und Yang –, die von der Person der Jungfrau vorgenommen werden muss.

Der Partner

Signatur: **Waage, Venus**

Thema als Kurzfassung

Der andere, Die Beziehung, Der Ausgleich, Das Symbolon, Der Spiegel,
Die Ergänzung, »Die bessere Hälfte«

Erläuterung der Signaturen

Diese innere Person ist versehen mit einem besonders schwer zu verstehenden Thema, das freilich eines der Hauptprobleme der meisten Menschen ist. Es ist die Person des »anderen Menschen« in mir. Das Wort »Partner« zeigt es bereits sehr deutlich: Der andere ist Teil, »part« von mir. D. h., *er gehört inhaltlich zu mir*. Da ich ihn aber in mir nicht finden (und mit ihm in mir auch keine Ehe eingehen) kann, muss ich ihn im Außen suchen. Es ist also der zu mir persönlich gehörende andere, der andere Teil in mir, meine, wie der Volksmund sagt, »bessere Hälfte«.

Auf eine geheimnisvolle Weise kreiert diese innere Person in mir ein Suchbild, ein Phantombild, das in das Außen projiziert wird und dessen reale Entsprechung ich dann im Außen zu suchen gezwungen bin! Mit diesem Steckbrief (»WANTED«) im Inneren laufe ich durch die Welt und warte darauf (oder setze Himmel und Hölle in Bewegung), dass derjenige sich im Außen zeigt, auf den dieser innere Steckbrief, dieses Suchbild passt.

Habe ich den anderen dann gefunden, sind also Suchbild und Realität zur Deckung gebracht, so ist die Aufgabe dieser inneren Person erfüllt. Meistens geschieht es dann, dass ich eine andere Person einschalte (die Sonne, das Ego) und damit ein Energiephänomen in Kraft tritt, das seinen Magnetismus über uns beide erstreckt, und wir nennen diese Magnetkraft dann »Verliebtheit«. Aber das muss nicht sein, denn unsere innere Person führt nicht nur Liebende zueinander, sondern auch den Angestellten mit dem Chef, den Feind mit dem Feinde, den Verleger mit dem Kunden usw. Die eigentliche Aufgabe der beiden Teile des »symbolon« besteht nicht darin, sich zu verlieben, sondern sie sollen miteinander in einen Ausgleich, in eine Harmonie gelangen. Sie sollen sich versöhnen. Die beiden sollen wieder einswerden (wie sie es seelisch schon einmal waren – damals vor langer Zeit), d. h., ich soll mit meiner eigenen Andersartigkeit (die mir im Partner gespiegelt wird) wieder in Einklang kommen. Natürlich steht die innere Person mit diesem Thema in einer permanenten Not: der Not nämlich, sich immer wieder mit dem anderen auseinander setzen zu müssen. Es gibt erst einmal keinen Frieden, keine Harmonie, obwohl ich sie mir doch so sehnsüchtig wünsche. Da der andere mir mein Anderssein spiegelt, steht er mit meinem Sosein erst einmal im Streit. Und erst durch den Streit, durch den Ärger, durch die Gerichtsverhandlungen hindurch kann ich in seinem Antlitz das eigene Antlitz erblicken.

Das, was diese innere Person mich lehren will, ist dies: Schau in einen Spiegel, und was du siehst, bist du. Aber: Schau auch deinem Partner (deiner Putzfrau, deinem Chef, deinem Rechtsanwalt etc.) ins Gesicht, und was du dort siehst, *bist auch du!* Das ist, so lange wir verliebt sind, kein Problem. Zu einem Problem wird es nach einer 20-jährigen Ehe. Aber es gilt weiterhin im gleichen Maße!

Wirksamkeit (der Signaturen im Horoskop)
(−100 % = negative Wirksamkeit, 0 % = neutral, +100 % = positive Wirksamkeit)

Venus in Widder (oder im 1. Haus) = +30, Venus in Stier (2. Haus) = +100, Venus in Zwillinge (3. Haus) = +40, Venus in Krebs (4. Haus) = +60, Venus in Löwe (5. Haus) = +20, Venus in Jungfrau (6. Haus) = −20, Venus in Waage (7. Haus) = +100, Venus in Skorpion (8. Haus) = −40, Venus in Schütze (9. Haus) = −30, Venus in Steinbock (10. Haus) = −30, Venus in Wassermann (11. Haus) = −20, Venus in Fische (12. Haus) = −30

Bedeutung der Karten im Legesystem

a) (als Einzelkarte oder als erste Karte): Das Problem

Du bist im Moment nicht bereit, in den Spiegel des anderen zu schauen und das, was du dort erblickst, als deines zu erkennen. Dein Problem, an das die Karte dich erinnern möchte, besteht darin, dass du die Botschaft nicht akzeptieren möchtest, die vom anderen an dich adressiert worden ist, und so machst du dich lieber immun gegen den anderen oder (was dasselbe ist) du denkst, der Ärger ginge von ihm aus.

Du willst nicht sehen, dass der andere nur deine eigene Andersartigkeit zum Ausdruck bringt!

b) (als Folgekarte): Der Weg durch das Problem hindurch

Der Weg besteht darin, dich im anderen verstehen zu lernen. Also musst du in den Austausch treten, musst dem anderen die Hand zur Versöhnung (oder zum Verständnis) reichen.

Allein kannst du dein Ziel nicht erreichen!

Du benötigst auf deinem Weg jemanden, der dir die Augen öffnet.

c) (als Endkarte): Das Ergebnis des Weges

Du hast dich im anderen wiedergefunden und bist mit dem äußeren und inneren Partner wieder im Gleichgewicht, wieder im Einklang. Das »symbolon« hat sich (an dieser Stelle wieder) geschlossen. Die Teile sind verbunden.

Erläuterung der Karte

Als einzige Karte bei den »großen« Karten finden wir auf diesem Bild zwei Personen dargestellt. Der Mensch und seine andere Seite. Mann und Frau. Bin ich Mann, so suche ich meine andere Seite erst einmal bei der Frau. Bin ich Frau, so verfahre ich umgekehrt. Auf unserem Bild tanzen die beiden umeinander herum, da sie froh sind, sich gefunden (und verliebt) zu haben. Es ist dies natürlich auch unsere romantische Vorstellung von der Liebe. Dass dieser Tanz nicht ewig währen kann, ist bereits von den Göttern beschlossen. Hier noch sind die beiden in Harmonie. Jeder betrachtet sich im Gesicht des anderen.

Der Verführer

Signatur: **Skorpion, Pluto**

Thema als Kurzfassung

Der Teufel, Die Vorstellung, Die Idee, Der Selbstmörder, Die Verbindlichkeit, Die Fixierung, Der Fanatismus, Die Unterwelt

Erläuterung der Signaturen

Diese innere Person hat einen wahrhaft teuflischen Auftrag (so mag es auf den ersten Blick erscheinen): Sie möchte den Menschen vom Leben fernhalten. Sie möchte ihn dazu verführen, dass er das Leben flieht, und zu diesem Zweck ist ihr jedes Mittel recht. Die meisten ihrer Mittel und Techniken sind unscheinbar und werden jahrelang nicht bemerkt. So besteht die erste ihrer Versuchungen immer darin, dass sie dem Menschen eine Vorstellung davon vorgaukelt, wie das Leben eigentlich zu sein *hätte* (wie es aber nicht ist!). So präsentiert sie dem, den sie verlocken möchte, ein wunderschönes Bild (über seinen Beruf, über seine Zukunft, über seinen nächsten Partner), und dann sagt sie: »Strenge dich an, setze alle Mittel ein, dieses Ziel zu erreichen!« Und damit hat sie den Menschen als Erstes von der Stelle fortgelockt, an der sich sein Leben gerade befindet. Jetzt versucht der Mensch, dem diese Bilder natürlich einleuchten, diese Ideen (auf Biegen oder Brechen) zu verwirklichen, und er setzt seine ganze (Lebens-)Kraft ein – nicht etwa für etwas Lebendiges, wie sein Kind oder seine Ehe oder seinen jetzigen Beruf –, sondern für etwas Totes, für ein Bild, *wie etwas in der Zukunft sein sollte*.

Nicht dass wir uns missverstehen: Die Bilder, die diese Person dem Menschen vorspiegelt, sind wunderschön: »Du solltest endlich reich (gesund, heilig, schlank) werden!« »Du solltest die Erde retten!« »Du solltest eine Position einnehmen, die deinen Fähigkeiten entspricht!« etc. Aber die Ratschläge, die sie erteilt, sind immer dieselben und lauten (ohne dass der Mensch es merkt): Setze alle Energien ein, um dich aus dem *Jetzt* zu entfernen und in ein wunderschönes Bild aus dem *Morgen* einzutauchen, das du heute fanatisch zu verfolgen gezwungen bist. Der Mensch bindet seine lebendigen Energien an etwas Totes. Er flieht vor dem Wirklichen und dem Jetzt und damit vor dem Leben. Im Grunde genommen möchte diese Person den Menschen veranlassen, auf Raten Selbstmord zu begehen. Immer mehr Teile des Selbst sollen in die Verfügungsgewalt des »Verführers« übergehen. Sie möchte immer mehr Lebendigkeit in ihrer Unterwelt gefangen setzen. Sie macht das, damit der Mensch ihr sein Leben opfert. (Und mitunter erreicht sie dieses Ziel auch tatsächlich, und der von ihr Bedrängte setzt seinem Leben auch real durch Selbstmord ein Ende.) Jeder Selbstmord ist – so gesehen – auch wirklich ein »Mord«: der Mord einer inneren Person, den sie an dem Gesamt der anderen begeht.

Die zweite ihrer Versuchungen besteht darin, dass sie den Menschen veranlasst, zum Erreichen seines Zieles sich der »Magie« zu bedienen. Magie aber heißt wörtlich: Etwas, das ich auf normalem Wege nicht bekommen kann, hole ich mir mit Hilfe einer »höheren« (oder tieferen) Macht. Ich rufe Geister zu Hilfe, die mit mir einen »Handel« schließen – eben ihn, den »Verführer«. Ich bekomme etwas, muss aber dafür auch etwas geben. Das Zahlungsmittel ist aber wieder »Lebendigkeit« (Lebenskraft). Die Person des Pluto wartet darauf, dass ich ihr zu mehr Leben ver-

Wirksamkeit (der Signaturen im Horoskop)
(–100 % = negative Wirksamkeit, 0 % = neutral, +100 % = positive Wirksamkeit)

Pluto in Widder (oder im 1. Haus) = –70, Pluto in Stier (2. Haus) = –40, Pluto in Zwillinge (3. Haus) = –30, Pluto in Krebs (4. Haus) = –80, Pluto in Löwe (5. Haus) = –50, Pluto in Jungfrau (6. Haus) = –40, Pluto in Waage (7. Haus) = –30, Pluto in Skorpion (8. Haus) = –100, Pluto in Schütze (9. Haus) = –40, Pluto in Steinbock (10. Haus) = –70, Pluto in Wassermann (11. Haus) = –20, Pluto in Fische (12. Haus) = –10

Erläuterung der Karte

Der Verführer ist auf der Karte in der Gestalt des Mephisto dargestellt. Er macht dem Betrachter den Hof. In seiner Hand hält er eine schwarze Rose, ein Produkt, das die Natur nicht hervorbringt, sondern nur der Mensch, der sich damit eine Idee verwirklicht hat. Das Ganze ist in düsteren Farben gehalten, die für diese Person Sinnbild ist. Im Hintergrund ist das Feuer, das aus der Tiefe heraufflodert und ein Symbol bildet für die Kraft, die der Mensch sich von unten holt. Es ist ein kaltes Feuer, denn es kann das Herz nicht erwärmen.

Bedeutung der Karten im Legesystem

a) (als Einzelkarte oder als erste Karte): Das Problem

Du hast dich in eine Idee verrannt, du sitzt fest. Und damit opferst du gerade einen sehr lebendigen Teil von dir, ja du gibst einen Teil deiner Seele fort in der Hoffnung, etwas Besseres dafür zurückzubekommen. Damit aber wirst du beherrscht von Kräften, die aus der Unterwelt stammen. Du steckst gerade in »Teufels Küche«. Mache dir klar, welche Idee dich im Moment in ihren Klauen hat. Mehr brauchst du nicht zu tun – aber auch nicht weniger!

b) (als Folgekarte): Der Weg durch das Problem hindurch

Erst indem du dich ganz eingelassen hast auf jene Landschaft der Unterwelt, erst indem du sie durchwandert hast, kannst du am anderen Ende wieder ans Licht emporsteigen. Hier unten kannst du nichts anderes oder gar »besser« werden. (Hüte dich davor, besser werden zu wollen – das ist eine seiner Lieblingsideen!) Es gibt nur den Spruch Vergils, der dir hier weiterhelfen kann: »Schaue hin und gehe weiter!«

c) (als Endkarte): Das Ergebnis des Weges

Eine Metamorphose wird stattfinden. Die alten Bilder müssen zerspringen, so wie einst das Goldene Kalb durch Moses' Schläge zersprungen ist. Am Ende löst sich die Vorstellung auf wie Nebel an der Sonne. (Denn sie hat nie gelebt.)

helfe, indem ich mich meiner Lebendigkeit entäußere. Indem ich mein Leben in den Schlund des Orkus hinab opfere – zugunsten einer obskuren Zukunftsvision.

Da bei den inneren Personen nichts ohne einen tiefen Sinn geschieht, so hat auch diese Person eine wichtige Funktion im Themenkreis des Menschseins. Sie hat dafür zu sorgen, dass meine Subjektivität, die ungebrochene Kraft meines Egos brüchig wird, und dass damit Platz geschaffen wird für das Objektive. Für einen objektiven Willen, der die Begrenzungen des Subjektiven weit übersteigt. Um diesen Vorgang vorzubereiten, haben die Götter die Unterwelt installiert, in der die Subjektivität schmerzhaft geläutert wird. Erst durch das Fegefeuer hindurch kann die zur Asche verglühte Subjektivität mit einer neuen Erkenntnis wie ein Phönix aufsteigen.

Der Verkünder

Signatur: **Schütze, Jupiter**

Thema als Kurzfassung

Der Priester, Der Missionar, Der innere Therapeut, Der Glaube, Die Einsicht, Die philosophische Sicht der Welt

Erläuterung der Signaturen

Der Jupiter ist die Person in unserem Inneren, die die großen geistigen Arbeiten verrichtet, die sich in die Welten und Seelenzusammenhänge stellt, um sich in ihnen zu spiegeln und zu verstehen. Ihr Amt begann mit dem Tag, als der Mensch den Göttern nicht mehr vertraute. Seitdem steht sie am Übergang vom Mythos zum Logos und bietet sich selbst dar als Brücke zwischen den Göttern und der Welt. Ihre Aufgabe ist die »religio«, die Zurückverbindung zu den geistigen Wurzeln und die Erinnerung der Menschen an das verlorene Paradies, die verlorene Seelengeschichte. Im Herzen dieser Person brennt ein ewiges Feuer, die ewige Frage: »Wer bin ich?« Auf der langen Suche durch die Zeit bedient sie sich vieler geistiger Hilfsmittel, vieler Religionen und Philosophien – doch den Gral kann sie auf diesem Weg nicht finden. Ihre Aufgabe ist es, den Weg dorthin zu ebnen, ihn zu verstehen und Fragen zu stellen, nicht die Antworten als Ruhekissen (für das Ego) zu missbrauchen und somit die Wanderschaft zu beenden. Doch genau in ebendiese Verirrung gerät der »Wissende« zu leicht. Nur zu gern glaubt er sich im Besitz der Wahrheit und missioniert mit seiner Religion, drückt sie den anderen auf, ohne zu spüren, wie er dabei seine Fragen verliert und sich mit anmaßenden Antworten immer weiter von seinem Amt, dem des Therapeuten und Priesters, entfernt. Schaute er ins Innere seiner eigenen Welt, so könnte er sehen, dass die Suche niemals endet. Doch »findet« er Antworten und Ratschläge für andere, so vergisst er leicht, dass alles Wissen nur Zwischenstation, nur Wanderstab ist auf dem Wege zur Wahrheit. Ein Therapeut ist ebenfalls nur geistiger Geburtshelfer und Begleiter, niemals aber Träger der Wahrheit seiner Patienten. Er hilft dir dabei, dich auf die Suche zu machen, dich zu erinnern, und hilft damit letztlich nur sich selbst, der eigenen Frage, dem eigenen Sinn wieder auf die Spur zu kommen. Dies zu erkennen scheint jedoch sein größtes Problem zu sein. Er sieht sich lieber als Guru und Lehrer für andere, als dass er seine geistigen Kräfte seiner eigenen Problematik widmet. Lieber poliert er sein EGO in anmaßenden Ämtern auf religiöses und esoterisches Hochglanzformat, als sich dem Sinn des eigenen Daseins zuzuwenden. So gerät er schnell in die schwindelerregenden Höhen des Ölbergs, von der er Gottes Wahrheit verkündet, die ihm bald als die eigene erscheint und mit der er sich deshalb als des Himmels rechte Hand begreift. So lange predigt er mit erhobenen Händen, bis die Macht des Schicksals seine Arme erlahmen lässt und sie müde herabsinken, um sich (endlich) wieder zum Gebete (um und für sein eigenes Seelen-Heil) zu vereinen.

Wirksamkeit (der Signaturen im Horoskop)

(–100 % = negative Wirksamkeit, 0 % = neutral, +100 % positive Wirksamkeit)

Jupiter in Widder (oder im 1. Haus) = +20, Jupiter in Stier (2. Haus) = –20, Jupiter in Zwillinge (3. Haus) = –30, Jupiter in Krebs (4. Haus) = +50, Jupiter in Löwe (5. Haus) = +50, Jupiter in Jungfrau (6. Haus) = –40, Jupiter in Waage (7. Haus) = +30, Jupiter in Skorpion (8. Haus) = –40, Jupiter in Schütze (9. Haus) = +100, Jupiter in Steinbock (10. Haus) = –30, Jupiter in Wassermann (11. Haus) = +50, Jupiter in Fische (12. Haus) = +60

Bedeutung der Karten im Legesystem

a) (als Einzelkarte oder als erste Karte): Das Problem

Wo bleibt im Moment dein Verständnis, deine Erinnerung an deine *eigene* Seelengeschichte? Du bist in der Anmaßung, anderen deine Meinung und dein Wissen aufzudrücken, doch der Boden deiner eigenen Seele bleibt unfruchtbar, da du zu sehr den Sinn im Außen suchst und ungefragt und ungebeten deine Saat in fremdem Boden aussäst.

b) (als Folgekarte): Der Weg durch das Problem hindurch

Erinnere dich! sagt dir diese Karte. Mache dich auf die Suche nach deinem inneren Therapeuten (gegebenenfalls braucht dieser einen Menschen als Spiegel im Außen). Und vor allen Dingen: Kehre um. Lösungen für dein Problem findest du nur und ausschließlich in deiner eigenen Geschichte. Also, noch einmal: Erinnere dich!

c) (als Endkarte): Das Ergebnis des Weges

Du wirst weiter werden. Offener und toleranter. Denn du bist bereit, dir die Mühe zu machen, deine Seelengeschichte zu verstehen, und so hat dir Mnemosyne, die Göttin der Erinnerung, für das Ende deines Weges einen Schatz verheißen: Erkenntnis ist der Reichtum der Seele.

Erläuterung der Karte

Der Priester in seinem Amt ist umgeben von den Insignien verschiedener Religionen. Er symbolisiert den ursprünglichen »Seel-Sorger«, der beide Arme erhoben, die Botschaft des Himmels den Gläubigen nahe zu bringen hat. Seine Aufgabe ist es, neutral das Oben mit dem Unten zu verbinden, doch wie man auf der Karte sieht, wird er oft von seinem Ego verführt (Schütze ist ein Feuerzeichen) und verliert sich in amtsanmaßenden Gebärden.

Der Meister

Signatur: **Steinbock, Saturn**

Thema als Kurzfassung

Die Gesetzmäßigkeit, Die Verantwortung, Das Schicksal, Der Alte, Der Tod, Der mitleidlose Lehrer

Erläuterung der Signaturen

Die von dieser Karte symbolisch dargestellte innere Person vertritt die Gesetze des Objektiven, gleichsam die Regel, nach denen die Tiefe des Menschen sich gestaltet. Das aber bedeutet, dass es jenseits der subjektiven Wünsche und Gefühle eine weitere Schicht gibt, mit der der Mensch früher oder später sich zu versöhnen hat. Zunächst einmal tritt diese Person – für den Menschen am Anfang nicht durchschaubar – auf als die »Macht des Schicksals«. Als Schicksalsschläge, die den Menschen erschüttern. Die Forderung, die dabei entsteht und die von dieser inneren Person ausgeht, ist immer dieselbe: »Mensch, übernimm die Verantwortung für das, was du tust *und* für das, was dir geschieht!« Der Mensch aber ist – symbolisch gesprochen – ein Kind: Es möchte spielen und eben keine Verantwortung übernehmen für irgendetwas. Das ist über weite Strecken seines Lebens auch ganz in Ordnung so. Aber irgendwann erhebt diese knochige Gestalt ihren Zeigefinger und sagt: »Du kannst nicht tun, was du tun willst! Es gibt eine höhere Ordnung, der du dich zu fügen hast.« Jetzt ist der Mensch – das Kind – im Jammer. Die Welt ist grausam, kalt und hartherzig zu ihm. Wir empfinden diese innere Gestalt dann ebenso ungerecht wie den härtesten Lehrer, den wir in unserer Kindheit hatten. Ja, er ist ein kalter und karger Lehrmeister, der mich auf den Buchstaben des Gesetzes aufmerksam machen möchte: »Es steht aber geschrieben…«, sagt er. Seine Gesetze sind nicht zu verwechseln mit einer Moral im gesellschaftlichen Sinne (obwohl es oft so erscheint), denn diese ist für alle gemeinsam vorhanden. Nein, er hat ganz spezifische Gesetze, die nur für mich gelten, an mich heranzutragen. Wobei mir noch die besondere Schwierigkeit ins Haus steht, sie selbst herausfinden zu müssen. Oft glaubt der Mensch, es seien die anderen, die dieses Thema an ihn herantragen, und er würde ungerecht behandelt. Aber der Meister ist nie ungerecht (oder grausam), er stört sich nur nicht an unserem subjektiven Gejammer, dass es uns nicht passt, was wir zu lernen haben (oder wofür wir die Verantwortung zu übernehmen haben).

Insbesondere zwei Themen hält er für uns bereit, über die wir gern in Verzweiflung geraten und deren tiefe Dimensionalität er uns lehren will: die Zeit und der Tod. D. h., seine Lernprozesse sind langwierig, und wer das Thema seiner eigenen Vergänglichkeit noch nicht verstanden hat, der schließt mit ihm so schnell keine Übereinkunft ab. Erst wer sich seinen eigenen Tod zum Freund gemacht hat, hat die Verantwortung restlos (sogar noch über sein Sterben) übernommen. Erst ihm ist der Meister ein Freund und Verbündeter. Den anderen aber jagt er mit dem Tod einen heillosen Schrecken ein. Zu dieser Person »ja« zu sagen, heißt sich vor sein Schicksal zu stellen und zu sagen: »Du gehörst zu mir!«

Wirksamkeit (der Signaturen im Horoskop)
(–100 % = negative Wirksamkeit, 0 % = neutral, +100 % = positive Wirksamkeit)

Saturn in Widder (oder im 1. Haus) = –30, Saturn in Stier (2. Haus) = –10, Saturn in Zwillinge (3. Haus) = +10, Saturn in Krebs (4. Haus) = –60, Saturn in Löwe (5. Haus) = –40, Saturn in Jungfrau (6. Haus) = +20, Saturn in Waage (7. Haus) = +10, Saturn in Skorpion (8. Haus) = –60, Saturn in Schütze (9. Haus) = –30, Saturn in Steinbock (10. Haus) = +100, Saturn in Wassermann (11. Haus) = –20, Saturn in Fische (12. Haus) = –30

Bedeutung der Karten im Legesystem

a) (als Einzelkarte oder als erste Karte): Das Problem

Du bist innerlich verhärtet, hast einen Panzer angezogen, und niemand dringt mehr zu dir durch oder kann in die Nähe deiner Seele gelangen. Es ist, als hättest du dich hoch in einem Gebirge in die Festung der Einsamkeit zurückgezogen. Du verurteilst die »Kinder« dieser Welt und hast damit den Zugang zu deinem eigenen inneren Kind mit deiner Härte und deinem falsch verstandenen Erwachsensein zugeschüttet. Nicht die Welt ist daran schuld, dass deine Seele sich in eine Festung eingekapselt hat, die Festung gehört zu dir. Sie ist ein Teil von dir. Betrachte sie und versuche, die Verantwortung für ihren Bau selbst zu übernehmen.

b) (als Folgekarte): Der Weg durch das Problem hindurch

Auf deinem Weg durch das Problem hindurch geht es darum, dass du den Ernst des Lebens zu betrachten lernst. Hier kannst du jetzt nicht mehr spielen, sondern musst dich ernsthaft deinen Problemen stellen. Wälze ihre Entstehung nicht mehr auf die anderen ab oder glaube, sie könnten sie dir abnehmen. Es geht darum, unterwegs »erwachsen« zu werden.

c) (als Endkarte): Das Ergebnis des Weges

Als Ergebnis deines Weges hast du verstanden, dass über dir ein objektives Schicksal waltet. Eine Macht (die Macht des Schicksals), die niemand beeinflussen kann und der du dich beugst – und vor der du dich verbeugst. Jetzt trägst du die Verantwortung für sie, d.h., du antwortest (verantworten) auf sie mit einem klaren »Ja«.

Erläuterung der Karte

In einer kalten, klaren Gebirgslandschaft sitzt ein alter Mann. Er hat den Zeigefinger erhoben und deutet auf die Zeilen in einem alten Gesetzbuch. So als wollte er sagen: »Höre, anerkenne dein Gesetz. Du kommst nicht drumherum.« Hinter ihm liegt eine Art Tor mit einer Krone verschlossen. Es ist das Tor zum Objektiven, dessen Schwelle er hütet. Hinter der Schwelle ist der Mensch König in einem ganz anderen Reich, als die Karte Das EGO das verkündet. Aber vorher muss der Tod (Schädel) und die Zeit (Stundenglas) verstanden worden sein. Der Alte ist karg und hart, wenn auch in seinem Gesicht das Mitleid über jene zu spüren ist, die die Verantwortung eben nicht übernommen haben.

Der Narr

Signatur: **Wassermann, Uranus**

Thema als Kurzfassung

Der Entbinder, Die Freiheit, Der Außenseiter, Der »wahre« Held, Der Steppenwolf

Erläuterung der Signaturen

Periodisch tritt die Person des NARREN, immer ganz plötzlich aus der Tiefe des Unbewussten auftauchend, ins Rampenlicht des Lebens, um den ahnungslos sich in Sicherheit Wiegenden – mir nichts, dir nichts – aus seinem Alltagsgefüge herauszuschleudern. Sie befreit aus Bindungen, aus Meinungen, aus liebgewordenen Gewohnheiten – ob es uns gefällt oder nicht. Niemals wartet der NARR auf deinen Ruf, sondern er erfüllt sein Amt im Sinne objektiver Zusammenhänge immer an der Stelle, wo er den Menschen *zu einer Wahrheit hin* befreien muss. Er entbindet nur dann, wenn eine Schwangerschaft (innerhalb deiner Seele) lange vorher stattgefunden hat, die Geburt also längst überfällig ist, der Mensch aber aus Angst weiterhin am Alten festhalten möchte. Wir alle haben erst einmal Angst, uns mit dieser inneren Person zu identifizieren, denn mit ihr beginnt das unwägbare, unvorhersehbare Abenteuer der Seele. Der NARR ist der wahre, der mystische Held, der den Schutz und die Geborgenheit verlässt, um sich der Welt zu stellen, sich in ihr zu erfahren und unabhängig seinen eigenen Weg zu finden. Auf seinem Weg mögen sich Gleichgesinnte kurzfristig zu ihm gesellen, doch letztlich bleibt er allein, da ihm jeder Ort, jede Zugehörigkeit sehr schnell zu eng werden. Sein größter Gegenspieler im Spiel des Lebens ist der Herrscher der Unterwelt, Pluto, der den Menschen in die Falle der Bindungen und Ego-Sicherheiten hineinverführt (Der VERFÜHRER), um damit seine Seele vom Entwicklungspfad wegzulocken. Mit dem »blauäugigen«, naiven Mut des NARREN, der es wagt, mit einem Bein über dem Abgrund zu tänzeln, aber rechnet der hinterlistige Verführer nicht. Und so beginnt das Ringen der Kräfte im Inneren der Seele.

Auf der einen Seite lockt die Freiheit, die bunte Vielfalt des Daseins, auf der anderen das plutonische Versprechen, die Gefahren des Lebens meiden zu können, das den Menschen wie in einen Kokon einspinnt und seine Seele in einen langen Winterschlaf hineingleiten lässt. Dort ruht sie leblos, bis der Held erwacht und sie dem totenähnlichen Schlafe entreißt. Doch solche Phasen des Lebens sind schmerzhaft, und das Lächeln tritt dann erst wieder in die Augen des Menschen, wenn die Nabelschnur endgültig durchtrennt wird und der NARR zu neuen Ufern aufbrechen darf.

Wirksamkeit (der Signaturen im Horoskop)

(−100 % = negative Wirksamkeit, 0 % = neutral, +100 % positive Wirksamkeit)

Uranus in Widder (oder im 1. Haus) = −10, Uranus in Stier (2. Haus) = −40, Uranus in Zwillinge (3. Haus) = +30, Uranus in Krebs (4. Haus) = −40, Uranus in Löwe (5. Haus) = −60, Uranus in Jungfrau (6. Haus) = −30, Uranus in Waage (7. Haus) = −10, Uranus in Skorpion (8. Haus) = −60, Uranus in Schütze (9. Haus) = +30, Uranus in Steinbock (10. Haus) = −60, Uranus in Wassermann (11. Haus) = +100, Uranus in Fische (12. Haus) = +50

Bedeutung der Karten im Legesystem

a) (als Einzelkarte oder als erste Karte): Das Problem

Du hast im Moment den Zugang dazu verloren, was Freiheit im ureigensten Sinn bedeutet. Du glaubst vielleicht, du müsstest aus deiner gefangenen Lebenssituation ausbrechen, doch hilflos und ergebnislos rüttelst du an den äußeren Umständen. Du verstehst die wahre Botschaft des NARREN nicht. Sie liegt darin, dass der Mensch sich jede Möglichkeit, jeden Weg geistig wie seelisch erst erarbeiten muss, um so über eine Situation hinauszuwachsen.

b) (als Folgekarte): Der Weg durch das Problem hindurch

Versuche, eine geistige Position außerhalb deiner momentanen Verstrickung einzunehmen. Der Weg in die Freiheit ist schlicht eine Loslösung, ein Loslassen von deinem jetzigen Problem, auch wenn dir das im Moment noch paradox erscheint. Versuche, dich mit deinem NARREN zu verbünden und lerne, über dich selbst zu lachen.

c) (als Endkarte): Das Ergebnis des Weges

Die Umstände haben dich herauskatapultiert aus deinen veralteten, überholten Positionen. Dein Entwicklungsprozess hat dir – ohne dass du es gemerkt hast – Flügel wachsen lassen.

Also: fliege!

Erläuterung der Karte

Leblos hängt die Figur des Königs aus dem Beutel des Narren. Er braucht ihn nicht mehr, diesen König, der mit seinen Ego-Spielchen den Menschen beherrscht und ihn unfrei macht. Unbeschwert und fröhlich geht der Narr seines Weges in eine unbestimmte Zukunft hinein. Hell leuchtet über ihm der (Gedanken-)Blitz, der Spontaneität und Überraschungen verheißt.

Sein buntes Kostüm kennzeichnet den Narren durch alle Jahrhunderte hindurch, da er nur mit dem Narrengewand dagegen gefeit ist, sich ungewollt zum Narren zu machen. Er hat dieses Kostüm bewusst gewählt.

Der Engel

Signatur: **Fische, Neptun**

Thema als Kurzfassung

Die Wahrheit, Der göttliche Funke, Die Weisheit, Die Intuition, Der Traum, Die Illusion

Erläuterung der Signaturen

Diese Person zu beschreiben fällt schwer, denn sie ist nicht von dieser Welt – wir können sie nur erspüren, erahnen. Sie ist der Träumer in uns, sie erträumt die Geschichte vom Paradies und die Wahrheit unseres Daseins. Sie senkt das Wissen um das jenseitige als Ahnung in unsere Seele. In ihrer Sehnsucht, die aus anderen Sphären gespeist wird, finden wir in uns den Widerhall von Gottes Schöpfung.

Der ENGEL hat den Auftrag, die Schöpfungsordnung und damit Gott und die Menschen zu loben und zu preisen. In dieser Aufgabe dürfen wir ihn durchaus als unser »höheres Selbst«, als den »göttlichen Funken« in uns bezeichnen. Nur auf der Erde, auf dem Boden der Realitäten kann er sich nicht halten, dort löst er sich auf. An der Stelle, an der der ENGEL sein Wasser ausschüttet, wird jede Subjektivität unhaltbar, wird das Ego aufgeweicht, wird die Welt der Tatsachen (un-)durchsichtig. Somit verweigern wir uns oft (unbewusst) unserem (Schutz-)Engel und verschließen uns seiner Botschaft. Denn diese berührt uns zumeist sehr tief und löst uns aus der Gefangenschaft der Illusionen und der Lügen. Zu gern machen wir uns etwas vor und sind wenig erfreut über die Ent-Täuschungen. Mit Hilfe dieser Person erträumen wir uns das Paradies auf Erden und mit eben ihrer Hilfe zerspringt es wie eine Seifenblase, die niemals für Dauer und schon gar nicht für diese Welt geschaffen ist.

Die Stimme des ENGELS flüstert uns zu: »Du bist nicht von dieser Welt, und dein Königreich ist nicht in dieser Welt, also folge mir! Verlasse die schnöden Niederungen des Materiellen und gebe dich einem höheren Wissen hin!« Was in diesen Sätzen so friedvoll spirituell klingt, wird freilich in der realen Welt als absolutes Versagen, als Träumerei und als Weltflucht interpretiert – und das ist es auch. Wo diese innere Person sehr stark in einem Theaterstück vertreten ist, wird die Gesamtperson sich in dieser Welt ihren Platz nicht erobern können und immer ein Außenseiter bleiben.

Die unstillbare Sehnsucht, die tief verwurzelt in der Menschenseele brennt, ist nicht zur Erfüllung gedacht, sondern ist das ewige Licht, das uns erinnern soll, wer wir sind: Gottes aus dem Paradies vertriebene Kinder.

Wirksamkeit (der Signaturen im Horoskop)

(−100 % = negative Wirksamkeit, 0 % = neutral, +100 % positive Wirksamkeit)

Neptun in Widder (oder im 1. Haus) = −60, Neptun in Stier (2. Haus) = −60, Neptun in Zwillinge (3. Haus) = −60, Neptun in Krebs (4. Haus) = −20, Neptun in Löwe (5. Haus) = −70, Neptun in Jungfrau (6. Haus) = −40, Neptun in Waage (7. Haus) = −20, Neptun in Skorpion (8. Haus) = −40, Neptun in Schütze (9. Haus) = +40, Neptun in Steinbock (10. Haus) = +50, Neptun in Wassermann (11. Haus) = +80, Neptun in Fische (12. Haus) = +100

Erläuterung der Karte

Der Engel schüttet sein Wasser aus über der Welt, um alles Un-Wesentliche aufzulösen und die Wirklichkeit durchscheinend zu machen für das, was hinter ihr steht. Das erscheint für viele, die sich an der Realität festhalten wollen, als Verlust der handfesten Dinge – und das ist es auch.

Der Regenbogen gilt als eines der »Wunder« der Natur und als ein Zeichen des Himmels.

Bedeutung der Karten im Legesystem

a) (als Einzelkarte oder als erste Karte): Das Problem

Du hast dich verloren, hast dir durch Illusionen den Blick auf deine Wahrheit vernebelt. Du versteckst dich vor dir selbst und machst dir etwas vor. Du versuchst, Probleme zu verdrängen, ihnen auszuweichen und scheust dich, den Realitäten ins Auge zu blicken. Mitunter umgibst du dich stattdessen mit dem Schein der Heiligkeit, um dich deinem Leben nicht stellen zu müssen. Du bist durch dein Problem noch längst nicht durchgegangen – du stehst noch weit vor dem Anfang einer Bewältigung.

b) (als Folgekarte): Der Weg durch das Problem hindurch

Den Begriff »Lösung« musst du sehr ernst und sehr wörtlich nehmen. *Löse* dich vom Außen, gehe in Kontemplation und schaue nach innen. Dein Problem hat keinen Bezug zur äußeren realen Welt – es gibt nichts für dich zu tun, außer: Schau hin!

c) (als Endkarte): Das Ergebnis des Weges

Das erreichte Ziel deiner Wanderung ist auf den ersten Blick nicht zu erkennen, es ist im Außen nicht sichtbar. Doch im Inneren deiner Seele wird der Stern der von dir erfahrenen Wahrheit aufleuchten.

Der Trotz

Signatur: **Krebs/Widder, Mond/Mars**

Thema als Kurzfassung

Das zerstörerische Kind, Der Zorn, »Hänschen klein«, Die Wut im Bauch, Hass auf die Mutter, Ablehnung der Weiblichkeit

Erläuterung der Signaturen

Wenn sich der KRIEGER mit dem kleinen KIND in uns verbindet, so ist dies eine brisante Mischung. Beide sind unkontrolliert und chaotisch in ihren Energien und veranstalten so ein Feuerwerk an Gefühlen. Jeder Mensch hat ein kleines KIND in sich, manche dieser Kinder sind traurig, manche versteinert und verstockt, manche einfach davongelaufen oder gar verstorben, doch das KIND, von dem wir hier berichten, ist wütend – richtig wütend. Es sitzt voller Rachegedanken, trotzig, mit geballten Fäusten im Inneren der Seele und wartet darauf, dass sich ihm jemand nähert – um endlich losschlagen zu können. Es will kaputtmachen, es will verletzen, es will sich rächen, denn (wie es glaubt) es ist ihm großes Unrecht geschehen und die ganze Welt hat sich auf das Übelste gegen es verschworen.

Alle Menschen tragen Schuld an seinem Schmerz, niemand liebt es, und deshalb müssen alle dafür »büßen«. Seine Lieblingsbeschäftigung besteht darin, zu zerstören. Tassen, Teller, Möbel, Stimmungen, Beziehungen – kurzum, es ist ein kleiner Tyrann. Dieses KIND kann jederzeit, ganz unvermittelt, zum Vorschein kommen, wenn eine heutige emotionale Situation einer Kindheitsbegebenheit auch nur ungefähr entspricht. Dann plötzlich reagiert es irrational, total aus dem Bauch, kurz: Es wird urplötzlich wieder zu dem KIND, das es einmal war.

Da dieses tyrannische Wesen, heute wie damals, sehr viele Ungelegenheiten bereitet, wird es zumeist unterdrückt und verdrängt. Von den Eltern wurde es bestraft (was es noch zorniger machte), und vom erwachsenen (vernünftigen) Menschen aus betrachtet ist dieser unkontrollierte Gefühlsausbruch ebenso unerwünscht, und er tut alles, um das KIND (das Gefühl) zurückzustoßen in die Tiefe des Unbewussten. Dort lebt es dann und treibt sein Unwesen, indem es garstiges Bauchzwicken, Übelkeit oder Kopfschmerzen verursacht. Eines seiner Lieblingsspiele funktioniert auch heute noch: »Dann halte ich so lange die Luft an, bis ich tot bin…« und »ihr werdet schon sehen, was ihr davon habt!«. Und auch das Spiel »Hänschen klein – ging allein – in die weite Welt hinein – und die Mama weint so sehr« ist sehr beliebt. Und das will das Hänschen, dass die »Mama« ihm nachweint und nachruft. Es versteckt sich dann schadenfroh in seinem Trotz und kommt nicht – nie mehr – nach Hause zurück. So lange, bis die Mutter (oder der Partner oder wer auch immer im Leben wartet) immer wütender ruft und endlich die Geduld verliert. Dann ist auf einmal die Welt wieder »in Ordnung«, denn sie ist wieder böse und ungerecht, und unser KIND hat wieder viele Gründe für seinen Zorn und tobt und wütet weiter.

Das Einzige, was diesem »schwer erziehbaren KIND« wirklich hilft, ist: es sich austoben zu lassen, es auszuhalten. Es ist schwer, mit ihm klarzukommen, denn es ist zerstörerisch und wird niemals lieb und nett werden. Doch auch dieses innere KIND hat ein Recht darauf, geliebt zu werden.

Wirksamkeit (der Signaturen im Horoskop)
(−100 % = negative Wirksamkeit, 0 % = neutral, +100 % = positive Wirksamkeit)

Mond Spiegelpunkt Mars = −100, Mond Quadrat Mars = −100, Mond Opposition Mars = −70, Mond Konjunktion Mars = −50, Mond Sextil Mars = +10, Mond Trigon Mars = +20, Mond in Widder = −50, Mars im Krebs = −40, Mond im 1. Haus = −50, Mars im 4. Haus = −40

Bedeutung der Karten im Legesystem

a) (als Einzelkarte oder als erste Karte): Das Problem

Du hast »Bauchschmerzen«, denn ein kleines wütendes KIND tobt in dir, trommelt mit seinen Fäusten gegen dein Innerstes und will heraus. Die ganze Welt ist »böse« und hat sich (scheinbar) gegen dich verschworen. Akzeptiere, dass du im Moment ein kleines KIND bist, weit entfernt von Vernunft und Erwachsensein. Die Schmerzen, die du im Moment fühlst, sind Erinnerungen an Seelenzustände deiner Kindheit. Sie wollen erhört werden, d. h. hinaus.

b) (als Folgekarte): Der Weg durch das Problem hindurch

Jahre- oder jahrzehntealte Wut will ausbrechen. Unter Wehen wirst du dein Innerstes nach außen gebären müssen. Ohne dass du deinen aufgestauten Zorn herauslässt und auslebst, können deine Energien nicht mehr fließen. Suche dir einen (eventuell therapeutischen) Rahmen, in dem es möglich ist, deine Wut ungehindert und ohne jemandem zu schaden, auszuleben.

c) (als Endkarte): Das Ergebnis des Weges

Erst wenn man lange genug KIND war und all die Gefühle von TROTZ, Wut und Ärger ausgelebt hat, kann man Frieden schließen mit diesem kleinen »Quälgeist«. Du wirst ihn in deine Arme nehmen, und sein Widerstand wird (eines Tages) – wie das bei kleinen Kindern so ist – mit einem tiefen Seufzer und einer »süßen Müdigkeit« dahinschmelzen.

Erläuterung der Karte

Zornig läuft ein kleiner Junge mit geballten Fäusten von seiner Mutter weg in die Welt hinein. Sein vor Wut erhitztes Gesicht leuchtet mit seinem roten Anzug um die Wette. Das zerbrochene Spielzeug liegt auf dem Weg – und es ist nicht etwa zufällig zerbrochen.

Die Stimmung ist düster, Gewitterwolken brauen sich zusammen. Das KIND macht so viel »Wind«, dass die Blätter und die Kleidung der zurückbleibenden Mutter heftig durchgepustet werden.

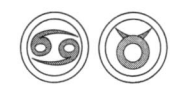

Die zwei Gesichter der Eva

Signatur: **Krebs/Stier, Mond/Venus**

Thema als Kurzfassung

Der Rollenkonflikt, Gefühlsambivalenz, Zwei Seelen in einer Brust, Ehefrau und Geliebte

Erläuterung der Signaturen

Im Inneren des Menschen gibt es zwei große archetypische weibliche Wesen: die Stier-*Venus*, die Attraktivität, Schönheit und Anerkennung ihres Wertes fordert, und den Mond, die Mutter, die versorgende und (geborgenheits-)spendende Funktionen zu erfüllen bestrebt ist. Auf unserer Karte nun treffen beide Personen aufeinander und stehen vor der entscheidenden Frage: Welchem dieser beiden Impulse gebe ich nach? Kümmere ich mich um meine mütterlich-weiblichen Aufgaben oder um meine sinnlich-attraktiven Bedürfnisse? Behandele ich die Welt wie eine Mutter (und ver-sorge sie) oder wie eine Geliebte (und ver-führe sie)? Die Antwort auf diese Frage lautet: Es gibt keine Antwort! Die Fragende steckt gerade in einem Dilemma, und jede vorschnelle Entscheidung zugunsten einer Seite kostet den Verlust der anderen Seite. Auf einen banalen Nenner gebracht könnte die Frage (bei einer Frau) lauten: Bleibe ich heute abend bei meinem Kind (oder bei meinem Freund, der mich heimlich als Mama sieht) oder gehe ich in die Disco? Oder bei einem Mann (in gleicher Weise): Bleibe ich bei meiner Familie oder gehe ich mit meiner Geliebten aus? Jede einseitige Antwort bringt mich in ein gefühlsmäßiges Missbehagen, denn ich habe zu wählen zwischen einer Frustration (und Ego-Wunde) oder Schuldgefühlen und einem schlechten Gewissen.

In der Tiefe des Phänomens liegt das Problem, dass ich glaube, meine Weiblichkeit habe nur geringen Wert, bzw. ich zweifle stark an meiner Identität als Frau. D. h., ich bin mit dem, was ich gerade bin (als Mann: habe), nämlich eine Frau und Mutter, nicht identisch. Mein augenblicklicher Zustand gibt mir nicht genügend Befriedigung und Wert. Es ist in der Regel dieser innere Konflikt, der Frauen kurz nach der Geburt ihres Kindes wieder zurück in den Beruf zwingt, oder der Männer, nachdem ihre Frauen Mütter geworden sind, in die Arme der Geliebten hinaustreibt. Sie wollen sich in beiden Fällen nicht die Tiefe ihres Gefühles ansehen und damit einer gefühlsmäßigen Abhängigkeit entfliehen. Es ist der alte mythische Streit zwischen Hera (der Ehefrau) des Zeus und Semele, seiner Geliebten, der hier in der Brust des Menschen tobt.

Wirksamkeit (der Signaturen im Horoskop)

(–100 % = negative Wirksamkeit, 0 % = neutral, +100 % = positive Wirksamkeit)

Mond Spiegelpunkt Venus = –100, Mond Quadrat Venus = –90, Mond Opposition Venus = –40, Mond Konjunktion Venus = +20, Mond Sextil Venus = +40, Mond Trigon Venus = +30, Mond in Stier = +60, Venus in Krebs = +60, Mond im 2. Haus = +60, Venus im 4. Haus = +60

Erläuterung der Karte

Abgebildet ist eine Frau vor einem zweigeteilten Spiegel. Auf der einen Seite (links) sieht sie sich mit ihren unmittelbaren weiblichen Attributen als Frau, die ein Kind im Arm hält und es umsorgt.

Auf der anderen Seite erblickt sie sich als strahlendschöne Aphrodite, die sich attraktiv hergerichtet hat, als erwarte sie ihren Liebhaber und dessen Bewunderung und Begehren. Der Spiegel zeigt ihr beides, und sie steht jetzt zwischen den beiden sich spiegelnden Gestalten und weiß nicht, für welche sie sich entscheiden soll…

Bedeutung der Karten im Legesystem

a) (als Einzelkarte oder als erste Karte): Das Problem

Du stehst vor einer Entscheidung und kannst sie nicht treffen. Sowohl das eine als auch das andere ist verbunden mit einem Opfergeschehen, und dieses Opfer ist dir zu groß. So bleibst du halbherzig, und darin liegt das Problem. Zwei Seelen wohnen in der weiblichen Seite deiner Brust: Willst du die Geliebte oder die Mutter sein (oder als Mann: die Geliebte oder Mutter haben)? Glaube nicht, eine Entscheidung könnte dir helfen, den Gordischen Knoten zu zerschlagen. Jede Entscheidung würde das Problem nur verdrängen. Die Karte verlangt von dir, dass du deine Halbherzigkeit kennen lernst, sonst nichts!

b) (als Folgekarte): Der Weg durch das Problem hindurch

Es ist erforderlich, dass du auf deinem Weg die beiden Gestalten identifizierst, die dich im Inneren herausfordern. Und die sich doch nicht so gut leiden können. Sie konkurrieren eigentlich um deine Gunst. Jede von ihnen sagt: »Nimm mich!« und so lernst du, dass du dich im Grunde auf beide nicht richtig einlassen kannst.

c) (als Endkarte): Das Ergebnis des Weges

Am Ende siehst du, beide Gestalten haben ihren Platz in deiner Seele, beide haben ihre Zeit, und beide stehen dir sehr nahe – nur sich selbst nicht! Du akzeptierst ihre Entfernung voneinander.

Die Aussprache

Signatur: **Krebs/Zwillinge, Mond/Merkur**

Thema als Kurzfassung

Das Sprechen über die Gefühle, Die Gesprächs-Therapie (Psychoanalyse),
In Kontakt kommen mit den Gefühlen, Die Verbindung von Kopf und Bauch

Erläuterung der Signaturen

Die beiden inneren Personen, die sich hier verbinden, sind leicht zu verstehen: Der Mond als das Thema der inneren Gefühlswelt und der Merkur als ein Thema, das sich auf der Oberfläche kommunikativ bewegen möchte, vereinigen sich zu einer Person, die über ihre Gefühle kommunizieren möchte. Sie möchte die Gefühle nicht im Inneren festhalten und dort darauf sitzen bleiben, sondern sie mit anderen austauschen, also darüber sprechen. »Sprich es aus!« (manchmal auch: »sprich es *endlich* aus!«) lautet die Devise dieses inneren Darstellers.

Wir alle wissen, wie sehr es erleichtern kann, wenn das, was uns seelisch bewegt, endlich einmal nach außen gebracht werden darf. Ein ganzer Gewerbezweig lebt davon, alle Gesprächs-Therapeuten und Psychoanalytiker führen diese Person heimlich in ihrem Wappen. So ist die Psychoanalyse von einer ihrer ersten Patientinnen in der Tat als »talking cure« bezeichnet worden, als »Gesprächs-Kur«.

Die Karte möchte also daran erinnern, dass etwas aus der Gefühlswelt des Inneren (dem Krebs) an die Oberfläche (Zwillinge), also nach außen gelangt oder gelangen soll.

Dieses Thema hat zwei Seiten, und der, der diese Karte zieht, muss sorgsam darüber wachen, welche der beiden Seiten jetzt bei ihm gemeint ist:

A) Die Karte möchte darauf hinweisen, dass etwas, was mir schon lange im Inneren klar ist, endlich auch nach außen an diejenigen herangetragen werden sollte, die es angeht. Sie sagt dann: »Schlucke es nicht mehr herunter, sondern sage endlich, wie du dich fühlst. Teile dein Unbehagen (oder auch dein Behagen) endlich mit!« So haben Frauen große Probleme damit, ihr Unbehagen auszudrücken und haben oft nicht den Mut, ihre negativen Gefühle mitzuteilen, während es Männern oft mit den positiven Gefühlen ebenso geht. Das alte Syndrom, dass der Mann seiner Partnerin nur selten sagen kann, dass er sie liebt, ist von dieser Karte ganz ebenso gemeint wie die Tatsache, dass die Partnerin ihm kaum sagen kann, dass es sie schmerzt, weil er es nie sagt.

B) Es gibt aber auch das gegenteilige Symptom: Da *redet* einer immer nur über seine Gefühle – aber er fühlt sie nicht! Hier will die Karte daran erinnern, dass man das Verbalisieren dazu benützt, sich seiner Gefühle zu enthalten. Bevor man es eigentlich fühlt, wird es schon weggeredet. So kann das Reden über die Gefühle ganz ebenso auch zu einer Abwehr der Gefühle werden, und man wünscht sich, der Betreffende würde nicht immer nur reden, sondern seine Gefühle auch fühlend zeigen. Es ist dies gleichsam die Flucht in den Kopf.

Die Karte möchte aber helfen, eine Verbindung herzustellen, bei der beide Körperteile – Kopf und Bauch – zu ihrem Recht kommen. Der Bauch darf sich durch das Sprechen (oder durch Gesten) ausdrücken, und der Kopf lässt sich auf die Gefühle des Bauches ein – ohne sie unnötig zu zerreden.

Wirksamkeit (der Signaturen im Horoskop)
(–100 % = negative Wirksamkeit, 0 % = neutral, +100 % = positive Wirksamkeit)

Mond Spiegelpunkt Merkur = –40, Mond Quadrat Merkur = –30, Mond Opposition Merkur = –20, Mond Konjunktion Merkur = +30, Mond Sextil Merkur = +50, Mond Trigon Merkur = +70, Mond in Zwillinge = –20, Merkur in Krebs = –20, Mond im 3. Haus = –20, Merkur im 4. Haus = –20

Bedeutung der Karten im Legesystem

**a) (als Einzelkarte oder als erste Karte):
Das Problem**

Du bleibst lieber an der Oberfläche und möchtest von deinen Gefühlen nichts wissen. Du versuchst alles, damit du sie nicht wahrnehmen oder gar nach außen bringen musst.

Dabei weißt du schon längst, was endlich angesprochen werden müsste. Aber entweder du redest um sie herum, wie um einen heißen Brei, schwätzt (ohne emotional beteiligt zu sein) über sie, oder du schweigst sie absichtlich tot. Du musst allerdings wissen, dass unausgesprochene Gefühle die Eigenschaft haben, krankmachend wie Blei im Magen zu liegen.

**b) (als Folgekarte): Der Weg durch das
Problem hindurch**

Es ist an der Zeit, dass du ausspricht, was dich bewegt, was in dir vorgeht. Ohne diese Aussprache geht es nicht voran – nur noch zurück. Auf deinem Weg wirst du das, was jetzt noch zurückgehalten wird, ansprechen müssen. Es bricht eine Zeit der Gefühle an. Such dir einen Psychologen oder einen Freund, wenn du niemanden hast, der dir zuhört.

c) (als Endkarte): Das Ergebnis des Weges

Du hast Kopf und Bauch verbunden. Weder lässt du dich von deinen Gefühlen terrorisieren (oder terrorisierst andere), noch verschweigst du sie. Sobald du sie fühlst, kannst du sie ausdrücken. Aber du machst keine große Sache daraus – so wichtig sind sie nun auch wieder nicht.

Erläuterung der Karte

Abgebildet ist eine Frau, die schützend ihren Arm über den Kopf hält, weil sie von ihren Gefühlen berührt ist. Neben ihr steht Merkur, der Götterbote, und möchte sie veranlassen, ihr Berührtsein und ihr Gerührtsein zur Sprache zu bringen. »Sprich zu mir«, sagt er, »und es ist nur noch halb so schlimm. Halte es nicht fest, drücke es aus.« Die winzige Sichel des Mondes zeigt an, dass die Gefühle schon lange von der Oberfläche verschwunden sind und also tief im Inneren belastend wirksam sind.

Die Unvereinbarkeit

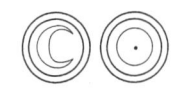

Signatur: **Krebs/Löwe, Mond/Sonne**

Thema als Kurzfassung

Die Vertreibung aus dem Paradies, Der Doppelmensch, Die Ehe, Tag und Nacht, Yin und Yang

Erläuterung der Signaturen

Die Karte zeigt die beiden großen Gestalten der menschlichen Seele, anima und animus, Frau und Mann (Yin und Yang) und ihre prinzipielle Situation der Unvereinbarkeit. Die weibliche Seite mit ihrem Blick auf das Meer der Hingabe (Nacht) und die männliche Seite mit ihrem Blick auf die Höhe des Aufstieges (Tag). Und jeder der beiden träumt davon, wie schön es doch wäre, wenn es gelänge, den anderen auf seine Seite zu ziehen. Zwischen ihnen aber befindet sich der Baum der Erkenntnis des Guten und des Bösen, und der hält sie in seinem Bann gefangen. Die beiden haben sich mit dem Apfel aus dem Paradies herausgegessen, beide sind gefesselt davon zu wissen, was gut und richtig für sie (und den anderen) wäre. Jedoch: Die Frau wäre auf der männlichen Seite von ihren Gefühlen abgeschnitten, und der Mann wäre auf der weiblichen Seite ohnmächtig (d.h. ohne Macht). Und so muss jeder seinen eigenen Weg gehen, d.h., er muss begreifen, dass der Weg des anderen nicht der eigene ist! Es ist in der Tat so, wie Mond und Sonne es uns täglich und nächtlich am Firmament vor Augen führen: Ist der Mond auf seinem Mitternacht-Höhepunkt, so gibt es dort keine Sonne, und steht die Sonne des Mittags im Zenit, so fehlt der Mond. Wenn die beiden Glück haben, so begegnen sie sich kurz am Anfang oder Ende des Tages zur Zeit der Dämmerung und rufen sich sehnsüchtige Worte zu, und dabei träumen sie vielleicht davon, wie es wäre, gemeinsam eine Bahn zu ziehen. Natürlich gibt es auch jene seltenen Orte, da vereinigen sie sich wirklich, da wird die Nacht zum Tage und der Tag zur Nacht. An diesem Punkt, Sonnenfinsternis, begreifen sie, wie es wäre, wenn das Weibliche und das Männliche endlich wieder vereinigt wären. Und so wartet der einstige Doppelmensch (von dem Platon im Gastmahl des Aristophanes berichtet) darauf, dass er eines Tages seiner anderen Hälfte wiederbegegnet und dass damit alles Leid geheilt würde.

Bezogen auf unsere innere Person lautet dieses Thema: Eine deiner seelischen Seiten möchte die andere auf ihre Bahn ziehen, versucht also, alles auf eine Karte zu setzen, den anderen auf seinen Weg zu zwingen. Damit aber würde die jeweils andere Seite in ihrem Thema vergewaltigt werden, und das kann nur eine kleine Weile gutgehen. Ein derartig gemeinsamer Weg landet im Aus – ist ausweglos. Keiner der beiden will akzeptieren, dass der andere einen anderen Weg, eine andere Tageszeit hat. Es ist ein Tauziehen zwischen Kopf und Bauch, zwischen Macht und Hingabe, zwischen Hell und Dunkel. Als in China das heute berühmte T'ai Chi aufkam, die beiden kreisförmig ineinander liegenden Tropfen, der weiße mit dem schwarzen Punkt und der schwarze mit dem weißen Punkt, wollten die Weisen damit nicht sagen: Das ist *jetzt* so, sondern sie wussten um die jahrtausendelange Anstrengung, derer es bedarf, diese Einheit wiederherzustellen.

Wir Heutigen glauben, mit ein wenig gutem Willen müsste es doch gehen, dass das Weibliche im Männlichen und das Männliche im Weiblichen leben darf.

Die Karte möchte zeigen, es ist das gesamte Spiel des Menschseins, das sich um diese Thema-

Wirksamkeit (der Signaturen im Horoskop)
(–100 % = negative Wirksamkeit, 0 % = neutral, +100 % = positive Wirksamkeit)

Mond Spiegelpunkt Sonne = –100, Mond Quadrat Sonne = –100, Mond Opposition Sonne = –70, Mond Konjunktion Sonne = –20, Mond Sextil Sonne = +30, Mond Trigon Sonne = +50, Mond in Löwe = –50, Sonne in Krebs = +20, Mond im 5. Haus = –50, Sonne im 4. Haus = +20

tik der Unvereinbarkeit seit Anbeginn der Zeit (seit der Vertreibung aus dem Paradies) dreht.

Erläuterung der Karte

Adam und Eva halten sich mit beiden Händen und schauen sich jeweils (nach dem Genuss des Apfels) ihre Seite des Paradieses an. Beide wissen, sie müssen jetzt ihren Weg gehen – ein jeder nach seiner Seite. Zwischen ihnen der Baum der Unterscheidung (und nicht der Baum des Lebens), der auch ein Baum der »Scheidung« ist und an den sie sich jetzt gebunden haben. Sie wissen jetzt, dass das Gute die Nacht ist (sie) und der Tag (er) und dass das Böse die Nacht ist (er) und der Tag (sie). Er muss fortan nach oben in die Dominanz, und hier kann sie ihm nicht folgen, sie muss in das Gefühl, und hier kann er ihr nicht folgen.

Bedeutung der Karten im Legesystem

a) (als Einzelkarte oder als erste Karte): Das Problem

In der Tiefe deines Problems liegt ein Nichtverstehen der prinzipiellen Unvereinbarkeit zwischen Mann und Frau. Du glaubst, mit ein wenig gutem Willen wäre es dir (oder deinem Partner) möglich, eindeutig deinen Weg zu gehen (oder dir zu folgen). Dabei aber vernachlässigst du deine andere Seite, die sich jetzt hinter deinem Rücken (so wie die beiden Rücken an Rücken stehen) wieder ins Spiel bringen muss, was von dir gern als »mir in den Rücken fallen« interpretiert wird. Als Mann verstehst du die »Frau in dir« nicht, und als Frau verstehst du den »Mann in dir« nicht. Versuche – für einen Moment –, die jeweils andere Position zu sehen.

b) (als Folgekarte): Der Weg durch das Problem hindurch

Auf deinem Weg musst du einen Abschnitt durchwandern, da ist es erforderlich, der bisher vernachlässigten Seite (ob männlich oder weiblich, weißt du selbst am besten) sehr viel mehr Aufmerksamkeit zu widmen, als du es bisher getan hast. Du musst jetzt deine gefühlsmäßige Einseitigkeit korrigieren, musst deine weibliche Seite dem Männlichen zumuten und deine männliche Seite dem Weiblichen.

c) (als Endkarte): Das Ergebnis des Weges

Am Ende des Weges stehen beide Seiten gleichberechtigt einander gegenüber. Damit ist zwar die Unvereinbarkeit nicht aufgehoben, aber du weißt jetzt, dass es beide Seiten gibt, und du würdigst sie entsprechend. Hier erhältst du wieder eine Ahnung vom Paradies, und die Momente (am Anfang und Ende des Tages), wo beide sich erblicken können, lassen dein Herz ein wenig schneller schlagen.

Die Für-Sorge

Signatur: **Krebs/Jungfrau, Mond/Merkur**

Thema als Kurzfassung

Das Mitleid, Das Behüten, Das Sich-Kümmern, Der Kummer, Das Sorgenkind, Das Helfer-Syndrom

Erläuterung der Signaturen

Die Karte sagt, dass wir eine Person in unserem Leben haben, die schwächer ist als wir selbst und dass es darum geht, uns um dieses kleine Etwas zu kümmern, es zu behüten, uns darum zu sorgen (im wörtlichen Sinne), wie dieses schwache Wesen die Gefahren des Lebens übersteht. Da unsere Karten nie nur das Außen beschreiben wollen, sagt dieses Bild ganz ebenso: Das kleine KIND in dir ist in einem tiefen Kummer. Also kümmere dich um es!

Aus diesem Missverständnis zwischen Innen und Außen, zwischen einer realen, schwachen Person im Außen und der eigenen inneren Schwäche, entsteht gern das sog. »Helfer-Syndrom«. Man kümmert sich um die Hilflosen im Außen, damit man die eigene innere Hilflosigkeit nicht wahrnehmen muss.

Eigentlich heißt die Karte: Gestehe dir ein, dass in deinem Inneren ein Sorgenkind lebt, und wende dich ihm zu. Dieses KIND hat Angst, es sucht jemanden im Außen, der seine Ängste mitfühlend versteht und der sich kümmert. Wo das nicht geschieht, muss ich selbst im Außen jemanden suchen, der noch schwächer ist und dem ich mich zuwenden kann. Das lindert den eigenen Schmerz. Natürlich liegt dahinter auch eine Art Tauschhandels-Wunsch (und manchmal eine Erpressung): Wenn ich mich (im Außen) kümmere, dann muss der andere Dankbarkeit zeigen und sich auch um mich sorgen. Dieser (unbewusste) Plan geht mit schöner Regelmäßigkeit schief, denn wenn es dem anderen (wieder) gut geht, geht er von dannen und denkt nicht mehr daran, mir die Zuwendung zurückzuzahlen.

Suche also nicht weiter im Außen, sondern verwende das Außen als ein Symbol, den Eigenarten und den spezifischen Kümmernissen deines eigenen KINDES auf die Spur zu kommen. Dieses innere KIND ist verschreckt, es kann nicht mehr spielen, es ist traurig, also benötigt es dich, um seine Trauer und seine Ängste zu offenbaren.

Es ist hier ein großes Feld für deine eigene Entdeckungs-Arbeit und für ein großes Maß an Trost, den du dir selbst zu geben erst lernen musst.

Jeder Trost jedoch, den du im Außen gibst, berührt das eigene Problem nur aus der Ferne.

Wirksamkeit (der Signaturen im Horoskop)

(–100 % = negative Wirksamkeit, 0 % = neutral, +100 % = positive Wirksamkeit)

Mond Spiegelpunkt Merkur = –40, Mond Quadrat Merkur = –30, Mond Opposition Merkur = –20, Mond Konjunktion Merkur = +30, Mond Sextil Merkur = +50, Mond Trigon Merkur = +70, Mond in Jungfrau = +30, Merkur in Krebs = –20, Mond im 6. Haus = +30, Merkur im 4. Haus = –20

Bedeutung der Karten im Legesystem

a) (als Einzelkarte oder als erste Karte): Das Problem

Du hast bisher übersehen, dass es jemanden gibt, der auf deine Fürsorge, auf dein Mitleid angewiesen ist. Derjenige im Außen, der darauf wartet, dass du dich kümmerst, ist freilich nur ein Spiegel für das kleine KIND in deinem Inneren, dem du dich zuwenden müsstest.

Du kehrst – indem du dich nur dem Außen zuwendest – auf diese Art deine eigene Hilfsbedürftigkeit unter den Teppich.

b) (als Folgekarte): Der Weg durch das Problem hindurch

Kümmere dich. Sorge dich um dein eigenes Gefühlsleben. Lasse dich nicht ablenken von den Gefühlen der anderen, denn es geht jetzt um deine eigenen Gefühle.

Dein inneres KIND weint und wartet darauf, dass du dich ihm zuwendest.

c) (als Endkarte): Das Ergebnis des Weges

Die Mutter-Kind-Beziehung in deinem Inneren ist wiederhergestellt. Du hast nicht mehr so viel Angst, fühlst dich nicht mehr so hilflos und ausgeliefert, weil du gelernt hast, dich um dich selbst zu kümmern.

Erläuterung der Karte

Abgebildet ist eine Frau, die sich liebevoll über ihr Kind beugt. Das Kind hat eine Träne auf der Wange, es ist traurig und fühlt sich von der Frau noch nicht angenommen. Deshalb hat es sich abgewendet. Es wartet darauf, dass die Mutter sich intensiver kümmert, als sie das bisher tat. Die Frau hat dem Kind noch nicht versichern können, dass sie jetzt für es da ist. Es ist noch Überzeugungs-Arbeit zu leisten.

Die Familie

Signatur: **Krebs/Waage, Mond/Venus**

Thema als Kurzfassung

Das gemeinsame Dritte, Die seelische Verbindung, Das Wir, Das Bekenntnis, Sich einlassen auf Beziehung, Das Composite, Der Zusammenhalt

Erläuterung der Signaturen

Wenn die beiden Menschen, die auf unserer Karte DER PARTNER abgebildet sind, sich gefunden haben, so beginnt das normale Beziehungs-Spiel mit allen Höhen und Tiefen, mit allen Freuden und Schwierigkeiten. Und es ist der natürliche Lauf der Dinge, dass sie sich mal mehr, mal weniger aufeinander einlassen. Mitunter merken beide, dass der Zusammenhalt bröckelig wird, und so finden wir ein natürliches Streben, der Bindung einen Halt zu geben, indem die beiden aus sich heraus ein Drittes hervortreiben. Auf diese Weise erhält die Verbindung eine Art seelische Lötstelle. Dieses Dritte muss nicht, wie in unserer Abbildung, ein Kind sein, das sie zeugen (oder adoptieren), obwohl das der häufigste Fall ist. Es kann auch sein, dass die Partner eine Firma gründen, ein Einfamilienhaus planen, zuammen ein Buch schreiben oder eine Gemeinschaftspraxis eröffnen. In all diesen Fällen findet ein erhöhtes seelisches Einlassen über die unsichtbaren Fäden dieses Dritten hindurch bei unseren beiden statt. Waren sie zuvor nur jeder für sich selbst und ein wenig für den anderen zuständig, so gibt es jetzt eine gemeinsame Sorge und Hinwendung zu diesem seelischen Gebilde, das den beiden einerseits ein Stück Aufmerksamkeit füreinander entzieht, ihnen aber über das – aus ihnen herausgetriebene – Dritte auch wieder mehr Einlassen abverlangt. Das Dritte stellt sich somit als eine Art Beziehungs-Kitt dar, der es ihnen nicht mehr so leicht gestattet, auseinander zu laufen.

Die vormalige Leichtigkeit und Luftigkeit einer Venus-Beziehung erhält jetzt (im Dritten) eine neue seelische Tiefe, ein neues Gewicht, und erzwingt eine Hinwendung. Verbunden aber ist damit auch (für beide) ein gerüttelt Maß an Aufgabe von jeweils eigener Subjektivität. Man kann nicht mehr so, wie man will, sondern man hat den Forderungen des Dritten zu genügen und chargiert hin und her zwischen den Ansprüchen, die das (gemeinsame) Kind erhebt, und dem Wunsch, etwas für sich selbst zu tun. Betrachten wir dieses Thema von der Subjektivität des Einzelnen aus, so warten jetzt zwei äußere Energien darauf, befriedigt zu werden. Das geht nur, wenn man sich auf der seelischen Ebene für die Beziehung öffnet, sich der Beziehung hingibt. (Und damit die eigenen subjektiven Ansprüche für eine Zeit aufgibt.) Ein derartiges Bindeglied unterliegt natürlich einem zeitlichen Wandel, oder, anders gesagt, das Kind wächst heran und stiftet diesen Zusammenhang – je älter es wird – immer weniger.

Es kann sein, dass die beiden dann ein neues Drittes planen oder die Gefahr eingehen wollen, ohne ein derartiges Verbindungsglied ihre Beziehung auszutesten.

Wirksamkeit (der Signaturen im Horoskop)

(–100 % = negative Wirksamkeit, 0 % = neutral, +100 % = positive Wirksamkeit)

Mond Spiegelpunkt Venus = –100, Mond Quadrat Venus = –90, Mond Opposition Venus = –40, Mond Konjunktion Venus = +20, Mond Sextil Venus = +40, Mond Trigon Venus = +30, Mond in Waage = +50, Venus in Krebs = +60, Mond im 7. Haus = +50, Venus im 4. Haus = +60

Bedeutung der Karten im Legesystem

a) (als Einzelkarte oder als erste Karte): Das Problem

Du hast dazu beigetragen, etwas Drittes zu zeugen, aber du weigerst dich, dich auf das Dritte einzulassen. Du verweigerst die seelische Annahme und willst damit ein gemeinsames Drittes zur Adoption freigeben. Aus Ängsten oder aus anderen subjektiven Gründen gestattest du dir nicht, dich in einer seelischen Bindung »niederzulassen«.

b) (als Folgekarte): Der Weg durch das Problem hindurch

Auf dem Weg durch das Thema deiner Frage hindurch wird dir ein Bekenntnis abverlangt. Bekennen aber heißt: sich seelisch auf etwas einzulassen und durch dieses Gewässer hindurchzuwaten. Erschwert wird das Ganze dadurch, dass ein Drittes produziert worden ist, das zusätzlich eigene Forderungen stellt.

c) (als Endkarte): Das Ergebnis des Weges

Etwas Gemeinsames wird entstehen, ein Drittes, das mehr ist als ihr beide zusammen. Es gehört nicht dir, sondern führt ein Eigenleben, aber es benötigt beide Elternteile eine gewisse Zeit, die es mit seelischen Energien nähren und heranwachsen lassen.

Erläuterung der Karte

Ein Mann und eine Frau befinden sich in einer freundlichen Landschaft. Sie sind Partner, gehören auf irgendeine Weise zusammen. Zwischen ihnen befindet sich das Kind (das Dritte), dem sich beide zuwenden. Die beiden haben sich »niedergelassen«, sie stehen nicht mehr (denn das Stehen ist eine hochaufgerichtete Form der Subjektivität), sondern wenden sich ihren gemeinsamen Gefühlen zu. Der Fluss, an dessen Ufer diese Szene spielt, ist ebenfalls ein Ausdruck des »seelischen Fließens« der Gefühle, die zwischen diesen drei Menschen verlaufen.

Die Abtreibung

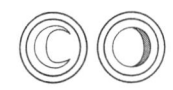

Signatur: **Krebs/Skorpion, Mond/Pluto**

Thema als Kurzfassung

Die verkaufte Seele, Die geopferte Weiblichkeit, Die Vorstellung von Gefühlen, Die seelische Abhängigkeit, Die Depression, Mütterlichkeit aus der Vorstellung

Erläuterung der Signaturen

Jeder Mensch hat seine Seele verkauft. Solange wir uns nicht im paradiesischen Zustand der Einheit befinden, hält der »Teufel«, als die andere (die böse) Seite der Polarität einen Teil unseres Wesens in der Hand. Es gehört daher zum Weg eines jeden Menschen – wie weiland Persephone – irgendwann einmal mit seinen Gefühlen hinabzusteigen in die Unterwelt, um seiner dunklen Seite zu begegnen. Der Schatten, der dann von ihm Besitz ergreift, lässt seine Gefühle erkalten und absterben – denn kein Sonnenstrahl dringt jemals ein in dieses Reich. So nimmt der Mensch diese Konstellation wahr als die Nachtseite der Seele, als Depression, als Leere, als die Ausweglosigkeit des Lebens schlechthin. Er spürt, dass ihm etwas fehlt. Er vermisst sein inneres KIND, das für seine Lebendigkeit und Berührbarkeit zuständig ist. Er fühlt, wie das schwarze Loch von seinem Herzen Besitz ergreift und ihn dazu zwingen will, (endlich) seinen Dämonen ins Auge zu blicken.

Wofür verkauft der Mensch seine Seele? Was heißt das überhaupt? Unsere Mond/Pluto-Karte hat den Titel: DIE ABTREIBUNG. Machen wir uns einmal bewusst, was bei einer Abtreibung geschieht. Der Engel der Verkündigung kommt zu einer Frau mit der Botschaft: Du bist schwanger, du bist fähig, mit deinem Mond – deiner Weiblichkeit – ein Kind zu empfangen. Du bist auserwählt, das Geheimnis des Lebens in dir zu tragen und in dir reifen und auswachsen zu lassen. Die Frau weigert sich, sich der Empfängnis des Lebens zu öffnen (aus vielen guten Gründen) und entscheidet sich dafür, ihr »Leben« selbst zu bestimmen und in die Hand zu nehmen (»mein Bauch gehört mir«). Sie entscheidet sich für *ihre* Vorstellung und für die Kontrolle über den Fortlauf ihres Daseins. Sie entscheidet sich für Pluto (das Nicht-Lebendige) und gegen ihr inneres KIND – ihr lebendiges Gefühl.

Nun gibt es unendlich viele solcher Botschaften, die uns vom Engel der Verkündigung überbracht werden: Willst du deinen Partner, willst du dieses Schicksal, diese Umstände etc. annehmen? Viele, viele Male sagen wir »nein«, opfern (ohne es zu merken) unser »Ja« – das Ja zum Leben. Zurück bleibt eine ausgedorrte Seele – ein dunkles Loch, das nun notdürftig gestopft werden muss mit den Vorstellungen von Gefühlen, den *Vorstellungen* von Geborgensein, von richtiger Mutterschaft etc. Also von Gefühlsgebilden, denen das Lebendige abhanden gekommen ist, und die das Echte ersetzen sollten. Sentimentalitäten und Leidenschaften sind ein sehr guter Ersatz. Eine künstlich gemachte, hochgepuschte Emotion kann so gut sein, so echt wirken, dass sie das Leblose lange überspielen kann und äußerst schwer zu enttarnen ist.

Es gibt eine weitere Möglichkeit, die innere Starre und Leere aus dem Bewusstsein zu verdrängen: Aus der hohlen Tiefe der Seele erwachsen krakenähnliche Fangarme, die sich suchend mit ihren Saugnäpfen an einen wärmespendenden Menschen klammern, um das Fehlende von ihm zu erlangen. Sehr viele Abhängigkeiten ergeben sich daraus, sehr viel Leid ist die Folge dieser Symbiosen. Die Lösung, aus diesen Verstrickungen herauszukommen, kann immer nur der Ab-

Wirksamkeit (der Signaturen im Horoskop)
(–100 % = negative Wirksamkeit, 0 % = neutral, +100 % = positive Wirksamkeit)

Mond Spiegelpunkt Pluto = –100, Mond Quadrat Pluto = –100, Mond Opposition Pluto = –70, Mond Konjunktion Pluto = –80, Mond Sextil Pluto = –20, Mond Trigon Pluto = –10, Mond in Skorpion = –60, Pluto in Krebs = –80, Mond im 8. Haus = –60, Pluto im 4. Haus = –80

stieg in die eigene düstere Unterwelt der Seele sein, um dort *selbst* zum Lichtbringer zu werden. Denn nur das Licht des Bewusstseins kann die verloren gegangene Einheit wiederherstellen.

Erläuterung der Karte

Eine alte Frau, bekleidet mit einem Gewand in den Farben des Teufels (Rot und Schwarz) steht vor einem Höllenschlund, aus dem Flammen lodern, und opfert ein kleines Kind. Zum Zeichen des Bundes mit den dunklen Mächten trägt sie umgekehrte Pentagramme an ihrem Umhang. Es sind zwei, da die Zahl zwei die Zahl des diabolus, des »Zerwerfers« ist. Bei ihrer grausamen Tat wird sie beobachtet von den in der Unterwelt gefangenen und versteinerten Dämonen.

Bedeutung der Karten im Legesystem

a) (als Einzelkarte oder als erste Karte): Das Problem

Der Gott der Unterwelt hat dich fest im Griff. Du hast dem Feind des Lebendigen deine Seele geopfert und suchst nun Linderung bei den anderen. Du saugst dich fest an der Hoffnung, ein anderer könnte dich aus der Dunkelheit befreien. Du hast Vorstellungen von Gefühlen entwickelt, die sich sehr weit von deinen wahren Empfindungen entfernt haben. Es ist für dich ein weiter Weg zum Licht, denn du musst zuerst in die Tiefe, in die Welt des Schattens, bevor du den Zugang zum Lebendigen wiederfindest.

b) (als Folgekarte): Der Weg durch das Problem hindurch

Auf deinem Weg ist es erforderlich, dass du – wie weiland Persephone – mit deinen Gefühlen in die Unterwelt hinabsteigst. Dort wird dir deutlich werden, dass du dich zuerst einmal total einlassen, dich mit Haut und Haaren deinen Gefühlen verschreiben musst, bevor du aus der Tiefe wieder emporsteigen darfst.

c) (als Endkarte): Das Ergebnis des Weges

Du hast vieles geopfert: Bilder und Vorstellungen von Gefühlen, die Ersatz und Betrug waren. Vieles musstest du dir geradezu »aus der Seele reißen«. Die Wunde wird noch lange schmerzen, doch jetzt bist du freier, unabhängiger. Denn die geopferten Teile binden dich nicht mehr, haben keine Macht mehr über dich.

Mnemosyne

Signatur: **Krebs/Schütze, Mond/Jupiter**

Thema als Kurzfassung

Die Erinnerung, Die Therapie, Die Einsicht in die Seele, Die persönliche Wahrheit, Die Musen

Erläuterung der Signaturen

Tief im Menschen vergraben liegt seine Geschichte, seine ganz *persönliche* Geschichte, oder wenn man es anders ausdrücken möchte: seine subjektive Wahrheit. Von dieser Wahrheit ist der Mensch zunächst einmal getrennt. Erinnerungsbarrieren sind errichtet worden, die ihm den Zugang zu diesen Inhalten verwehren. Was übrig bleibt, ist nicht subjektive Wahrheit, sondern subjektive Meinung – und die ist billig zu haben. Der Mensch glaubt, er wäre ein... nun, was er eben so glaubt. Dieser Glaube hat aber nichts mit seiner Subjektivität zu tun, sondern das, was er glaubt, bildet eine Art Deckmäntelchen, hinter dem sich seine wahren subjektiven Strukturen verbergen. Diesen Deckmantel porös zu machen oder ihn ganz wegzuziehen, ist jene innere Person angetreten, die diese Karte abbildet: MNEMOSYNE, die Göttin der Erinnerung.

Ihr ist unser ganzes Spiel gewidmet – ihren Namen trägt es heimlich.

Sie ist der innere Therapeut. Und natürlich ist der »innere Therapeut« weiblich! Männer mögen ja für viele Dinge gut und nützlich sein, aber zum »Er-innern« taugen sie erst einmal nicht. Sie gehen einfach nicht in das Innere, was sollten sie an dieser Stelle, wo es hier doch nichts zu gewinnen gibt? Natürlich können männliche Wesen auch ausgezeichnete Therapeuten sein, aber nur, wenn sie den Therapieraum mit ihrer inneren Frau, mit ihrem Mond, betreten und ihren Anspruch, gewinnen zu müssen, vor der Therapieraumtür zurücklassen.

Das Thema der MNEMOSYNE ist das Thema der Therapie, oder, was nur ein anderes Wort dafür ist: das Thema der Erinnerung. Es ist gleichzeitig ein Ringen. Ein Ringen gegen die Kräfte der Lethe, gegen die Mächte des Vergessens. Es geht hier um Ein-Blicke, um Ein-Sichten in das Innere der Seele, und diese Einblicke werden von Lethe verwehrt. Es ist kein Ringen um einen Sieg. Lethe kann niemals besiegt werden. Es ist ein Hinabsteigen und eine Arbeit mit der Angst (so lautet der Vorname der Lethe). Auch ihre Bataillone kämpfen nicht, sie verweigern, sie verwehren den Einblick. Sie wollen abschrecken, und dem gilt es standzuhalten und tiefer (hinab in die Erinnerungen) vorzudringen.

Mnemosynes Töchter, die Musen, tragen dazu bei, jeden Menschen auf seine Art, sei es mit Musik, mit Poesie, mit Prosa, mit Astrologie (Urania ist ausdrücklich die Muse der Himmelskunde) in die Nähe seiner Wahrheit zu bringen. Es muss also nicht immer ein approbierter (also äußerer) Therapeut sein, der das Werk der Erinnerung vollführt. Um uns herum gibt es unzählige Abgesandte der Musen. Sie als Töchter der Göttin führen in jedem Fall ihren Auftrag durch.

Unsere Karte lautet schlicht: »Erinnere dich!«

Wirksamkeit (der Signaturen im Horoskop)

(−100 % = negative Wirksamkeit, 0 % = neutral, +100 % = positive Wirksamkeit)

Mond Spiegelpunkt Jupiter = −30, Mond Quadrat Jupiter = −20, Mond Opposition Jupiter = +20, Mond Konjunktion Jupiter = +70, Mond Sextil Jupiter = +50, Mond Trigon Jupiter = +100, Mond in Schütze = −10, Jupiter in Krebs = +50, Mond im 9. Haus = −10, Jupiter im 4. Haus = +50

Bedeutung der Karten im Legesystem

a) (als Einzelkarte oder als erste Karte): Das Problem

Im Moment fließt das Wasser der Lethe durch deine Seele, und du hast keine Möglichkeit, dich zu erinnern. Du negierst, dass es einen (weiblichen) Therapeuten in dir gibt, und bist im Banne des Vergessens. Ja, du glaubst noch nicht einmal, dass es irgendetwas zu erinnern gibt. Dämmerung umgibt dich. Und doch möchte MNEMOSYNE dich erreichen, möchte dir mitteilen, dass du nur dann dein Problem zu lösen vermagst, wenn du dich an das Erinnern erinnerst.

b) (als Folgekarte): Der Weg durch das Problem hindurch

Auf deinem Weg durch das Problem hindurch wirst du eine Form der Therapie machen müssen. Dabei muss nicht unbedingt ein weltlicher Therapeut am Werk sein – aber hilfreich wäre das schon. Therapie heißt: Beuge dich hinab nach unten und bringe eine Wahrheit über deine Seele mit nach oben.

c) (als Endkarte): Das Ergebnis des Weges

Am Ende deines Weges hat der Prozess, den du durchlaufen hast (so schwierig er auch war) dir eine wichtige Einsicht über dein Inneres verliehen. Darum ging es: Du bist hinabgestiegen und hast dich erinnert.

Erläuterung der Karte

Auf unserer Karte ist MNEMOSYNE abgebildet, wie wir sie von einer Statue aus dem Vatikan kennen. Links fließt das dunkle Wasser der Lethe (aus einer Höhle), rechts fließen die Wasser der MNEMOSYNE. Sie steht an dem Ort, an dem die beiden Ströme aufeinander treffen und der – wenn die Göttin anwesend ist – von dem Wasser der Erinnerung aufgehellt und durchlichtet wird. Ihr Gewand verdeckt ihre Hände, denn sie be-handelt nicht, sie ist kein Arzt, sondern Seelenhelfer. Ihr Tier ist die Zikade.

Die Eiskönigin

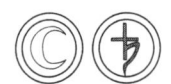

Signatur: **Krebs/Steinbock, Mond/Saturn**

Thema als Kurzfassung

Die verhärtete Weiblichkeit, Das einsame Kind, Die strenge Mutter, Die Schuldgefühle, Die Depression

Erläuterung der Signaturen

Die Signaturen sprechen von einem Zusammengehen des Unvereinbaren. Die beiden Tierkreiszeichen Krebs und Steinbock stehen einander diametral gegenüber, damit bilden sie zunächst etwas Unversöhnbares. Auf der einen Seite steht der Mond, das »kleine Kind«, mit seinem Wunsch nach Wärme und Geborgenheit, auf der anderen Seite der saturnine Anspruch nach Härte und Verantwortlichkeit. In dieser Spannung hat das kleine KIND kaum eine andere Chance, als sich hinter einer steinernen Mauer zu verbarrikadieren, seine Emotionen einzufrieren und sich als ein Verstoßener wahrzunehmen. Es zieht sich in eine »Gebärmutter aus Marmor« (Patientenbericht) zurück und versucht dort jenen Schutz zu finden, den es an der Oberfläche der Welt nicht zu finden vermag.

Verstockt und hartherzig bestraft es jeden, der sich jetzt doch noch nähert, mit seinem TROTZ.

Das Thema des Mondes beschreibt jedoch nicht nur das KIND, sondern auch die weibliche Seite des Menschen (siehe die Karte »Weiblichkeit«), also die erwachsene Frau, die ja auch auf der Karte abgebildet ist. In dieser Frau steckt freilich (tief im Inneren) das altgewordene und erstarrte KIND und überwacht misstrauisch jede Regung der Welt. Zwar hält die Frau sich selbst für erwachsen (und sie sieht auch so aus), aber da sie an den Wunden ihrer Kindheit festhält, betrachtet sie ihre Umgebung in Wahrheit mit den Augen des verletzten KINDES.

Betrachten wir diese Frau einmal von der Seite des Saturn aus: Das trotzige KIND weigert sich, erwachsen zu werden und die Verantwortung für das Leben an die erwachsene Frau abzugeben. Es weigert sich insgesamt, für irgendetwas Verantwortung zu übernehmen, und bürdet so dem Saturn (allein) alle Lasten auf, die dieser irgendwann nicht mehr zu tragen bereit ist. So wird auch er missmutig, griesgrämig und freudlos, wird gleichsam zum Feind im eigenen Inneren, dessen Härte das KIND jedoch in die Welt hinausprojiziert und die ihm von dort schicksalhaft wieder entgegentritt. Damit wird auch die Frau kühl und unnahbar und ist nicht mehr bereit, im Spiegel des Außen sich selbst zu erkennen. Der Spiegel ist zerbrochen. So entsteht das Gefühl, dass die Kälte von außen stammt und die Welt nur noch »gemein« ist. Das KIND (und die Frau) warten jetzt darauf, dass einer von außen kommt und mit seinem warmen Herzen die eingefrorenen Tränen wieder zum Schmelzen bringt.

Wirksamkeit (der Signaturen im Horoskop)

(–100 % = negative Wirksamkeit, 0 % = neutral, +100 % = positive Wirksamkeit)

Mond Spiegelpunkt Saturn = –100, Mond Quadrat Saturn = –90, Mond Opposition Saturn = –50, Mond Konjunktion Saturn = –40, Mond Sextil Saturn = –20, Mond Trigon Saturn = +10, Mond in Steinbock = –60, Saturn in Krebs = –60, Mond im 10. Haus = –60, Saturn im 4. Haus = –60

Bedeutung der Karten im Legesystem

a) (als Einzelkarte oder als erste Karte): Das Problem

Auf dem Grunde deines Problems liegt jene innere Person, die ihre Gefühle verschlossen hat. Du hast dich eingeigelt, hast deine Gefühle mit einer Mauer umschlossen (»Gefühls-Panzer«) und reagierst jetzt mit Kälte und Unnahbarkeit. Der Auftrag lautet: Mache nicht die Welt verantwortlich für deine Härte, sondern finde sie in dir!

b) (als Folgekarte): Der Weg durch das Problem hindurch

Es ist an der Zeit, ein Stück erwachsen zu werden. Dazu kannst du dir die Frage vorlegen: Wo sind meine Tränen geblieben? Erst durch die Tränen des Verlustes (nicht zu vewechseln mit den Tränen des Selbstmitleids – diese sind billig zu haben) hindurch und durch die verletzten Gefühle hindurch kann die Weiblichkeit in dir aufschimmern.

c) (als Endkarte): Das Ergebnis des Weges

Am Ende des Weges kannst du mehr Verantwortung für deine eigenen versteinerten Gefühle übernehmen. Du lastest deine eigene Härte dann nicht mehr den anderen an. Sie gehört zu dir! Nur diese Erkenntnis wird dir eine Art Tauwetter bringen.

Erläuterung der Karte

Eine Frau befindet sich in einer Eislandschaft der eingefrorenen Gefühle. Das gefrorene Wasser ist ein Symbol für die verhärteten Gefühle. Sie kann nicht weinen, ihre Tränen sind zu Eis erstarrt. Ihre Gefühle sind nicht mehr im Fluss, sie ist festgewachsen. Der Spiegel in ihrer rechten Hand ist zerbrochen, denn da sie den anderen jede Schuld gibt, will sie sich nicht mehr spiegeln. Sie kann ihren Teil nicht mehr sehen. Das Schloss, in dem sie die Verantwortung für ihre Wunden und damit auch für ihre Königinnen-Würde übernehmen könnte, ist noch weit. Doch der Vollmond, die voll erblühte Weiblichkeit, steht im Hintergrund und wartet darauf, dass sie eines Tages dieses Schloss betritt.

Die Ent-Bindung

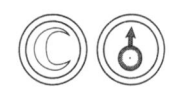

Signatur: **Krebs/Wassermann, Mond/Uranus**

Thema als Kurzfassung

Die emotionale Loslösung, Der Abschied von der Kindheit, Die Fröste der Freiheit, Die Ungeborgenheit, Heimatvertrieben

Erläuterung der Signaturen

Die meisten Menschen in unseren Breiten befinden sich in den ersten 30 oder 40 Jahren ihres Lebens in irgendeiner Zugehörigkeit. Sie sind in einer Institution (Familie, Universität, Ehe, Verein, Firma etc.), und damit haben sie auch eine gewisse Geborgenheit (einen Schutz), eine Art Eihülle, innerhalb derer sie zu der vorliegenden Karte kaum eine Beziehung haben. Sie können das Thema der Karte lange Zeit nicht nachvollziehen, denn es spricht davon, wie es aussieht, wenn die Eihülle aufbricht und es ist kein neuer Schlupfwinkel da, in den hinein ich mich verkriechen kann. Primitive Völker haben etwa im Alter von 13 Jahren eine Initiation, eine Einweihung in dieses Reich der Freiheit. Als Beispiel: Die Kinder wurden zwei Wochen in der Wildnis ausgesetzt. Kamen sie nicht wieder zurück, so waren sie tot, kamen sie zurück, so waren sie erwachsen! Frei und unabhängig. Ein derartiges (oder vergleichbares) Ritual gibt es bei uns nicht in institutionalisierter Form – was zur Folge hat, dass die meisten der heute 50-jährigen (Männer wie Frauen gleichermaßen) weder frei sind noch ewachsen. Die innere Person, die wir mit unserer Karte beschreiben wollen, ist also diejenige, die uns in die Freiheit hinein initiieren will. Sie will uns aus der Universität, aus der Ehe, aus der Familie, aus der Firma, kurz aus jeder Geborgenheit herausreißen und uns dabei helfen, dass wir auch allein existieren können. Weil aber niemand das will, erleben wir das Auftreten dieser Person erst einmal als einen riesengroßen Katzenjammer, als einen Schmerz, der uns in den Grundfesten erschüttert. Es ist hier so einsam, schluchzen wir dann, ohne die Wärme der Geborgenheit, ohne den Schutz der Eltern. Und wir versuchen, die Konfrontation mit dieser inneren Person so schnell als möglich wieder ungeschehen zu machen, indem wir in eine neue Beziehung hineinstürzen (wenn uns die alte davongelaufen ist), eine neue Familie gründen oder einem neuen Verein beitreten. Und wieder entheben wir uns der Chance, dem Schmerz standzuhalten, um an ihm ein eigenes *Individuum* zu werden. Solange wir eine Eihülle gegen die nächste austauschen, bleiben wir in der Tat ein Füllsel, ein Anhängsel, ein Kind. Man könnte boshaft formulieren, dass ein großer Teil der heutigen Beziehungen aus zwei Anhängseln bestehen, die sich aneinander klammern, damit sie nicht allein sind und nicht frieren. Damit aber sind sie keine Individuen, die ihren eigenen Weg gehen, sondern sie gehorchen einem kindlichen Warmhalteimpuls, brauchen eine Schmusedecke. Und immer wenn die auf der Karte dargestellte (innere) Person aufs Neue auftaucht, fühlen sie sich wieder heimatvertrieben und in einem tiefen Jammer.

Deshalb: Die Person der Ent-Bindung, wird noch oft in unser Leben kommen müssen, bis sie ihr Ziel erreicht hat – uns in den Status eines erwachsenen Individuums zu überführen, das seinen eigenen Weg geht und emotional weder den anderen zu bleiben erpresst, noch selbst emotional erpressbar ist. Am Ende finden wir das Bild der erwachsenen Frau, die ihre vollständige Freiheit erreicht hat.

Bezogen auf eine Frau heißt diese Karte außerdem noch: Du kannst dich mit deiner Mutter

Wirksamkeit (der Signaturen im Horoskop)

(–100 % = negative Wirksamkeit, 0 % = neutral, +100 % = positive Wirksamkeit)

Mond Spiegelpunkt Uranus = –100, Mond Quadrat Uranus = –100, Mond Opposition Uranus = –80, Mond Konjunktion Uranus = –40, Mond Sextil Uranus = –20, Mond Trigon Uranus = –10, Mond in Wassermann = –30, Uranus in Krebs = –40, Mond im 11. Haus = –30, Uranus im 4. Haus = –40

Erläuterung der Karte

Eine Art geschlechtsloses Wesen steigt aus einer (von innen) aufgebrochenen Eihülle. Diese Person ist weder männlich noch weiblich, sondern eigentlich vorpubertär. D.h., sie muss sich erst noch in ein geschlechtliches Wesen – sei es männlich oder weiblich – hineinverwandeln. In jedem Fall ist die Eihülle zu klein geworden und bietet der Person keinen Schutz mehr. Zwar ist die Landschaft, in die sie sich gestellt sieht, noch sehr kalt, aber die ersten Blumen sind schon sichtbar, und es ist der Morgen eines heraufziehenden schönen Tages, der (in einigen Monaten) den Schnee zum Schmelzen bringen wird.

Bedeutung der Karten im Legesystem

a) (als Einzelkarte oder als erste Karte): Das Problem

Du willst nicht wahrhaben, dass die Zeit der Geborgenheit vorüber ist. Du bist bereits längere Zeit entwicklungsüberfällig, und es ist hohe Zeit, aus dem Ei zu schlüpfen und dich auf eine neue Entwicklungsphase vorzubereiten. Da du jedoch Angst hast, die zu eng ausgefüllte Form zu verlassen (es war doch immer so bequem hier, jammerst du), kann es sein, dass die schützende Hülle mit Gewalt von außen aufgebrochen werden muss.

b) (als Folgekarte): Der Weg durch das Problem hindurch

Du weißt jetzt, dass in der Hülle bereits tiefe Risse sind, und dass aus dir heraus etwas Neues geboren werden muss. Ein Thema deines Lebens ist alt geworden. Auf deinem Weg müssen noch die Reste der Schalen weggedrückt werden, und das wird einige Arbeit und einige Schmerzen kosten – aber du weißt, du kannst nicht mehr zurück.

c) (als Endkarte): Das Ergebnis des Weges

Du bist ausgeschlüpft, und es ist im Anfang kalt, aber das gehört – wie du weißt – zum Erwachsenwerden. Mit der Zeit wird dir zunehmend mehr Stärke zuwachsen, und deine Seele wird »befiedert« werden. Das ist – nach Platons Worten – das Wichtigste, was einer Seele passieren kann.

nicht identifizieren, da du im eigentlichen Sinne gar keine Mutter hattest. Du fühlst dich keiner Familie zugehörig, du bist ausgestoßen, fremd in einem fremden Land. Bist du ein Mann, so trägt die Karte auch das Thema: Du hast kein ausgereiftes Mutterbild in dir, und damit leidest du unter einem Mangel an Intimität.

Tief im Inneren der Karte liegt auch eine Art Geschlechtsirritation, eine mangelnde Geschlechtsidentität, so dass du mitunter nicht weißt, ob du (seelisch) männlich oder weiblich bist. Diese Irritation hat ihren tiefen Sinn – versuche also nicht, dich irgendwie einseitig festzulegen, so als müsse man (auch beim Geschlecht) eindeutig zugehörig sein.

Der Dornröschen-Schlaf

Signatur: **Krebs/Fische, Mond/Neptun**

Thema als Kurzfassung

Der Traum, Die Sehnsucht, Die Ungeborene, Die verwunschene Seele, Die Intuition, Die Frau im Reich des Vergessens, Das Warten

Erläuterung der Signaturen

Bei dieser Karte treffen zwei innere Personen aufeinander, die sich – zwar – sehr gut verstehen, die aber leider in der realen Welt kaum ein Betätigungsfeld, eine Gemeinsamkeit haben. Die Welt des Jenseitigen (des Objektiven) mischt sich so sehr in die Rolle des KINDES (bzw. der erwachsenen Frau, siehe die Karte DIE MUTTER) hinein, dass die Wünsche, die das KIND bzw. die Frau an die Welt haben, sich nicht erfüllen lassen.

Es ist dies die klassische Konstellation des (seelisch) ungeborenen Kindes, das jetzt im Reich des Vergessenen herumsteht und dessen Hauptbeschäftigung darin besteht zu *warten*. Mitunter berichten Patienten davon, dass sie ihr Leben lang das Gefühl haben, nicht in der richtigen Familie aufgewachsen zu sein. Sie entwickeln die Phantasie, kurz nach der Geburt adoptiert worden zu sein: Eines Tages würden schon die richtigen Eltern auftauchen – und dann wäre endlich alles gut. Nicht dass ihre Familie sie grausam oder ablehnend behandelt hätte, nur: Man entwickelt eben den Verdacht, hier fremd zu sein. Man schläft, wie Dornröschen, hinter einer unüberwindlichen Dornenhecke oder liegt, wie Schneewittchen, in einem gläsernen Sarg, wartet darauf, dass sich der Himmel auftut, und eine erwachsene Hand ergreift die meine und erlöst mich aus meinem unberührbaren Dasein.

Es ist die Sehnsucht nach Nähe, nach Geborgenheit, nach einer richtigen Familie, die hier zu einem lebenslangen Wunsch gerät, und das, was in der Zwischenzeit – solange die Sehnsucht sich nicht erfüllt – zu tun verbleibt, ist warten und träumen. Es ist der Traum, endlich »nach Hause« zu kommen (endlich das zu erleben, wovon die Filme aus Hollywood übereinstimmend berichten, aber »Hollywood« erinnert bereits in seinem Namen »Wald aus Stechpalmen« an das Dornröschen!), endlich nach Hause *geholt* zu werden – gleichsam von jemandem aufs Pferd gehoben zu werden und endlich zum Märchenschloss zu gelangen. Da das aber nicht passiert, bleibt wieder nur das Warten. Wir erwähnen den Topos des *Wartens* hier deshalb so häufig, weil er wirklich das (unterschwellig) vorherrschende und alles übewiegende Motiv dieser inneren Person darstellt.

Immer wenn das Jenseitige, das Ungeborene (Neptun), auf das Diesseitige (Mond) stößt, dann wird das Weibliche merkwürdig durchscheinend und ungreifbar, so als ob Elfen auf einer Waldlichtung beim Mondschein tanzen, oder so als wären es Undinen und Meerjungfrauen, die ja im Märchen auch davon träumen, dass sie eines Tages von jemandem in das Land des Realen heraufgezogen werden.

Diese Erlösung findet nicht statt. Aber etwas anderes kann uns mit dieser inneren Person wieder versöhnen: Eben weil sie nicht in der diesseitigen Welt zu Hause ist, hat sie ein hohes Maß an Sensibilität für die Wahrheiten und Weisheiten des Jenseitigen. Wir nennen diese Weisheit »Intuition«. Und so hat diese innere Person die große Gabe, aus dem Meer des objektiv Unbewussten jene Gestalten herauszufischen, die von uns Normalsterblichen nicht erblickt werden können. Sie ist sensibel für das Jenseits, sie hat Zugang. Über diese Welt Bilder zu erhalten und zu verarbeiten

Wirksamkeit (der Signaturen im Horoskop)
(–100 % = negative Wirksamkeit, 0 % = neutral, +100 % = positive Wirksamkeit)

Mond Spiegelpunkt Neptun = –100, Mond Quadrat Neptun = –100, Mond Opposition Neptun = –60, Mond Konjunktion Neptun = –20, Mond Sextil Neptun = +20, Mond Trigon Neptun = +40, Mond in Fische = –10, Neptun in Krebs = –20, Mond im 12. Haus = –10, Neptun im 4. Haus = –20

Bedeutung der Karten im Legesystem

a) (als Einzelkarte oder als erste Karte):
   Das Problem

Du bist im Moment heimatlos, ungeborgen und wartest. D. h., du bist auf dein ungeborenes KIND gestoßen und spürst, dass es in seiner jetzigen Position nicht zu Hause ist. Eine Woge der Sehnsucht ist in dir freigesetzt worden, und es ist niemand da, der sie ernsthaft befriedigen könnte. Das kann ein süßer Schmerz sein, aber auch ein tiefer Kummer, in den du dich hineinvergräbst. An diesem Gefühl kann man nichts verändern, man kann es nur durchleiden.

b) (als Folgekarte): Der Weg durch das
   Problem hindurch

Zwar spürst du deine Einsamkeit, aber du merkst auch schon, dass nur in deiner Heimatlosigkeit der Himmel zu dir spricht. Richte dein Augenmerk mehr auf dein Inneres. Achte auf deine Träume (mache Phantasiereisen etc.), damit du die Botschaften des Inneren deutlicher in dir zu spüren vermagst. Solange du im Außen suchst, suchst du vergebens.

c) (als Endkarte): Das Ergebnis des Weges

Du lernst, dass es neben der sichtbaren Welt eine viel tiefere unsichtbare Welt gibt, und für diese wirst du einen Führer finden. Er, dessen Name »Intuition« lautet, zeigt dir die Wunder des Objektiven und lässt dich dein Alleinsein vergessen.

und vielleicht sogar den anderen (die hier nichts sehen) diese Bilder zu vermitteln, könnte den Preis, den man dafür zahlen muss, nicht mehr ganz so hoch erscheinen lassen.

Erläuterung der Karte

Eine Frau liegt in einem gläsernen Sarg und wartet. Jeder weiß, sie lebt, aber sie ist durch eine Verwünschung vom Rest des Lebens getrennt. Die Dornenhecke hält die anderen Menschen davon ab, sich dem Sarg zu sehr zu nähern – so bleibt sie unberührbar. In dem Sarg hat sie einen Traum: dass sich eine Hand aus den Wolken (aus dem Himmel ihrer Sehnsüchte) zu ihr herniedersenkt, die ihre ergreift und sie nach Hause holt.

Der Kampf

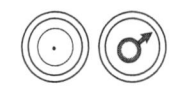

Signatur: **Löwe/Widder, Sonne/Mars**

Thema als Kurzfassung

Der aggressive Machtkampf, Der Pyrrhussieg, Die Selbstvernichtung, Das Eigentor, Das Spiegelfechten

Erläuterung der Signaturen

Zwei sehr starke, feurige Personen verbinden sich in diesem Bild des kämpfenden Ritters: der KÖNIG und der KRIEGER sind, wenn sie in einer Person zusammenfließen, kaum noch zu bremsen. Während es dem Krieger darum geht zu kämpfen, geht es dem König darum zu siegen, und so wächst aus dieser Allianz ein stürmischer Drang, Reiche und Be-Reiche zu gewinnen und den eroberten Herrschaftsbereich unentwegt zu vergrößern – ein permanenter KAMPF um Macht und Einfluss. Jeder, der sich dem *königlichen Ritter* oder dem *kriegerischen König* in den Weg stellt, wird aggressiv beiseite gedrängt. Das »doppelte« Feuer lodert hell und verbrennt alles. Dieser Ausdehnungsprozess unterliegt einer gefährlichen Dynamik. Die heißen Flammen brennen immer tiefere Löcher in das umliegende Lebensfeld, bis sich der Krieger irgendwann, umzingelt und gefangen von aggressiven Feuergeistern, selbst begegnen muss. Plötzlich steht er, der sich im KAMPF mit dem Feind wähnte, sich selbst gegenüber, und jeder weitere Schlag, den er austeilt, trifft ihn selbst hart und schwer.

Es ist ein weiter, mühsamer Weg, bis der Mensch erkennen darf, dass jeder Kampf letztlich Spiegelfechterei, dass jeder Feind im Außen letztlich nur eine seiner inneren Personen ist. Manchmal merkt er es jahrelang nicht und kämpft verzweifelt (scheinbar ums Überleben) und spürt nicht, wie er dabei innerlich verbrennt, wie seine Seele verdörrt und sein Leben allmählich verlischt. Der Schild des Feindes wirft wie ein Brennglas den (EGO-)tödlichen Feuerstrahl zurück, und der Krieger verbrennt an seiner eigenen Wut, an seinen eigenen Aggressionen. So wird der KAMPF letztlich zum Eigentor und der Sieg zum Pyrrhussieg, wo zum Schluss selbst der Sieger mit leeren Händen dasteht und die Freude über den »guten Ausgang« des KAMPFES sich nicht einstellen mag.

Es ist ein esoterisches Gesetz, dass jeder Mensch, den du (an-)triffst, dass alles, was dir begegnet, ein Teil von dir ist. So kannst du, wenn du diese Karte betrachtest, den Täter nicht vom Opfer unterscheiden. Die beiden gleichen einander auf einer tiefen – zugegeben im Alltag erst einmal unsichtbaren – Ebene wie ein Ei dem anderen und sind in ihren Bewegungen voneinander abhängig. Du kannst im Leben einmal Täter sein und erhebst dein Schwert gegen dich selbst, oder ein anderer verübt die Tat an dir und du spürst als Opfer den Schmerz, den du selbst durch die Trennung (von deinem inneren Täter) herbeigeführt hast. Am Ende beißt die Schlange sich in den Schwanz, und beide Wege führen zur gleichen Erkenntnis: Ich bin du!

Wirksamkeit (der Signaturen im Horoskop)
(–100 % = negative Wirksamkeit, 0 % = neutral, +100 % = positive Wirksamkeit)

Sonne Spiegelpunkt Mars = –100, Sonne Quadrat Mars = –80, Sonne Opposition Mars = –40, Sonne Konjunktion Mars = +10, Sonne Sextil Mars = +30, Sonne Trigon Mars = +60, Sonne in Widder = +80, Sonne im 1. Haus = +80, Mars in Löwe = +40, Mars im 5. Haus = +40

Erläuterung der Karte

Das Bild zeigt zwei Ritter im Kampf. Sie gleichen einander wie ein Ei dem anderen, und ihre Positionen zeigen, dass der eine des anderen Spiegelbild ist. So demonstrieren sie, dass jeder Kampf letztlich Spiegelfechterei ist und dass der Feind im Außen immer nur du selbst bist. Sie tragen das Zeichen des Königs – den Löwen – auf ihren Schilden und sind reich und glänzend gekleidet, wie es sich für Königsritter gehört. Die hauptsächliche Farbe der Karte ist rot, die Farbe der Aggression und des Kampfes.

Bedeutung der Karten im Legesystem

a) (als Einzelkarte oder als erste Karte): Das Problem

Du hast dich in deine Aggressionen verstrickt. Du glaubst, den Feind im Außen identifiziert zu haben und versuchst verzweifelt, ihn zu besiegen, ohne wahrzunehmen, dass du gegen dich selbst einen Feldzug führst. Du bist im Moment dein ärgster Feind. Je vehementer du siegen möchtest, desto mehr Kräfte verlierst du – du vernichtest letztlich nur dich selbst.

b) (als Folgekarte): Der Weg durch das Problem hindurch

Deine Aufgabe ist es, Raum zu ergreifen, dir deinen Platz zu erkämpfen. Niemand wird dir freiwillig etwas geben. Es geht Auge um Auge – Zahn um Zahn, und auch wenn es nur ein knapper Sieg oder gar eine Niederlage werden sollte, auf deinem Weg kannst du nur dann etwas lernen, wenn du den Mut hast zu kämpfen, dich deinen Gegnern zu stellen.

c) (als Endkarte): Das Ergebnis des Weges

Du hast gelernt, dass der Feind im Außen immer nur eine Spiegelung einer deiner inneren Personen und damit ein Teil von dir ist. Dennoch bedeutet es nicht, dass durch dieses Wissen ein notwendiger KAMPF verhindert werden soll, sondern: Es gibt dir die Entscheidungsfreiheit, ob du kämpfen willst oder nicht, zurück. Du hast dich entschieden und schaffst es, am Ende deines Weges den kriegerischen Drang deines Egos nicht überzubewerten.

Die Herrscherin

Signatur: **Löwe/Stier, Sonne/Venus**

Thema als Kurzfassung

Die weibliche Macht und Stärke, Glanz und Prunk, Die Königin, Der Einsatz von sinnlichen Mitteln und von erotischer Ausstrahlung

Erläuterung der Signaturen

Die allgemeine (astrologische) Auffassung dieses Aspektes von Sonne und Venus berührt zumeist nur die eine, positive, leicht zu verstehende Seite: Zur Sonne, dem EGO, gesellt sich die freundliche, den Mitmenschen zugewandte Venus und harmonisiert so das Wesen und Verhalten des Königs, der auf diese Weise seinen Untertanen sehr offen und jovial entgegentritt. Die männlichen Machtstrukturen des EGO werden durch die weiblichen Fähigkeiten der Stier-Venus, mit anderen eine Gemeinschaft zu bilden, aufgeweicht und mit Charme überdeckt. Ein so geprägtes Wesen gilt als angenehm, freundschaftlich, gefällig und wird von jedermann gemocht. So weit die sicherlich richtige, jedoch nur auf der Oberfläche zutreffende Seite dieser Verbindung.

Gehen wir in die Tiefe: Jede Sonne (ob es die Sonne eines Mannes oder einer Frau ist) ist zunächst einmal männlich, handelnd, gestaltend, gebend und – ichbezogen. Sie setzt sich in den Mittelpunkt und ist bestrebt, das Leben zu regieren und ein einzigartiger König zu sein. Tritt jetzt die Venus neben den Thron des Königs und lenkt seine Aufmerksamkeit auf die Menschen um ihn herum, mit der ständigen Bitte, freundlich, attraktiv zu sein und (allen!) zu gefallen, bringt sie den König sehr schnell aus seiner distanzierten Position in eine Nähe und damit in Beziehung zu den anderen. Macht jedoch lässt sich nur halten, wenn ein Abstand (der natürliche Abstand des Königs zu seinem Volk) gewahrt wird. So wird das weiblich geprägte, leutselige Verhalten des Königs, mit dem er auf Stimmenfang geht, zur Falle. Sobald er die Bestätigung seiner Person über andere sucht und seinen Wert über seine Mitmenschen zu finden trachtet, verliert er an Eigenständigkeit und Stärke. Dies aber kann kein EGO ertragen, und so geht es in die Gegenbewegung und bäumt sich mit allem, was ihm zur Verfügung steht, dagegen auf. So ist es wieder die Venus, die dem (geschwächten) König zur Seite steht: Er nutzt jetzt ihre Attraktivität, ihren Charme, ihre erotische Ausstrahlung, um doch noch an die Macht und zum Erfolg zu kommen. Es ist bekannt, dass Erotik Tür und Tor zu den höheren, den Machtetagen der Welt öffnet. Falls der körperliche Einsatz den Thron nicht oder nicht mehr halten kann, hat die Stier-Venus noch ein zweites Mittel, ihre Position zu festigen: Geld, Besitz, Prunk und Pracht. Auch davon lässt sich der Spiegel der Welt so sehr blenden, dass niemand mehr vermutet, dass dieser König (der eigentlich eine Königin ist) sich nicht aus eigener Kraft und Stärke in diese Position gearbeitet, sondern sie mit weiblichen Hilfsmitteln und Raffinesse erreicht hat. Diesem Thron wird immer ein unguter Beigeschmack anhaften. Denn: Das »Weibliche« gehört nicht auf einen Thron – die HERRSCHERIN verführt zur Macht, verliert ihre Weichheit, ihre Fähigkeit, Frau zu sein, und wird dennoch immer einen anderen (einen König an ihrer Seite) brauchen, ohne dessen Macht sie zurückfallen würde in Selbstzweifel und Wertlosigkeit. Sie muss ihn also immer zur Größe drängen, da ihr Platz nur so lange sicher ist, solange ein anderer ihr den Unterbau liefert. Sie steht, vielleicht ohne es zu wissen, auf den Schultern eines anderen und hält sich für riesengroß und stark.

Wirksamkeit (der Signaturen im Horoskop)

(−100 % = negative Wirksamkeit, 0 % = neutral, +100 % = positive Wirksamkeit)
(Zwischen Sonne und Venus gibt es keine Oppositionen, Quadrate, Trigone oder Sextile)

Sonne Spiegelpunkt Venus = −30, Sonne Konjunktion Venus = +70, Sonne in Stier = +20, Sonne im 2. Haus = +20, Venus in Löwe = +20, Venus im 5. Haus = +20

Kommt Bewegung in dieses »Standbild«, läuft sie sehr schnell Gefahr, die geborgte oder erschlichene Macht wieder zu verlieren. Die HERRSCHERIN ist niemals selbst ein König, sondern immer die Frau an des Königs Seite. Auch ein Mann kann die Rolle dieser Frau einnehmen und auf diesem Weg an der Macht seiner Partnerin teilhaben. Es ist eines der üblichen Spiele des EGO, sich bei jemandem einzuschmeicheln, sich an ihn zu heften, um sich so zum Gipfel der Macht hinauftragen zu lassen, wenn man selbst zu bequem oder zu unfähig ist, ihn aus eigener Kraft zu erreichen.

Erläuterung der Karte

Zum Zeichen ihrer Macht ist die Herrscherin üppig und reich gekleidet. Sie hält den Apfel der Verführung in der linken Hand, ihr offenherziges Dekolleté soll ihre weibliche Attraktivität zum Ausdruck bringen, mit deren Hilfe sie den Thron besetzt halten will. Ihre körperliche Üppigkeit symbolisiert das Gewicht, das sie sich in ihrer Position zuschreibt.

Bedeutung der Karten im Legesystem

a) (als Einzelkarte oder als erste Karte): Das Problem

Du machst dich abhängig von einer Ego-Position, die du nur über andere erreichen kannst oder nur über andere erreicht hast. Du bist dabei, dich zu »verkaufen« und dich an jemanden zu binden, dessen Macht und Stärke auf dich abstrahlen sollen. Dein Eigenwert hat so kein Fundament.

b) (als Folgekarte): Der Weg durch das Problem hindurch

Für das, was du erreichen möchtest, musst du lernen, deine Reize einzusetzen. Sieh es als ein Spiel an, deine Attraktivität und deinen Charme hervorzukehren und für deine Wünsche und Ziele einzusetzen. Wir alle spielen diese Ego-Spiele – es gibt kaum andere.

Auf deinem Weg liegt es eben, mit Hilfe deiner weiblichen Seite Macht auszuüben.

c) (als Endkarte): Das Ergebnis des Weges

Du hast durchschaut, dass deine Position der Herrscherin nicht die eines eigenständigen Königs ist, sondern dass du von anderen (auch von deinen Untertanen) abhängig bist. Freundlich und loyal nutzt du diese Position ohne falsche Bescheidenheit, aber auch ohne die »geborgten Federn« verbergen zu müssen. Du wirst zu einer »echten Königin« werden.

Der Schauspieler

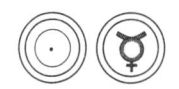

Signatur: **Löwe/Zwillinge, Sonne/Merkur**

Thema als Kurzfassung

Die Rolle, Die Selbstdarstellung, Die geliehene Identität, »Theater«, Die Kulisse, Intellektualisieren

Erläuterung der Signaturen

Das Wort »Schauspieler« hat zwei Teile. Zum einen geht es um die »Schau« (show), d.h., der König muss zeigen, dass er großartig ist. Zum anderen geht es um das »Spielen«. Zusammengezogen lautet die Bedeutung der Karte: Der König spielt (auf dem Theater) eine Rolle.

Das Geheimnis, an das die Karte erinnern möchte, besteht darin, dass der Betreffende kein König ist –, sondern dass er die Rolle nur spielt! Das darf freilich niemand merken, noch nicht einmal er selbst.

Da das Thema des Königseins es erzwingt, dass jemand besonders wichtig und herausragend dasteht, muss die betreffende innere Person dafür sorgen, dass noch aus dem unbedeutendsten Alltag eine Kulisse errichtet wird für das Königsspiel. Besonders gern wird hier etwas deklamiert: So können auf einmal Menschen fast den gesamten »Faust« (auswendig) dahersagen (oder die Nobelpreisträger für Literatur der letzten 30 Jahre). Es geht also um die Darstellung von Größe, und da das Merkur-Thema am liebsten intellektuell-verbal daherkommt, findet man hier leicht das, was der Volksmund einen »Angeber« nennt, einen, der mit Worten sich vergrößert. Einen, der wie weiland Münchhausen Geschichten erzählt, in denen er *die* wichtige Rolle spielt. Die deutsche Sprache hat ja mit dem Satz: »Er spielt eine Rolle« auch ein doppeltes Spiel getrieben. Einmal meint sie damit, »jemand ist wichtig«, und zum anderen »jemand spielt etwas, was gar nicht seins ist«. Innerhalb dieses Spannungsbogens hält sich auch unsere Karte auf. Um eine wichtige Rolle zu spielen, spiele ich eine Rolle. Ich spiele, um etwas zu sein. Es ginge zu weit, zu sagen: Ich spiele Theater (so wie man umgangssprachlich zu einem Kind sagt: »Es macht Theater«), denn ich glaube ja daran, dass ich »echt« bin.

Dennoch liegt in der Tiefe des Problems eine Art geliehener Identität, ein mehr »scheinen« (show) wollen, als ich eigentlich bin. Nimmt man mir die Rolle weg, gibt es also keinen geheimen Souffleur mehr, der mir meinen Text vorgibt, so könnte es sein, dass ich auf einmal mit leeren Händen dastehe und nicht mehr weiß, woher ich meine Größe beziehen könnte. Es kann sein, dass das Gefühl aufkommt, niemand mehr zu sein, keine Identität mehr zu haben. Der Blick hinter die Kulissen zeigt mir auf einmal, dass mein Königspalast (der von vorn sehr ansehnlich ist) von hinten mit Brettern notdürftig zusammengenagelt ist.

Doch schon greift der SCHAUSPIELER zu einem Trick und deklamiert Shakespeare: »Die ganze Welt ist ohnehin nur eine Bühne...«

Wirksamkeit (der Signaturen im Horoskop)

(–100% = negative Wirksamkeit, 0% = neutral, +100% = positive Wirksamkeit)
(Zwischen Sonne und Merkur gibt es keine Oppositionen, Quadrate, Trigone oder Sextile)
Sonne Spiegelpunkt Merkur = –50, Sonne Konjunktion Merkur = +30, Sonne in Zwillinge = +40, Sonne im 3. Haus = +40, Merkur in Löwe = +50, Merkur im 5. Haus = +50

Erläuterung der Karte

Auf einer Bühne geht der König auf und ab und rezitiert seinen Text. Er ist kein König, er spielt die Rolle nur. Er liest den Text jener »Rolle«, die Hermes-Merkur, der Götterbote, ihm übergeben hat. Zu seinen Füßen befindet sich der Soufflierkasten, sollte er einmal in seiner Rolle nicht weiterwissen oder etwas aus der Rolle nicht lesen können (denn er ist als König zu eitel, eine Brille aufzusetzen). Vor der Bühne befinden sich die Zuschauer, denen er etwas vorspielt. Die Zuschauer wissen, sein Mantel, seine Krone sind nur aus dem Fundus ausgeliehen.

Bedeutung der Karten im Legesystem

a) (als Einzelkarte oder als erste Karte): Das Problem

Du ahnst nicht, dass du in deiner momentanen Situation nur eine Rolle spielst. Wer du in Wahrheit bist, ist hinter der »Rolle« verborgen, und es kann lange dauern, bis du dir das eingestehst. Allerdings hast du schon den Verdacht, dass du gerade nicht sehr echt oder authentisch bist, aber für den Moment genügt es zu wissen, dass deine Wichtigkeit nur geborgt, nur gespielt ist. Natürlich hast du Angst, man könnte dich entlarven.

Aber wen könnte man hinter der Maske zum Vorschein bringen?

Wer ist dann überhaupt noch anwesend?

b) (als Folgekarte): Der Weg durch das Problem hindurch

Spiele deine Rolle. Gehe auf die Bühne und agiere. Störe dich nicht daran, dass du es nicht bist. Die Bühne ist im Moment deine Welt, also spiele so gut du kannst. Das klingt für deine Ohren irgendwie falsch? Mach dir nichts daraus – auf deinem Weg wird das jetzt von dir gefordert. Nimm dich so wichtig, wie deine Rolle es von dir erheischt.

c) (als Endkarte): Das Ergebnis des Weges

Jetzt spielst du deine Rolle, aber du identifizierst dich nicht mehr mit ihr. Du nimmst es leicht, weil du weißt, es ist ein Spiel, und du kannst es sogar sagen. Du kannst es dir und den anderen eingestehen. Wer könnte dich jetzt noch entlarven?

Der kranke König

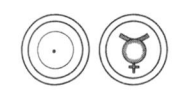

Signatur: **Löwe/Jungfrau, Sonne/Merkur**

Thema als Kurzfassung

Der Patient, Die Freudlosigkeit des Alltags, Die Erschöpfung, Die Flucht in die Krankheit, Die Geduld

Erläuterung der Signaturen

Es gibt nichts, was unser innerer König weniger ertragen kann als den Alltag – nichts, was ihm weniger gefällt, als sich, der Not gehorchend, vom Throne zu erheben, um eigenhändig »niederen« Geschäften nachzugehen. Und doch zwingt das Leben immer wieder jedem EGO diese Zumutungen auf. Solange der Mensch glaubt, dies sei nur vorübergehend und der Thron werde so lange für ihn warmgehalten oder später dann sogar auf ein höheres Podest gestellt, beugt er sich diesen Notwendigkeiten und hält durch. Doch dauern diese Alltags- und Durchschnittsphasen zu lange, stellt sich schnell heraus, dass sich das EGO niemals wirklich beugt, sondern völlig verkrampft eine ihm »unwürdig« erscheinende Haltung einnimmt. Der König kommt nicht mehr hoch, und die Angst, die Lebenssituation sei für immer festgefahren und der Thron auf Lebzeiten verloren, sitzt ihm im Nacken. Zu Beginn kann er seinen Mangel an Eigenständigkeit und Größe noch erklären und vor sich selbst entschuldigen. Doch wenn seine Glaubwürdigkeit nur noch an einem seidenen Faden hängt, hilft ihm einzig die Flucht in die Krankheit. So kann er sich den unliebsamen Forderungen des Lebens geschickt entziehen. Denn: Lieber ist er ein kranker König als gar kein König. So wird er zum Patienten, und die »patientia« – die Geduld für sein »ödes Leben« – wird ihm auf diesem Wege doch noch abverlangt.

Nun ist dies bei weitem nicht der einzige Grund für den Menschen, krank zu werden. Letztlich sind alle von den Karten beschriebenen Konflikte Krankheitsaspekte, die auch zu körperlichen Symptomen führen können. Denn wenn zwei oder mehrere innere Personen in einen Widerstreit geraten, wirkt sich dies oft zerstörerisch auf die Harmonie der Seele aus, was (wie die Homöopathen sagen) zur »Verstimmung der Lebenskraft« und damit zur Erkrankung führen kann.

Mit dieser Karte wollen wir die »Niederlage« bzw. das »Sich-Darniederlegen« des EGO beschreiben, das sich entweder über die Erkrankung dem Leben entzieht oder von den Symptomen zwangsverordnet entzogen wird. In jedem Fall wird es zur Ruhe, zum Aufgeben des Widerstandes und der Kontrolle gezwungen. Die Form der Macht, um die es dem König in Verbindung mit der Person der Jungfrau (DER DIENERIN) geht, ist verbunden mit einem Anspruch, das Leben zu meistern, es mit Vernunft zu begreifen und vorausschauend alle Fäden in der Hand zu halten. So soll dem EGO der Weg geebnet werden, damit es sich Umwege und Schwierigkeiten erspart – was mitunter das Leben tatsächlich sehr erleichtern kann. Verzweigen sich die Schicksalswege jedoch in vielfältiger, unüberschaubarer Weise, wird der analysierende Kopf überfordert und der Mensch in seinen Gedanken und Grübeleien gefangen. Wie ein gehetztes Tier jagt er von Kontrollpunkt zu Kontrollpunkt und verausgabt so seine Lebenskräfte, bis er sich erschöpft aufs Krankenbett fallen lässt. Und auf einmal (was er nie geglaubt hätte) dreht sich das Rad des Lebens auch dann weiter, wenn er es nicht mehr eigenhändig antreibt.

Wirksamkeit (der Signaturen im Horoskop)

(–100 % = negative Wirksamkeit, 0 % = neutral, +100 % = positive Wirksamkeit)
(Zwischen Sonne und Merkur gibt es keine Oppositionen, Quadrate, Trigone oder Sextile)
Sonne Spiegelpunkt Merkur = –50, Sonne Konjunktion Merkur = +30, Sonne in Jungfrau = +30, Sonne im 6. Haus = –30, Merkur in Löwe = +50, Merkur im 5. Haus = +50

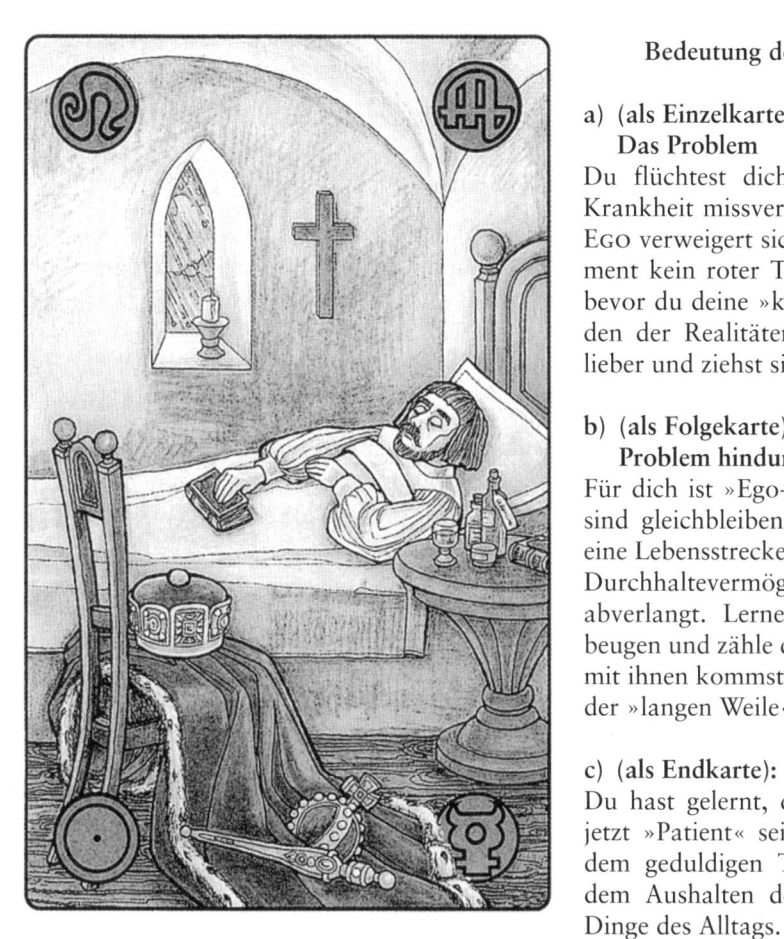

Bedeutung der Karten im Legesystem

**a) (als Einzelkarte oder als erste Karte):
Das Problem**

Du flüchtest dich in einen Zustand, der als Krankheit missverstanden werden könnte. Dein EGO verweigert sich dem Leben, da ihm im Moment kein roter Teppich ausgerollt wird. Doch bevor du deine »königlichen Füße« auf den Boden der Realitäten stellst, verweigerst du dich lieber und ziehst sie ganz ins Bett zurück.

**b) (als Folgekarte): Der Weg durch das
Problem hindurch**

Für dich ist »Ego-Alltag« angesagt. Deine Tage sind gleichbleibend grau und farblos. Du hast eine Lebensstrecke zu durchwandern, die dir viel Durchhaltevermögen und Anpassungsleistung abverlangt. Lerne dich diesen Umständen zu beugen und zähle die kleinen Schritte, denn auch mit ihnen kommst du ans Ziel. Es ist das Thema der »langen Weile«.

c) (als Endkarte): Das Ergebnis des Weges

Du hast gelernt, dich zu gedulden und kannst jetzt »Patient« sein, im Sinne von »patientia«, dem geduldigen Tragen der Notwendigkeiten, dem Aushalten der kleinen durchschnittlichen Dinge des Alltags.

Erläuterung der Karte

Der König hat Krone, Zepter und Mantel abgelegt und liegt blass und ohn-mächtig im Bett. Müde, mit geschlossenen Augen, hält er sich an einem Gebetbuch fest, als könne es ihm Trost spenden und die verlorene Sicherheit zurückgeben. Der Raum ist schmucklos, denn für das EGO sind karge Zeiten angebrochen. Die bittere Medizin (des öden Alltagslebens) steht auf dem Nachttisch für ihn bereit.

Die Hoch-Zeit

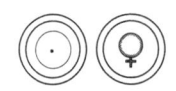

Signatur: **Löwe/Waage, Sonne/Venus**

Thema als Kurzfassung

Die Liebe (Die Verliebtheit), Das Paar, Der Höhepunkt, Die Euphorie, Das Glück in der Beziehung, Die Vereinigung der Gegensätze, Die Abhängigkeit von der Beziehung

Erläuterung der Signaturen

Die Karte beschreibt jenes Phänomen, jenen Kulminationspunkt, an dem alle Märchen enden. Die beiden Liebenden haben sich gefunden: »…und wenn sie nicht gestorben sind, dann lieben sie sich noch heute.« Wohlweislich enden hier die Märchen!

Das Paar hat sich das Ja-Wort gegeben, sie haben sich aufeinander eingelassen, sie sind im Freudentaumel ihrer erfüllten Träume. Jeder der beiden befindet sich mit seinem Ego – dank des anderen – auf dem Höhepunkt. Mehr noch: Zwei Egos verbinden sich in der Harmonie der Beziehung, die Herzen öffnen sich füreinander, und so hat dieser Tag eine gemeinsame Sonne. Jeder der beiden weiß jetzt, dass Liebe möglich ist. Die Kinder – als Symbol für die Reinheit der Herzen – geben dem Ganzen das Gepräge eines unschuldigen Neuanfangs. Die Vereinigung der Gegensätze hat stattgefunden.

An dieser Stelle enden die letzten Zeilen des Märchens.

Aber da unser Spiel die Seele erinnern will, muss es auch die Schattenseiten dieses – zugegeben – schönsten aller Spiele einbeziehen, und dieser Schatten besteht darin, dass ich *mein* Glück vom anderen abhängig mache: Glück soll ja der andere bringen.

Ich finde mein Glück nur in deinem Dasein. Damit gebe ich die Erfüllung meines Glücks an dich ab, und du bist – mehr oder weniger – dafür verantwortlich. Und du machst es mit mir genauso. So werden wir wechselseitig zu Lieferanten und zu Lieferungs-Abhängigen. Mein Liebes-Ego bezieht seine Größe von deiner Liebes-Lieferung und vice versa. Lieferst du nicht genug oder einmal die falsche Nahrung, so flaut meine Liebe ab.

Bildlich formuliert: Meine Liebe ist wie ein Ofen, zu dem der andere das Brennmaterial besitzt. Ich verlange von ihm, dass er meinen Ofen mit Brennholz versorgt. Bekomme ich dieses Material einmal nicht, so brennt das Feuer nieder, und der Ofen droht, auszugehen. Das Wort »Abhängigkeit« meint, dass die Liebe in mir nicht unabhängig vom anderen als helles Feuer – für sich selbst – lodert und der andere kann sich daran erwärmen (ob er nun Holz liefert oder nicht). Und so steckt jener Liebende (den diese Karte meint) auch in einer Not. Er muss liefern, ob er will oder nicht, ob er gerade kann oder nicht. Anfangs will er auch liefern, aber dann gibt es auch einmal schlechte Tage und Wochen, da gibt es kein Brennmaterial, und ob sich die Liebe dann noch bewähren kann, ist eine ganz andere Frage.

Und so will die Karte helfen, das Thema der Liebe und die Erinnerung daran zum wichtigsten seelischen Tagesordnungspunkt zu machen. Insbesondere die Frage: Welches Brennmaterial erwarte ich vom anderen? oder: Wie schnell kann mein Ofen ausgehen?

Wirksamkeit (der Signaturen im Horoskop)

(–100 % = negative Wirksamkeit, 0 % = neutral, +100 % = positive Wirksamkeit)
(Zwischen Sonne und Venus gibt es keine Oppositionen, Quadrate, Trigone oder Sextile)

Sonne Spiegelpunkt Venus = –30, Sonne Konjunktion Venus = +100, Sonne in Waage = +30, Sonne im 7. Haus = +20, Venus in Löwe = +50, Venus im 5. Haus = +50

Bedeutung der Karten im Legesystem

a) (als Einzelkarte oder als erste Karte): Das Problem

Du versuchst, dein Glück über den anderen Menschen zu verwirklichen. Er soll zu einem Lieferanten für deine Liebe werden – du möchtest dich in seiner Sonne »sonnen«. Das kann nicht funktionieren, solange das Ganze ein Nehmen ist. Du sagst, du hättest auch etwas zu geben? Nun gut, dann ist es ein Tauschhandelsunternehmen. Aber hast du deine Liebe schon einmal – ohne den anderen – in dir entdeckt?

Siehst du?

b) (als Folgekarte): Der Weg durch das Problem hindurch

Du kannst deinen Weg nur mit einem anderen Menschen zusammen gehen. Es geht bei deinem Weg um ein gemeinsames Vorhaben, denn nur mit einem anderen leuchtet deine Sonne. Zusammen findet ihr (jeder für sich) den Weg der Herzen. Die Gemeinsamkeit steht unter einem guten (nicht einem leichten!) Stern.

c) (als Endkarte): Das Ergebnis des Weges

Du bist bereits auf einem gemeinsamen Weg. Die Liebe ist deine Führerin, und du wirst zu ihr zurückkehren. Du findest deine Liebe – über den anderen – in dir selbst.

Erläuterung der Karte

Abgebildet ist ein Paar, das gerade aus der Kirche kommt (in der sich beide das Ja-Wort gegeben haben). Es ist der Höhepunkt ihres Lebens, und beide schauen glücklich in eine Zukunft. Kinder streuen Blumen, denn noch sind die beiden auf Rosen gebettet. Der rote Teppich zeigt, was man sonst nicht einmal argwöhnt: Zwei EGOS sind gerade auf besondere Weise erhöht worden – zwei EGOS sind jetzt »prominent« – herausragend.

Beide lieben sich und sind einander zugewendet.

Der Magier

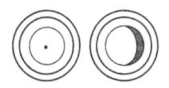

Signatur: **Löwe/Skorpion, Sonne/Pluto**

Thema als Kurzfassung

Der Versuch, Leben zu erschaffen (Das Leben aus der Retorte), Schwarze und Weiße Magie, Positives Denken, Der Perfektionismus, Die Gen-Technologie

Erläuterung der Signaturen

Jede Art der Zauberei hat im Hintergrund immer den Wunsch nach Macht, gleichgültig ob es sich um (vermeintlich) weiße Heilungs-Magie oder einen schwarzen Schadens-Zauber handelt. In beiden Fällen ist diese Macht den natürlichen Abläufen des Lebens entgegengesetzt. Während die schöpferischen Kräfte von der hellen Sonne symbolisiert werden, wird die Magie von der »schwarzen Sonne« dargestellt. Sie bedient sich einer Kraft, die aus der Unterwelt stammt. Immer! Der Hexenmeister will Herr über das Leben sein, er will Leben letztlich erschaffen: den Homunculus. Im Alltag ist diese Magie zumeist unscheinbar und unauffällig. Wir alle wenden »Zauberformeln« an und merken nicht, dass wir dafür Lebensenergien konzentrieren und abgeben müssen. Das berühmteste dieser Zauberwerke ist das »positive Denken«. Ein Bild soll sich realisieren: der bessere, gesündere, reichere, erfolgreichere, schönere, esoterischere, edlere und heiligere Mensch. All dies sind Wünsche und Vorstellungen, die den Geist eines jeden Ego beherrschen. Alle zur Verfügung stehende Kraft wird mit Plutos verführerischer Hilfe darauf verwandt, diese Ziele zu erreichen. Der Mensch versucht, sich in die von ihm entworfene Vorstellungsform hineinzupressen. Alles Unangenehme, der Idealform nicht Entsprechende wird beiseite gedrängt. Er beschneidet sich so lange, bis er endgültig das perfekte Bild darstellt, bis er ganz eins mit ihm geworden, und der Homunculus vollends erschaffen ist.

Warum nicht? könnte der Leser fragen. Es wäre schön, wenn bei mir alles so ideal, so perfekt wäre. Was gäbe ich darum, so stark zu sein und so viel Macht über mein Leben zu haben. Nehmen wir einmal das Bild des Bonsai-Bäumchens: Es ist ein vielleicht dreißig- oder vierzigjähriger Baum, der in einer gefälligen kleinen Schale das (Miniatur-)Ideal eines Baumes darstellt. Verglichen mit den Bäumen in der freien Natur, die schief, krumm, voller Würmer, Wunden und Befall sind, ist er sauber, heil und perfekt. Sein Lebensraum ist klar umrissen, und man kann ihn nicht einmal als tot bezeichnen, denn tief in ihm schlummert noch die Erinnerung an den Rhythmus der Jahreszeiten. Wie können wir verstehen, dass ein Zauberbann (ein Vorstellungszauber) über ihm liegt?

Der Baum ist ein Symbol für das Leben und den Menschen schlechthin. Entwickelt sich ein Baum zu seiner natürlichen Größe – so hässlich und unedel er auch aussehen mag – so bildet er viel fruchtbares Grün und trägt zur Sauerstoffbildung – zur Lebensbildung – bei. Er ist ein Teil der Gesamtschöpfung, auf seinem ihm zugewiesenen Platz. Seine Wurzeln können im Laufe der Zeit immer tiefer in die Erde (ins Unbewusste) hinabwachsen und aus dem (Erfahrungs-)Reichtum der Tiefe schöpfen. Der perfekte Bonsai-Mensch (vielleicht entsteht er in Zukunft durch die Gen-Technologie) jedoch hat diese Chance nicht. Um seine ideale Form zu halten, muss er immer mehr Leben abgeben. Seine Wurzeln verkümmern, und am Ende zerfällt er – ohne je wirklich gelebt zu haben.

Außer dieser eher unsichtbaren Magie kennen wir auch den offenen Zauber, wie zum Beispiel

Wirksamkeit (der Signaturen im Horoskop)

(−100 % = negative Wirksamkeit, 0 % = neutral, +100 % = positive Wirksamkeit)

Sonne Spiegelpunkt Pluto = −100, Sonne Quadrat Pluto = −100, Sonne Opposition Pluto = −80, Sonne Konjunktion Pluto = −70, Sonne Sextil Pluto = −30, Sonne Trigon Pluto = −10, Sonne in Skorpion = +30, Sonne im 8. Haus = +30, Pluto in Löwe = −50, Pluto im 5. Haus = −50

Bedeutung der Karten im Legesystem

a) (als Einzelkarte oder als erste Karte): Das Problem

Du stehst unter dem Bann eines magischen Aktes. Das darf nicht missverstanden werden. Selbst wenn du dabei »Opfer« zu sein scheinst, kommt doch nur deine eigene magische Vergangenheit wieder auf dich zurück. Du liegst in geistigen Fesseln, lebst entlang einer Vorstellung (vom Leben), die dich viel Kraft, viel Lebensenergie kostet.

b) (als Folgekarte): Der Weg durch das Problem hindurch

Dein Leben ist in einer Vorstellungs-Blase gefangen, wie ein Homunculus im Reagenzglas. Du hast sehr viele Energien investiert, um ihn entstehen zu lassen, und nun ist die Zeit gekommen, ein Opfer zu bringen, um die gebundenen Kräfte wieder zu befreien. Ohne ein Opfer und ohne die Zerstörung eines Teils deiner Vorstellungswelt stagnierst du, drehst dich im (Teufels-)Kreis und wirst immer blutleerer. Denke daran, es ist nur das Bild, das zerstört wird, Wahrhaftes lässt sich nicht zerstören.

c) (als Endkarte): Das Ergebnis des Weges

Du hast verstanden, dass du ein Geschöpf und kein Schöpfer bist. Du unterliegst einem höheren Gesetz – einem größeren Zusammenhang. Du wirst deinen Frieden finden und unter deinem wahren Stern deine Bahn ziehen. Du erkennst: Alle anderen Sterne sind aus »Hollywood« – hübsche Bilder, vorne Glamour, aber eigentlich aus Pappmaché.

Voodoo-Magie und Flüche jeder Art. Dazu gibt es nur zu verstehen: Jeder Bann, der über dir liegt, ist letztlich die Rückkehr deines eigenen Fluches. Du selbst hast dich einmal der Magie bedient. Der äußere Zauberer ist *immer* eine Erinnerung an den – auf der Karte abgebildeten – inneren Zauberer.

Erläuterung der Karte

Das Bild zeigt eine Hexenküche mit allem für die Alchimie notwendigen Zubehör: der Totenkopf, die Zauberbücher, das magische Feuer, auf dem der Zaubermeister den Homunculus – das künstliche Leben – braut. Der MAGIER trägt an seinem Hut ein umgekehrtes Pentagramm – das Zeichen des gehörnten Herrschers der Unterwelt. Am blutroten Himmel steht als ein Symbol des Paktes mit den dunklen Mächten eine »schwarze Sonne«.

Fortuna

Signatur: **Löwe/Schütze, Sonne/Jupiter**

Thema als Kurzfassung

Das Glück, Die geistige Weite, Die Toleranz, Nach den Sternen greifen, Die Suche nach Bewunderung, Der Optimismus, Der innere Therapeut, Das Vertrauen

Erläuterung der Signaturen

Die Karte spiegelt das wider, was nach landläufiger Überzeugung als »Glück« bezeichnet wird. Was aber ist dieses Glück, dem wir alle so intensiv hinterherjagen? Die Herkunft dieses Wortes liegt nämlich – wie die Etymologen so schön sagen – im Dunkeln! D. h. keiner weiß so recht, was es ist. Vom Thema der inneren Personen erfahren wir eines freilich sehr genau: Es ist niemals etwas *Materielles* gemeint, das uns dieses Gefühl bescheren kann. Es ist immer etwas Seelisches (Sonne) und etwas Geistiges (Jupiter), das sich aus dem Füllhorn ergießt. Es ist eine Art Optimismus, ein Gefühl, das entsteht, wenn sich eine gewisse Fülle ausbreitet.

Die Karte will sagen, dass es jetzt um einen Prozess der geistigen Weite geht, dass der innere Therapeut eine Einsicht vorbereitet, die die Seele weitet. Dass ein Vertrauen zu wachsen beginnt: ein Vertrauen, dass die Welt, so wie sie ist, die beste aller möglichen Welten ist. Und dass meine Subjektivität, so wie sie im Fluss ist, genau richtig ist.

Leben heißt »Weitergehen«, Leben heißt »auf der Suche sein«. Das Gegenteil von Leben heißt »Stillstand«, »Festhalten«, »Erstarrung«. Und so will die Karte uns eine hilfreiche Geste sein, das Leben zu erweitern, geistig weiterzugehen.

Du bist auf der Suche nach dem Wunderbaren!

Natürlich hat auch diese Karte eine verborgene Schattenseite: Der Gegenpol zur großen Geste ist der alltägliche Kleinkram. Der abgebildete Mann sagt auch: Ich greife nach den Sternen – aber wehe, man kommt mir mit kleinen Brötchen! Er sucht das Wunder und die Be-Wunderung, er sucht die Größe und das Glück, er sucht die Einsicht und das philosophische Gespräch. Er will daran wachsen und zu den geistig Erleuchteten gehören und übersieht, dass man daran leicht einseitig wird. Seine Toleranz wird schnell zu einem Ego-Trip. Da die anderen ihm ohnehin nicht das Wasser reichen können, kann er leicht gegenüber jedermann tolerant sein.

Das eigentliche Thema der Karte aber lautet: Lerne zu vertrauen!

Habe Vertrauen in die Kraft dessen, was dir an Einsichten in dein Leben geschickt wird. Wende dich mehr den geistig-seelischen Kräften zu als den materiellen. Der Reichtum und der Ruhm der Welt vergehen schnell, aber was du geistig gesät und geerntet hast, das bleibt dir immerdar.

Wirksamkeit (der Signaturen im Horoskop)
(–100 % = negative Wirksamkeit, 0 % = neutral, +100 % = positive Wirksamkeit)

Sonne Spiegelpunkt Jupiter = –50, Sonne Quadrat Jupiter = –50, Sonne Opposition Jupiter = –30, Sonne Konjunktion Jupiter = +50, Sonne Sextil Jupiter = +60, Sonne Trigon Jupiter = +100, Sonne in Schütze = +70, Sonne im 9. Haus = +70, Jupiter in Löwe = +50, Jupiter im 5. Haus = +50

Bedeutung der Karten im Legesystem

a) (als Einzelkarte oder als erste Karte): Das Problem

Tief in deinem Inneren gibt es einen gravierenden Mangel an Vertrauen. Du hast deinen Optimismus verloren, du traust deinen Einsichten nicht mehr. Es ist das Gefühl vorhanden, dass du von dem kosmischen Füllhorn abgetrennt worden bist. Es ist, als halte Sterntaler sein Hemdchen hoch, und nichts mehr fällt von oben herein. Dein EGO hört nicht mehr auf den (immer anwesenden) inneren Therapeuten – die Brücke zur religio ist zerstört.

Auch Größenwahn kann eine Folge dieses Prozesses werden.

b) (als Folgekarte): Der Weg durch das Problem hindurch

Für deinen Weg brauchst du einzig und allein das Vertrauen, dass du ein Empfangender bist und alles »Gute« von oben, vom Himmel dich begleiten wird.

Der Himmel ist dein Therapeutikum. Es geht darum, mit dieser Hilfe eine neue Erfahrung zu machen und die bisherigen Grenzen zu erweitern.

c) (als Endkarte): Das Ergebnis des Weges

Die Mühe lohnt sich. Das Füllhorn wird wieder ausgeschüttet. Die Ein-Sichten kehren zurück, und das, was man »Glück« nennen könnte, kann wieder empfunden werden.

Du achtest darauf, dass sich der Größenwahn in Grenzen hält und dein Ego nicht mehr ausufert.

Erläuterung der Karte

Ein älterer Mann steht in einem Ährenfeld und badet in den herabsinkenden (geistigen) Sternchen eines Füllhorns. So wie die Erde materiell befruchtet worden ist, wird er geistig befruchtet. Ja, es ist ein Befruchtungsvorgang, der hier abgebildet ist. Der Mann hält die Augen geschlossen, aber nicht kontemplativ oder meditativ (wie in der Karte DER RÜCKZUG), sondern nachsinnend-empfangend.

Geistig geht etwas in ihm vor.

Die Bürde

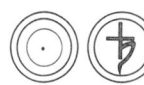

Signatur: **Löwe/Steinbock, Sonne/Saturn**

Thema als Kurzfassung

Die Mühsal, Das Gewissen, Das (Er-)Tragen des Schicksals, Die Ethik, Die Schuldgefühle, Die Verantwortung

Erläuterung der Signaturen

In dieser Konstellation liegt die Schwere des Schicksals, die Bürde des Menschseins. Die Sonne, die Hauptperson des inneren Zusammenspiels der Seele, fühlt sich von Saturn, dessen schicksalsschwere Hand sich auf ihre Schultern legt, niedergedrückt und gefangen. Die Weite des Kosmos, die normalerweise von den Strahlen der Sonne bis ins äußerste Ende erhellt wird, schrumpft auf Gefängnisgröße zusammen. Der Bewegungsraum des Königs wird begrenzt, erhält Mauern und Hürden. Das Leben erscheint wie ein hoher Berg, den es zu erklimmen gilt. Die Landschaft ist karg, die Nahrung fürs EGO bleibt aus. Das EGO, das sich von Erfolgen und von der Erfüllung der subjektiven Wünsche ernährt, muss aus dem Blechnapf essen. Der bittere Löffel Medizin, den es zu schlucken hat, heißt: Objektivität und Arbeit am eigenen Gesetz. Dieser Prozess ist langwierig, die Mühe groß. Das Schicksal bricht dem König einige Zacken aus der Krone, macht ihn zu einem armen Mann. Denn nur ohne den Ballast des Überflusses kann der Aufstieg zum Gipfel des Berges gelingen. Die Einweihung – den Einblick in das Gesetz – erhält nur derjenige, der dem Gott Saturn sein EGO auf die Schwelle gelegt und der sich (anstelle der Krone) seine Bürde auf die eigenen Schultern geladen hat. Erst wenn er seinem höheren Wissen und Gewissen seine Subjektivität geopfert hat, darf er einem objektiven Auftrag, der gleichzeitig seine Berufung ist, Folge leisten. Auch Buddha war zuerst ein weltlicher Königssohn, bevor er freiwillig abdankte und seinem Ruf folgte.

Da der Mensch zumeist Widerstand gegen die zu leistende Arbeit empfindet, kann ihn die erzwungene Mühe auch müde und krank machen. Mangel an Freude und Lebenswärme lassen ihn frösteln, und er sieht in Saturn einen Feind, der ihn mit Unerbittlichkeit zu einer Verantwortung, zu einer Aufgabe (im wörtlichen Sinne) drängt. Nur leider deckt sich diese Aufgabe nicht mit dem, was der König gern zu tun bereit wäre, sondern ihr Sinn bleibt ihm erst einmal verborgen.

Jedes Sichwehren lässt den zu kleinen Spielraum des EGO noch enger, jeder Widerstand den Stein noch schwerer erscheinen. Das Werk ist vollendet, wenn der Stein – oben auf dem Gipfel angelangt – zum Stein des Weisen geworden ist.

Vorher aber ist er etliche Jahrzehnte der Stein des Sisyphos. Immer wenn der Mensch glaubt, er sei jetzt schon auf dem Gipfel angelangt, rollt er wieder hinab. Und die Mühe besteht darin, zum Fuße des Berges zurückzukehren, sich zu beugen und wieder mit der schweren und verantwortungsvollen Arbeit aufs Neue zu beginnen.

Wirksamkeit (der Signaturen im Horoskop)

(–100 % = negative Wirksamkeit, 0 % = neutral, +100 % = positive Wirksamkeit)

Sonne Spiegelpunkt Saturn = –100, Sonne Quadrat Saturn = –90, Sonne Opposition Saturn = –50, Sonne Konjunktion Saturn = –30, Sonne Sextil Saturn = +20, Sonne Trigon Saturn = +10, Sonne in Steinbock = +20, Sonne im 10. Haus = +20, Saturn in Löwe = –40, Saturn im 5. Haus = –40

Bedeutung der Karten im Legesystem

a) (als Einzelkarte oder als erste Karte): Das Problem

Ein Stein lastet auf deiner Seele, deinem Gewissen. Du hast noch nicht akzeptiert, dass du ihn in einem langwierigen, schmerzhaften, mühevollen Prozess abtragen musst. Die Verantwortung liegt ganz allein bei dir.

Es gibt für dich keinen Vater mehr, der dir etwas abnimmt. Du bist ganz allein auf dich gestellt, und das macht dir das Leben schwer.

b) (als Folgekarte): Der Weg durch das Problem hindurch

Dein Problemberg ist hoch, der Lösungsweg steil. Er erfordert Einsatz und Mühe von dir. Erwarte keine Hilfe von außen. Nur du allein kannst und musst diese Arbeit leisten. Bereite dich auf einen sehr langwierigen Prozess vor, bei dem du mit Rückschlägen rechnen musst.

Du hast die Kraft, die Verantwortung zu übernehmen.

c) (als Endkarte): Das Ergebnis des Weges

Oben auf dem Berg angelangt, hast du den Überblick und deine Klarheit zurückgewonnen. Du hast das Gesetz und dein Gewissen zum Maßstab deines Lebens gemacht.

Wie Kant es ausdrückt: Der »gestirnte Himmel über dir und dein Gewissen in dir« werden für dich handlungsleitend.

Erläuterung der Karte

Der Mann auf dem Bild ist hager und ausgemergelt, die Landschaft karg. Saturn führt hier das Regiment. Steine und Felsen erschweren den steilen Weg. Die steinerne Last symbolisiert die Schwere des Schicksals, das zu tragen dem Menschen aufgebürdet wird, ob er will oder nicht. Nur eine Distel kann in so steinigen Höhen wachsen – sie braucht wenig Wasser und ist unverwüstlich.

Der Sturz

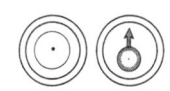

Signatur: **Löwe/Wassermann, Sonne/Uranus**

Thema als Kurzfassung

Der Verrat am Königshof, Der Umsturz, Die Wende, Der Fall des Ego, Der Machtverlust, Die Untreue

Erläuterung der Signaturen

Aus dem Ensemble der inneren Bühnendarsteller treffen auf dieser Karte zwei besonders starke zusammen, die in ihrer Funktion wie Gift und Heilmittel aufeinander wirken. Die erste Person ist seine Majestät das EGO, der König auf seinem Thron, die zweite ist der NARR, der den König imitierend der Lächerlichkeit preisgibt und ihn dadurch vom Thron stürzt. Astrologisch gesehen treffen hier die beiden *größten* Gegenspieler aufeinander: Der eine ist der König hier auf Erden, der andere ist ein Beauftragter des Objektiven, des Himmels. Er ist fast ein Engel, der das Amt hat, die Bäume nicht in den Himmel wachsen zu lassen, sondern zuvor das EGO radikal zu entmachten und seinen Umsturz herbeizuführen. Den Sturz des EGO! Was sich mit diesem Wort noch relativ harmlos ausnimmt, gehört im Leben zu den schmerzhaftesten Prozessen überhaupt. Da jeder Mensch sein EGO als einzigen Götzen anzubeten gelernt hat, stürzt mit dem Götzenbild auch die Haupt-Religion des Menschen hier auf Erden: die Religion der Höhe. Dieser Sturz, vom Narren verursacht, ist deshalb besonders gravierend, weil er sich nicht von langer Hand ankündigt, sondern sich im Hintergrund vorbereitet, aufstaut und dann – einem Dammbruch gleich – alles überflutend das EGO überschwemmt. Der Sturz der Adelsklasse mitsamt der Monarchie in der Französischen Revolution ist als Paradebeispiel im großen Maßstab das, was sich im kleinen in jeder Seele (früher oder später) ereignet. Plötzlich kommt heraus, dass mein Ehemann mich schon seit Jahren (mit meiner besten Freundin) betrügt, plötzlich kommt die Intrige gegen mich (in der Firma) ans Licht, und ich stehe als Entmachteter da. Die Hörner, die man aufgesetzt bekommt, sind eigentlich die Zipfel der Narrenkappe, gegen die ich jetzt meine Krone eintauschen muss. Und natürlich ist der Fall umso schmerzhafter, je höher und größer ich vorher die Wichtigkeit meines EGO aufgeblasen habe. Anders gesprochen: Nur die haben nichts zu befürchten, deren EGO ohnehin winzig ist, die nie auf einem Thron haben Platz nehmen dürfen.

Und natürlich: Der Sturz ist beabsichtigt und trägt einen tiefen Sinn in sich. Ebenjenen Sinn, den der Verrat (und der Verräter) dann herstellt. Die Personen möchten dich (vorübergehend) herauskatapultieren aus deinem EGO und damit hineinführen in eine Art grenzloser Freiheit. In die Freiheit *vom* EGO! Freizusein wie ein Vogel oder wie ein Narr, für den es keine Ego-Konventionen und -Bedürfnisse mehr gibt. Es ist dieser STURZ in das Freisein, den die Menschen fürchten. Es gehört aber auch zu den Erfahrungen der meisten Menschen, dass sie fast übereinstimmend berichten: Obwohl es mir sehr weh getan hat, war es doch – von heute aus betrachtet – das Wichtigste, das mir passieren konnte. Es hat meinem Leben mehr Fülle gegeben.

Wirksamkeit (der Signaturen im Horoskop)

(–100 % = negative Wirksamkeit, 0 % = neutral, +100 % = positive Wirksamkeit)

Sonne Spiegelpunkt Uranus = –100, Sonne Quadrat Uranus = –100, Sonne Opposition Uranus = –90, Sonne Konjunktion Uranus = –50, Sonne Sextil Uranus = –20, Sonne Trigon Uranus = –10, Sonne in Wassermann = +40, Sonne im 11. Haus = +40, Uranus in Löwe = –60, Uranus im 5. Haus = –60

Bedeutung der Karten im Legesystem

a) (als Einzelkarte oder als erste Karte): Das Problem

Du bist gestürzt und kannst es weder verstehen noch verwinden. Du ahnst nicht, dass der Verrat in einem höheren Auftrag geschieht, sondern du machst andere dafür verantwortlich, sie hätten dich betrogen oder verraten. Und natürlich bedient sich das Objektive auch gern anderer Personen, die seinen Auftrag zu vollziehen haben. Der Sturz geschieht zu Recht und mit höherer Notwendigkeit. Das, auch wenn es dem EGO weh tut, gilt es zu akzeptieren.

b) (als Folgekarte): Der Weg durch das Problem hindurch

Auf deinem Weg musst du irgendwann an eine Stelle, wo es gilt, deinen Thron und dein mühsam aufgebautes Königreich zu verlassen. Der Auftrag lautet: Mache dich auf die Suche nach dem NARREN in dir. Das geht nur, wenn du irgendwann freiwillig dein Bündel schnürst und dich ein Stück befreist.

c) (als Endkarte): Das Ergebnis des Weges

Am Ende schließlich siehst du, dass du auch ein NARR bist, und du kannst dieser Rolle mehr gerecht werden Deine Identifikation mit dem König ist kleiner, die mit dem NARREN ist größer geworden.

Erläuterung der Karte

Der König ist vom NARREN vom Thron geschleudert worden, und dieser hat jetzt auf dem Thron Platz genommen. Freilich nicht auf dem Thronsitz, denn damit würde nur ein neues EGO entstehen. Nein, er balanciert feixend auf der Lehne, denn er weiß, der Thronsitz ist ein Schleudersitz und als solcher auf Dauer eine gefährliche Sache. Nie käme ein NARR auf die Idee, den Thron zu besetzen, das überlässt er dem König. Er hält dem Gestürzten seinen Spiegel vor das verdutzte Gesicht, als wollte er sagen: »Schau einmal, was du für ein Narr bist!« Im rechten Bildrand erhebt sich ein (noch sehr kleiner) Vogel in die Lüfte. Er tut das in der Hoffnung, dass aus dem König einmal ein großer bunter Vogel der Freiheit wird.

Der Rückzug

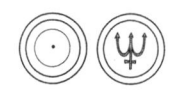

Signatur: **Löwe/Fische, Sonne/Neptun**

Thema als Kurzfassung

Der Ego-Verlust, Die Kontemplation, Die Ent-Ichung, Die Unscheinbarkeit, Die Ent-Weltlichung, Die existentielle Krise, Das Gefühl der Nichtigkeit

Erläuterung der Signaturen

Der erste Blick auf diese Karte führt unweigerlich zu einem Missverständnis: Gerade im Kreise der sog. »spirituellen Menschen« dürfte ein hohes Maß an Freude aufkommen, wenn diese Karte gezogen wird (scheint man doch auf seinem Weg zur Buddhaschaft ein Stück vorangekommen zu sein). Aber das ist mit dieser Karte nicht gemeint. Ihr Thema lautet schlicht: Verschließe deine nach außen gerichteten Augen und öffne sie nach innen. Oder: Es gibt im Außen im Moment für dich nichts zu holen, also wende dich nach innen.

Die beiden Personen, die hier zusammentreffen und eine Einheit bilden, kann man sich entgegengesetzter kaum vorstellen. Das EGO (die Sonne), das im Außen herrschen möchte, steht vor dem »Nichts« und damit vor dem Gefühl der Ver-Nicht-ung«. Es gibt buchstäblich nichts mehr, wo ich König werden könnte, und das erscheint leicht als existentielle Krise, die mich zutiefst verwundet. Diese Krise wäre leichter zu meistern, wenn es wenigstens sichtbar jemanden gäbe, der mich vernichten wollte, wenn also ein identifizierbarer Feind auszumachen wäre und ich gegen das, was mich ins Nichts stoßen möchte, ankämpfen könnte. Aber noch nicht einmal das ist mir vergönnt! Es gibt niemanden, der an dieser Misere schuldig ist. Das Nichts erscheint schleichend wie eine undurchdringliche Nebelwolke. Es kommt eigentlich aus dem Inneren und erstreckt sich – von dort ausgehend – über die Welt. Jeder Blick nach außen wird zunehmend farblos, grau, öde. Vergeblich suche ich nach einem Spiegel, der mich irgendwie doch noch als existierend ausweist. Meine Sonne ist im Nebel verschwunden. Niemand mehr kann mich hier noch erreichen, und auch ich kann zu niemandem mehr durchdringen. Es entsteht eine die ganze Existenz umfassende Einsamkeit, in der ich langsam aufgehe, obwohl ich dabei sogar inmitten einer Gruppe von Menschen mich befinden kann (aber sie sehen mich nicht, und auch ich sehe mehr und mehr durch sie hindurch). Ich werde in der Welt zu einem Fremden, bin im Niemandsland, im Transit, d.h., ich bin im Jenseits noch nicht und im Diesseits nicht mehr.

Mystiker zu allen Zeiten haben von diesem Zustand der Ent-Ichung gesprochen:

»Wer sich selbst gelassen und nichts für sich behalten hat, der hat alles, denn nichts haben, das ist alles·haben.« (Meister Eckehart)

»Wer will, dass ihm alle Dinge zuteil werden, der soll sich selbst und allen Dingen zum völligen Nichts werden.« (Heinrich Seuse)

»Der Mensch muss alles lassen und auch dieses Lassen selbst noch ganz und gar ablegen und lassen und nichts für sich halten und in sein lauteres Nichts sinken.« (Johannes Tauler)

Diese Ent-Werdung (oder Ent-Ichung), die der Mystiker anstrebt, trifft hier auf einen ganz normalen Kartenzieher und kann durchaus ängstigen. Der Rat, den die Karte gleichwohl erteilen möchte, ist der: Schließe deine Augen und habe den Mut, dich im Niemandsland aufzuhalten. Das kann eine tiefe Erfahrung und ein tiefes Wissen über deine gesamte Existenz mit sich bringen. Versuche nicht, wichtig zu werden oder im Außen irgend etwas zu erreichen, denn im Außen

Wirksamkeit (der Signaturen im Horoskop)

(–100 % = negative Wirksamkeit, 0 % = neutral, +100 % = positive Wirksamkeit)

Sonne Spiegelpunkt Neptun = –100, Sonne Quadrat Neptun = –90, Sonne Opposition Neptun = –70, Sonne Konjunktion Neptun = –60, Sonne Sextil Neptun = –20, Sonne Trigon Neptun = +10, Sonne in Fische = +10, Sonne im 12. Haus = +10, Neptun in Löwe = –70, Neptun im 5. Haus = –70

Bedeutung der Karten im Legesystem

a) (als Einzelkarte oder als erste Karte): Das Problem

Du musst im Moment von der Bühne verschwinden, denn es gibt nichts mehr zu tun. Deine Welt wird verödet, farblos und grau, und es gibt niemanden, den du dafür verantwortlich machen könntest. Noch nicht einmal dich selbst. Suche nicht nach Gründen – es ist einfach jetzt so! Du spielst im Moment keine Rolle (im doppelten Sinn des Wortes).

Versuche, das zu akzeptieren.

b) (als Folgekarte): Der Weg durch das Problem hindurch

Gib dir keine Mühe, du musst im Moment durch ein Niemandsland. Du bist nicht der Steuermann deines Bootes und kannst es lenken, sondern du sitzt auf einem Floß, und das Ufer ist weit. Also lehne dich zurück und lasse dich einfach treiben. Du sollst hier lernen, dass es andere Mächte gibt, die deine Geschicke leiten. Greife nicht ein – es verwirrt dich nur.

Lerne, die Dinge laufen zu lassen. Handle durch »Nichthandeln«.

c) (als Endkarte): Das Ergebnis des Weges

Im Ergebnis lernst du, dass die Lösung immer nur im Inneren gefunden werden kann, nicht durch ein Tun im Außen. Du verstehst jetzt auch, was es heißt, die Augen nach außen zu schließen und sie nach innen zu öffnen. Du machst einen Entwicklungsschritt, der dein EGO kleiner, aber deine Existenz reicher machen wird.

gibt es im Moment nichts für dich zu tun. Wende dich kontemplativ der inneren Welt zu, damit du eine Ahnung ihrer Fülle erhältst.

Erläuterung der Karte

Abgebildet ist ein Buddha, d. h. eine Gestalt, die sehr viel Ähnlichkeit mit einem König (dem EGO) hat. Sie sitzt auf einem (kleinen) Thron und hat eine (Leucht-)Krone über ihrem Haupt. Nur: Es gibt keine Welt! Die Welt ringsherum ist leer. Es gibt nichts zu tun, nichts zu beherrschen, nichts zu verändern. Die geschlossenen Augen schauen nach innen auf eine Welt, die unendlich viel größer ist als die kleine sichtbare Welt des EGO.

Der Eros

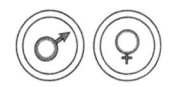

Signatur: **Widder/Stier, Mars/Venus**

Thema als Kurzfassung

Die Anziehung der Geschlechter, Der Sex, Der Flirt, Körperkontakt, Cherchez la femme

Erläuterung der Signaturen

Eros hat die Aufgabe, Dinge zusammenzubringen, deshalb wird er gern als ein kleiner geflügelter Gott mit Pfeil und Bogen dargestellt, dessen Pfeil zwei Menschen durchbohrt und sie füreinander entflammen lässt. Die beiden inneren Personen der KRIEGER und die GELIEBTE sind besonders anfällig für »Pfeile«, und deshalb haben sie sich auf unserem Bild auf diese »erotische« Weise gefunden und tun das, was ihre Körper ihnen diktieren. Es ist nicht unbedingt eine Gleichheit der Seelen, die hier schwingt (dieses Thema kann später dazutreten), sondern der initiale Zusammenschluss, der mehr über die Körperchemie funktioniert als über die Herzen. Die beiden wollen einander »durchdringen« (auch das will Amors Pfeil sagen) und spielen am liebsten das älteste Spiel der Welt.

Einmal ganz unprosaisch betrachtet: Er möchte die Energie seiner Lenden loswerden, und sie möchte als Wichtigste (vor allen anderen) dafür auserwählt werden. Dass dieser Durchdringungsakt einen tiefen Hintersinn haben kann, müssen die beiden anfangs gar nicht merken, denn sie sind ohnehin zu sehr in ihr jugendliches und übermütiges Liebesspiel vertieft.

Eros stiftet gleichsam eine hohe sinnliche und sexuelle Komponente, *damit* das Partnerspiel, das sich ja über viele innere Personen hinweg fortsetzt, überhaupt erst beginnen kann. Er verteilt die Plus(Mann)- und Minus(Frau)-Pole des Magneten, dass sie zueinander »fliegen« und aneinander durch Reibung einen erhöhten Magnetismus erzeugen. Diesen Magnetismus nennt man »Sinneslust« (es ist wie beim Bernstein, der durch Reibung ebenfalls magnetisch wird).

Natürlich kommt es vor, dass durch dieserart Körperkontakt kein Zusammenhalt gestiftet wird, sei es, dass man nach der ersten Nacht wieder auseinander strebt, sei es, dass er als KRIEGER nur eines seiner Opfer vergewaltigt.

Es gibt – ebenfalls seit Anbeginn der Zeit – das »älteste Gewerbe«, bei dessen Eintritt der KRIEGER der betreffenden Dame mit einem Obolus ihren »Wert« bekundet. Amor hält sich hier bedeckt, selten dass einmal ein Pfeil seinen Bogen verlässt. Auch dieses Thema gehört in die dargestellte Karte. Ebenso wie das Thema, dass der Krieger zu gern in die Sinnlichkeit eintauchen würde, aber niemand ist da, der ihn erhört. Er sitzt die ganze Nacht in der Taverne, aber niemand will mit ihm »tanzen«.

Im Inneren der Karte lauert die Erinnerung: Welchen Wert und welche Wichtigkeit gibst du deiner Sexualität, gibst du dem Eros?

Wirksamkeit (der Signaturen im Horoskop)

(−100 % = negative Wirksamkeit, 0 % = neutral, +100 % = positive Wirksamkeit)

Mars Spiegelpunkt Venus = −100, Mars Quadrat Venus = −60, Mars Opposition Venus = −20, Mars Konjunktion Venus = +40, Mars Sextil Venus = +60, Mars Trigon Venus = +50, Mars in Stier = +10, Venus in Widder = +30, Mars im 2. Haus = −10, Venus im 1. Haus = +30

Bedeutung der Karten im Legesystem

a) (als Einzelkarte oder als erste Karte): Das Problem

Die Karte möchte dich an das Thema (und das Problem) deiner Sexualität erinnern. Sie möchte dir sowohl sagen: Der Mensch lebt nicht vom Geist allein, er hat auch einen Körper – als auch: Er lebt nicht vom Fleisch allein, er hat auch einen Geist.

Sie kann dich auf beides hinweisen: Entweder du hast dieses Thema zu lange nicht an dich herangelassen, so dass du langsam vertrocknest, oder du siehst nur dieses Thema und bist für alles andere nicht mehr empfänglich (du weißt schon selbst, was davon zutrifft). In beiden Fällen sagt die Karte: Kümmere dich um deine Sexualität! Es ist etwas mit ihr im Ungleichgewicht. Sei es, dass sie blockiert ist, sei es, dass sie überbewertet ist, Amor trifft nicht mehr richtig.

b) (als Folgekarte): Der Weg durch das Problem hindurch

Auf deinen Weg gehört es, dass du dir wieder neuen Mut für deine Sinnlichkeit erarbeitest. Dass du an deinen Blockaden (oder an deiner Unmäßigkeit) zu verstehen lernst, dass Amor auf seine Weise etwas Getrenntes wieder verbinden möchte.

c) (als Endkarte): Das Ergebnis des Weges

Du siehst die Reichweite des sexuellen Spieles, weder bewertest du es unter, noch bewertest du es über. Sexualität ist – wie ein Weiser sagt – die schönste Nebensache der Welt.

Erläuterung der Karte

Zwei junge Menschen stehen einander gegenüber, ihre Körper berühren sich. Jeder schaut in den Spiegel des anderen, und es gefällt ihnen, was sie sehen. Amor hat seinen Bogen bereits gespannt, der Rest ist eine Sache der Hormone. Die Kissen im Hintergrund deuten an, was im Kino sonst zärtliche Geigen tun, kurz bevor abgeblendet wird. Der die beiden umgebende Rosengarten will sagen, dass es auch um Zärtlichkeit und Schönheit geht und um den Wert, den die beiden ihrer gemeinsamen Sache beimessen.

Der Pranger

Signatur: **Widder/Zwillinge, Mars/Merkur**

Thema als Kurzfassung

Der Tratsch, Die üble Nachrede, Die Zerstörung mit Worten, Das Nörgeln, Das Meckern (Kläffen), Der Rufmord, Die spitze Zunge

Erläuterung der Signaturen

Unsere Karte stellt eine Person dar (obwohl viele abgebildet sind), die gern tratscht, wobei das Wort »Tratsch« eher eine Verniedlichung darstellt. Die Person aber, von der wir sprechen, hat gar nicht so Argloses im Sinn. Sie ist deshalb auch voller Arg, weil sie ja immerhin eines der Verkleidungen unseres inneren KRIEGERS (Mars) ist, und der trägt in sich den Topos des Kampfes, des Krieges und des Verletzens. Nur hat dieser KRIEGER im Moment kein Schwert zur Verfügung, auch ist seine Kampfeslust (und sein Kampfesmut) im Moment nicht stark genug, um zu töten. Hier wird mit Worten verletzt! Man sagt nicht umsonst: Der hat eine spitze Zunge, d.h., er verwendet die Worte wie andere das Schwert, eben um anzugreifen. Freilich, verletzt wird nur die Oberfläche. Das kann mitunter sehr weh tun – und soll es auch! Jeder Tratsch *intendiert* die Verletzung (auch wenn sich eine andere innere Person von dieser Intention empört distanzieren wird: »Mein Gott, man wird doch mal was sagen dürfen!«). Eine derartige – über das Sprechen verlaufende – Verwundungsabsicht hat *zwei* Ausdrucksformen: einmal die direkte Verletzung der Oberfläche, bei der das Opfer meiner Verletzung anwesend ist, und dann artikuliert sie sich als Nörgeln und Meckern (und Kläffen), so wie Hunde sich mitunter ankläffen. Zum anderen als indirekte Verletzung (bei der das Opfer nicht anwesend ist), und dann geht es darum, den anderen an den Pranger zu stellen, ihm »Übles« nachzureden.

In beiden Fällen aber ist es wichtig, dass es eine Dreier-Konstellation ist. Wir dürfen nicht vergessen, dass das Zwillinge-Thema (für sich) ja schon eine Zweier-Einheit ist (deshalb heißt es ja »Zwillinge«). Und diese beiden treffen jetzt auf einen Dritten, der niedergemacht und verletzt werden muss. Die Materie ist ein wenig kompliziert, denn wir sprechen hier nicht von einem »Streit« (siehe die diesbezügliche Karte Widder-Waage), sondern von einem Austausch von Informationen, den zwei Menschen unternehmen, um einem Dritten zu schaden oder um ihn zu entmachten. Um einen Dritten kleiner zu machen (ihn an den Pranger zu stellen) und damit uns beide größer! Auch das Nörgeln, Meckern und Kläffen trifft dann besonders tief, wenn ein Dritter anwesend ist, für den diese Enthüllung neu ist. Natürlich stelle ich mich, indem ich den anderen mit Worten niedermache, über ihn. Sein Vergehen wäre niemals mein Vergehen, sagt jeder Tratsch. Die Tat, die ich über ihn weiß, kann niemals meine Tat sein – so glaube ich. Und indem ich dieses Wissen über ihn habe, stehe ich besser da als er und verdränge seine Größe mit Worten. Am interessantesten ist dieses Spiel, wenn es mir gelingt, aus dem Intimen eine (vermeintliche) Schuld an die Öffentlichkeit zu zerren.

Natürlich besteht der Witz an der Geschichte darin, dass immer das, was ich beim anderen an die Öffentlichkeit zerre und weshalb ich ihn an den Pranger stelle, genau das ist, was ich in mir weiterhin verdrängt halten muss und möchte. Aber das zu erkennen, ist diese Person schlicht überfordert. Das müssen andere Personen (und Karten) bewerkstelligen.

Wirksamkeit (der Signaturen im Horoskop)

(–100 % = negative Wirksamkeit, 0 % = neutral, +100 % = positive Wirksamkeit)

Mars Spiegelpunkt Merkur = –60, Mars Quadrat Merkur = –60, Mars Opposition Merkur = –40, Mars Konjunktion Merkur = –20, Mars Sextil Merkur = +20, Mars Trigon Merkur = +40, Mars in Zwillinge = +40, Merkur in Widder = +50, Mars im 3. Haus = +40, Merkur im 1. Haus = +50

Bedeutung der Karten im Legesystem

a) (als Einzelkarte oder als erste Karte):
   Das Problem

Du bist entweder dabei, eine üble Nachrede zu verbreiten, oder du wirst gerade das Opfer eines Rufmordes. Keines der beiden ist auch nur um einen Deut edler – denn ob Täter oder Opfer, du bist gerade verwickelt in Tratsch und Klatsch und hast den Sinn dessen noch nicht verstanden. Natürlich kommst du dir als Opfer sauberer vor. Aber du bist nicht (weder so noch so) imstande zu sehen, dass es mit dir zu tun hat. In beiden Fällen glaubst du nämlich, du würdest das, was gerade verbreitet wird, nicht machen.

Das ist ein Irrtum!

b) (als Folgekarte): Der Weg durch das
   Problem hindurch

Die Schande des PRANGERS bleibt dir auf deinem Weg nicht erspart. Deine Taten werden veröffentlicht, und du tätest gut daran, dich auf diese Öffentlichkeit vorzubereiten, ja, daran mitzuarbeiten (wenn es dir auch noch so schwer fällt), sonst trifft sie dich vollständig unvorbereitet. Und das ist niemals angenehm.

Das einfachste ist: Du veröffentlichst es selbst. »Outing« nennt man das!

c) (als Endkarte): Das Ergebnis des Weges

Das, was du verborgen gehalten hast, ist deshalb ans Licht gekommen, damit du endlich dazu »stehst«. Dass man am PRANGER steht, bedeutet, dass man zu seinen unangenehmen Seiten und insbesondere zu seinen Aggressionen sich bekennt. Dass man sie jetzt an der Oberfläche betrachten kann.

Erläuterung der Karte

Die beiden Personen im Vordergrund unterhalten sich über die Verfehlung einer dritten Person, die am Pranger steht. Ja, die beiden haben sie selbst an den Pranger gebracht und sind davon überzeugt: Das, was die Person getan hat, könnte von ihnen niemals getan werden. Sie verurteilen gemeinsam den Dritten und sprechen über ihn (nicht mit ihm darüber). Ein Köter steht davor und kläfft (in gutem Glauben) das Opfer an. Zwei andere Personen lesen (genüsslich) die Schande auf dem Zettel (ein Vorläufer der Zeitung) und empören sich.

Die Schuld

Signatur: **Widder/Jungfrau, Mars/Merkur**

Thema als Kurzfassung

Die unbeabsichtigte Tat, Handeln in gutem Glauben, Die Projektion, Die Täter-Opfer-Beziehung, Schuld und Unschuld

Erläuterung der Signaturen

Diese Karte zeigt eines der großen Menschheits-Probleme überhaupt. Sie stellt jenen Konflikt des Menschen dar, an den er seit dem Auszug aus dem Paradies gefesselt ist: die Erkenntnis von Gut und Böse, von Richtig und Falsch, von Unschuld und Schuld. Es ist unmöglich, auch nur einen Schritt in die Welt hineinzugehen, ohne sich in diesen Konflikt zu verstricken. Je mehr der Mensch versucht, »sauber zu bleiben«, desto geschickter werden die Fallen des Schicksals, ihn dennoch an seine (Ur-)SCHULD zu erinnern. Jeder Raum, den ich einnehme, ist Raum, den ich einer anderen Person wegnehme. Da kann sich die Jungfrau in ihrem Unschuldsdrang noch so sehr zurücknehmen, ein »Mars« wird ihr immer auf den Fersen sein, um sie zu »ertappen«, sie zu stellen.

Unsere Karte zeigt, auf welch geheimnisvolle Weise der Täter, der Jäger, in die Schuld gelockt wird. Er kann sich der Tat deshalb nicht entziehen, weil er sie nicht »bewusst« ausübt. Er wirft seine Lanze im guten Glauben, ein wildes Tier zu jagen (wozu er als Jäger das Recht hat) und hat keine Möglichkeit, das Einhorn – ein Symbol für Jungfräulichkeit und Unschuld – zu schonen, da er es nicht identifizieren kann (denn er kann das Horn aus seinem Blickwinkel nicht sehen). Das Band, das Täter und Opfer verbindet, ist längst geknüpft: Das Opfer ist immer ein unbewusster Teil des Täters und der Täter immer ein unbewusster Aspekt des Opfers. In der historischen Tiefe beider Anteile zeigen sich im vielfältigen Wechsel die Projektionen aufeinander. Die Tat ist immer nur eine neue Seite im Buch der Geschichte, das Schicksal blättert um und lässt den, der vorher Opfer war, jetzt zum Täter werden und lässt damit eine höhere Form der Gerechtigkeit walten. Das wiederholte Geschehen ist das Bindemittel zwischen Täter und Opfer und damit das notwendige Heilmittel. Es gibt eine ganze Wissenschaft, die »Victimologie«, die sich mit dieser Täter-Opfer-Beziehung beschäftigt. Sie zeigt das Band auf, das sowohl zwischen den beiden als auch zwischen Täter und Tatort besteht. Die Seele, die nach Erlösung (nach Entdeckung) sucht, möchte unbewusst ihrer Strafe zugeführt werden und fühlt sich magisch angezogen vom Tatort oder von einem Menschen, der an ihr ein ähnliches Verbrechen begehen »soll«. Im Sinne der Homöopathie wird »Ähnliches durch Ähnliches« geheilt (durch homöo-pathein, d.h. »gleiches Leiden«), und so wird Schuld durch Schuld befreit und Schmerz durch Schmerz erlöst.

Im Alltag zeigt uns diese Karte an, dass wir in Schuldzuweisungen und Projektionen festsitzen. Im Unterschied zur Jungfrau, die, um unschuldig zu bleiben, sich der Tat zu enthalten versucht, zeigt uns die Verbindung mit dem Widder (dem Täter), dass eine Tat vollzogen wurde. Das Einhorn wurde getroffen und liegt nun verletzt am Boden. Wie oft verletzen wir jemanden, und unsere Erklärungs- und Entschuldigungskette (diese Kette ist es, die uns an das Opfer bindet) ist unendlich lang: Ich habe dich nicht gesehen, wieso stehst du mir auch im Wege, ich hätte nicht… wenn du nicht, ich konnte nicht anders handeln, weil…, ich habe in Notwehr gehandelt usw.

Und da wäre niemand, der sich darin nicht er-

Wirksamkeit (der Signaturen im Horoskop)

(–100 % = negative Wirksamkeit, 0 % = neutral, +100 % = positive Wirksamkeit)

Mars Spiegelpunkt Merkur = –60, Mars Quadrat Merkur = –60, Mars Opposition Merkur = –40, Mars Konjunktion Merkur = –20, Mars Sextil Merkur = +10, Mars Trigon Merkur = +40, Mars in Jungfrau = –40, Merkur in Widder = +50, Mars im 6. Haus = –40, Merkur im 1. Haus = +50

Bedeutung der Karten im Legesystem

a) (als Einzelkarte oder als erste Karte): Das Problem

Der Täter in dir ringt um sein Leben, er ringt um seine Unschuld. Er ist auf der gierigen Suche nach Gründen, warum er so hat handeln müssen. Es ist dir im Moment nicht möglich, die Tat bei dir zu lassen und dir die erlösenden Worte »Ich war's!« einzugestehen. Das Täter-Opfer-Band legt sich wie eine Schlinge um dein Herz, macht dich eng und nimmt dir die Freiheit.

b) (als Folgekarte): Der Weg durch das Problem hindurch

Du wirst dich in jedem Fall schuldig machen müssen. Ob du dich auf deinem Weg für die Lösung A oder B (was immer das sei) entscheidest, du wirst auf ihm jemanden verletzen müssen. Es gibt keine Ent-Schuldigung und keine Möglichkeit, schonend vorzugehen. Nur eines vermag dir zu helfen: Bekenne dich!

c) (als Endkarte): Das Ergebnis des Weges

»So oder so, was fragst du groß, des Menschen Los ist hoffnungslos!« Diese Worte vom Orakel zu Delphi stehen am Ziel deines Weges über deinem Tempel. Du akzeptierst, dass dein Menschsein das Thema der SCHULD in sich trägt, dass nur der paradiesische Urzustand vor dem Sündenfall, vor der Erkenntnis von Gut und Böse, ein Zustand war außerhalb von SCHULD und Unschuld, wo Täter und Opfer noch nicht getrennt, noch eins waren.

kennen könnte. Das Band, das schicksalshaft den Täter-Opfer-Kreis immer wieder erneuert, ist erst dann gelöst, wenn beide (das können immer nur beide gleichzeitig, da sie einander Spiegel sind) sagen: Ja, ich war's!

Erläuterung der Karte

Das Einhorn ist seit alters her ein Symbol für die Unschuld. Nur ein noch unschuldiges Mädchen, eine Jungfrau, darf es erblicken oder berühren. Der Jäger in unserem Bild ist im guten Glauben, ein wildes Tier zu erlegen. Er kann das Horn des Tieres nicht sehen und verletzt so »aus Versehen« ein unberührbares Wesen. Des Jägers Aufgabe, Wald und Flur zu bereinigen, gibt ihm das Recht, Tiere zu töten. Doch niemand auf dieser Welt darf ein Einhorn verletzen. So lädt er – ohne es zu wissen und ohne dem ausweichen zu können – große SCHULD auf seine Seele. Der Himmel grollt und ist zornesrot über diesen Frevel.

Der Streit

Signatur: **Widder/Waage, Mars/Venus**

Thema als Kurzfassung

Der Kampf der Geschlechter, Die Auseinandersetzung, Das Kriegsbeil, Das Zerbrechen des Symbolon

Erläuterung der Signaturen

Streit und Auseinandersetzung gibt es in jeder Beziehung. Eine Welt reiner Harmonie ist nicht möglich, denn wo immer ein Ich(bezogener Widder) auf ein(e) Du(bezogene Waage) trifft, prallen Welten aufeinander. Diese beiden Tierkreiszeichen liegen sich in höchster Spannung und Unvereinbarkeit gegenüber. Jede Beziehung wird früher oder später an den Punkt kommen, wo Individualität und Gemeinsamkeitsanspruch in Wid(d)erstreit geraten. Die weibliche Seite, die Venus, denkt und agiert im Sinne des »Wir«, der Mars setzt sich kompromiss- und rücksichtslos ausschließlich für seine eigene Sache ein. Er fühlt sich dabei im Recht, da sein EGO sich im gemeinsamen Topf der Beziehung auflösen könnte und dies seinen Untergang bedeuten würde. Zwischen diesen beiden inneren Personen gibt es keine Brücke, keine Verständnismöglichkeit. Um diesen inneren Konflikt irgendwie zu bewältigen, spielt der Mensch an dieser Stelle sein Lieblingsspiel: Er schickt eine seiner beiden Personen ins Exil und damit in die Projektion auf den Partner. Er nimmt dann, vollkommen überzeugt, eine der beiden Positionen ein. So kann er sich entweder mit der weiblichen Seite identifizieren und dem anderen (im Außen) den bitteren Vorwurf entgegenschleudern, dieser sei ein Egoist und täte nun gar nichts für die Gemeinsamkeit. Oder er nimmt die männliche Position ein und führt einen ebenso überzeugenden Krieg für das Recht auf Individualität und einen gesunden Egoismus. Die beiden treiben so weiter und weiter auseinander – niemand lässt mehr den anderen heran. Jeder argumentiert aus seiner Wahrheit heraus: Die Venus braucht den Partner zu ihrer Ergänzung, der Widder kann ohne seinen persönlichen Raum und Anspruch nicht überleben. Der Krieg tobt, das Männliche und das Weibliche werden im Kampf der Geschlechter getrennt – das »symbolon« zerbricht.

Eine Harmonie zwischen diesen beiden inneren Personen ist niemals wirklich möglich, doch der Partner (im Außen) könnte als punching ball entlastet werden, wenn der Mensch bereit wäre, den Konflikt *in sich selbst* wahrzunehmen und zu bearbeiten.

Die gleiche Spannung, die in unserer ersten Mars/(Stier)Venus-Karte (DER EROS) dazu führte, dass die beiden sich küssten, bringt die beiden jetzt dazu, sich zu schlagen. Sie können sich eben nur in der »Entladung« vereinigen.

Wirksamkeit (der Signaturen im Horoskop)
(–100 % = negative Wirksamkeit, 0 % = neutral, +100 % = positive Wirksamkeit)

Mars Spiegelpunkt Venus = –100, Mars Quadrat Venus = –60, Mars Opposition Venus = –20, Mars Konjunktion Venus = +40, Mars Sextil Venus = +40, Mars Trigon Venus = +50, Mars in Waage = –50, Venus in Widder = +30, Mars im 7. Haus = –50, Venus im 1. Haus = +30

Bedeutung der Karten im Legesystem

a) (als Einzelkarte oder als erste Karte): Das Problem

Du willst in einer Beziehung (das kann ein Partner, Nachbar, Familie oder Freund sein) einen Konflikt nicht wahrhaben. Du deckst ihn zu mit Scheinharmonie, hast Angst vor Streit und Auseinandersetzung. Der Partner, der deine unbewussten Aggressionen ausagieren muss, ist zu deinem Feind geworden. Dieser Druck, den du mit Gegendruck untenhalten willst, kann sich ganz ebenso auf der körperlichen Ebene zeigen (durch Krämpfe, Schmerzen, Fieber, Unruhe).

b) (als Folgekarte): Der Weg durch das Problem hindurch

Es wird dir nichts anderes übrig bleiben, als den »Zankapfel« als Erster zu werfen. Nur – und ausschließlich – über eine offene Auseinandersetzung kommst du einen Schritt weiter. Es gibt auf diesem Weg wenig Harmonie in der Beziehung.

c) (als Endkarte): Das Ergebnis des Weges

Du hast gelernt, mit der generellen Unversöhnlichkeit der Geschlechter zu leben. Wenn du dem Durchsetzungsdrang deines Ichs folgst, verlierst du unvermeidlich das »Wir«. Wenn du dich der Gemeinsamkeit fügst, opferst du immer ein Stück deiner Individualität. Du weißt, wenn du das Huhn kochst, kannst du es nicht mehr zum Eierlegen verwenden.

Erläuterung der Karte

Eine Kluft tut sich auf zwischen Mann und Frau. Das Schwert treibt die beiden Erdschollen immer weiter auseinander, das »symbolon« zerbricht. Der Himmel ist rot gefärbt von der aggressiven Energie, die beide umgibt. Die Frau verschränkt die Arme, verschließt sich und verharrt in Trotz und Ablehnung. Der Mann ballt wütend die Fäuste, mit denen er durchaus fähig ist zuzuschlagen. Die Rose (Symbol der Liebe) liegt achtlos zertreten zu ihren Füßen.

Der Vampir

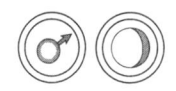

Signatur: **Widder/Skorpion, Mars/Pluto**

Thema als Kurzfassung

Das Eindringen in die Seele, Die Vergewaltigung, Die Hörigkeit, Das Opfer, Der Untote

Erläuterung der Signaturen

Unsere Karte beschreibt eine Person, die – ganz ebenso wie DER VERFÜHRER und mit diesem auf das Engste verwandt – von der aufgeklärten Wissenschaft schon längst abgeschafft zu sein scheint.

Gibt es VAMPIRE? Selbstverständlich, denn jede Gestalt, die der Mythos, die Legende oder das Märchen je beschrieben hat, existiert. Natürlich nicht im Außen! Sie existiert im Inneren der Seele. Hier hat sie ihren Herrschaftsbereich, hier hat sie Einfluss, von hier aus schmatzt sie an ihren Opfern. Und ist doch selbst ein Opfer – ein zu Tode verletztes Geschöpf.

Diese innere Person vegetiert innerhalb eines Mankos. Ihr fehlen zum Leben jegliche Energien, sie hat keine Lebenskraft, lebt also nicht, oder besser gesagt, sie ist »untot«. Sie gehört weder – und das gilt es zu verstehen – zu den ins Leben hinein Geborenen noch zu den Gestorbenen. Sie lebt bereits seit Jahrhunderten, und das gibt ihrem Dasein eine tiefe Traurigkeit und Melancholie. Sie dämmert des Nachts durch die Hallen des Unbewussten und benötigt (ganz ebenso wie die Seelen der Verstorbenen im Hades), damit sie sich ein wenig mit der Illusion des Lebens auffüllen kann, den Lebenssaft und die Lebenskraft der anderen.

Es geht also nicht buchstäblich um das Blut, das abgezapft wird, sondern es geht um Lebensenergie. Es geht dem VAMPIR um das *Eindringen* in die Energien des anderen Menschen. Dieser Prozess ist mitunter sehr unauffällig und subtil, wenn der VAMPIR sich nur in die Aura des anderen drängt und an ihr schmarotzt, er kann aber auch sehr augenfällig werden, wenn er zu tief in das Seelenleben eindringt und hier eine Art Abhängigkeit – gar bis zur Hörigkeit und zur Besessenheit führende Formen – herstellt. VAMPIRE infiltrieren und besetzen. Sie dringen in das Leben der anderen ein wie ein Virus, der an seinen Wirt gefesselt ist und ohne ihn nicht existieren kann.

Der normale Mars (siehe DER KRIEGER) ist nach außen – in die Welt – gerichtet und gibt dem Menschen *Initiative*, die Kraft, Neues zu erobern. Der plutonische Mars des *Vampirs* hat keine nach außen gerichtete Initiative, hat keine Kraft, etwas Neues zu probieren, sondern muss – einer Not gehorchend – nach innen, auf die Seele, gerichtet bleiben, und so entsteht ein Teufelskreis: Er hat keine eigenen Energien, braucht also die Energien des anderen, um überhaupt zu existieren, kann mit diesen Energien, die er dann bekommt, nichts Eigenes anfangen, außer den Wirt besetzt zu halten, damit der Energiefluss nicht unterbrochen wird. Eine wahrhaft traurige Geschichte. Da er nicht gestorben ist, kann er nicht geboren werden. Und jeder, an dem er schmarotzt, wird ebenfalls zu einem Untoten – hat keine eigene Initiative mehr.

Freilich: Auf eine merkwürdige Weise vermischt sich hier das Verhältnis von Täter zu Opfer. Wir hören immer wieder Patienten jammern: Jemand hält mich besetzt, jemand saugt an mir! (Therapeuten sind besonders gern VAMPIRE – und Opfer von VAMPIREN!) Dazu muss gesagt werden: VAMPIRE befallen nur diejenigen, die ebenfalls zum VAMPIR disponiert sind, es nur

Wirksamkeit (der Signaturen im Horoskop)
(–100 % = negative Wirksamkeit, 0 % = neutral, +100 % = positive Wirksamkeit)

Mars Spiegelpunkt Pluto = –100, Mars Quadrat Pluto = –100, Mars Opposition Pluto = –60, Mars Konjunktion Pluto = –70, Mars Sextil Pluto = –20, Mars Trigon Pluto = –10, Mars in Skorpion = –40, Pluto in Widder = ? (Pluto stand das letzte Mal zwischen 1824 und 1852 im Zeichen Widder – wir haben keine Erfahrungen damit), Mars im 8. Haus = –40, Pluto im 1. Haus = –90

Wärme des Lebens des anderen überhaupt ein wenig am Leben partizipieren möchte.

Erläuterung der Karte

Dargestellt ist ein VAMPIR mit einem melancholischen Gesichtsausdruck. Er muss sich vom Licht des Tages fernhalten, das fahle Licht des Mondes ist sein Wegbegleiter. Er durchschreitet die Welt der Nacht, die Welt des Unbewussten auf der Suche nach denen, die ihm vorübergehend Leben verleihen. Sein Gesicht ist bleich, und er ist ebenfalls auf der Suche nach den Blutarmen, um sie zu den seinen zu machen. Über ihm Fledermäuse, ebenfalls (mitunter blutsaugende) Geschöpfe der Nacht.

Bedeutung der Karten im Legesystem

a) (als Einzelkarte oder als erste Karte): Das Problem

Ein Teil von dir ist tot. Er lebt nicht, und so hast du dich an jemand anderen geheftet, ihn zu deinem Täter auserkoren und fühlst dich (möglicherweise) als sein Opfer. Du hast gehofft, dass er dir etwas Lebendigkeit verleiht, wolltest an seinen Energien partizipieren, und jetzt wunderst du dich, dass er dich inwendig beherrscht, Du hast dich selbst zum Opfer gemacht, indem du ihn, den Eindringling, gerufen hast.

b) (als Folgekarte): Der Weg durch das Problem hindurch

Erkenne, dass ein Teil von dir fremdbestimmt ist. Finde heraus, welche Person aus deinem Ensemble hinabgestiegen ist in das schattenhafte Reich der Unterwelt und von dort ihre Eroberungsfeldzüge hinein in fremdes Leben unternimmt. Es geht darum, dass du dieses schmarotzende Wesen – in dir – identifizierst, denn es stellt Bindungen her, die dich festhalten. Innerhalb dieser Bindungen existiert und entsteht kein Leben mehr.

c) (als Endkarte): Das Ergebnis des Weges

Der VAMPIR wird sterben. Du musst wissen, dass du diesen Akt fürchtest, aber er ist das Heilmittel. Das hat nichts damit zu tun, dass du – als Ganzes – sterben musst, aber der VAMPIR in dir, der dir einen Teil deines Lebens raubt, wird an der Oberfläche – im Licht des Bewusstseins – zugrunde gehen und den Platz freimachen für einen Neubeginn.

noch nicht wissen. Sie sind (immer) Täter und Opfer in einem und leben dort ihren Täteraspekt, wo der andere VAMPIR noch in seinem Opferaspekt befangen ist.

Das Einzige, was einem VAMPIR hilft, ist zu sterben. (Es ist aber auch das, was er am meisten fürchtet, und deshalb wehrt er sich.) Er stirbt in dem Moment, in dem er aus dem Unbewussten in das Licht des Bewusstseins – gleichsam in das Tageslicht hinein – geholt wird. Damit aber wird zugleich eine Neugeburt eingeleitet: die Geburt einer geistigen Initiative, eines geistigen Neubeginns.

Auf der Ebene der Oberfläche erkennt man das Thema daran, dass ein VAMPIR immer in eine Idee verbissen ist. Sei es in eine wissenschaftliche, esoterische, astrologische oder homöopathische Idee, sei es in die Idee, einen anderen Menschen (unbedingt und um jeden Preis) bekehren oder therapieren oder einfach nur *haben* zu müssen.

Er muss eindringen, er muss vergewaltigen – mitunter auch körperlich. Aber er tut das nicht etwa aus sexuellen Gründen, sondern weil er mit Gewalt in den anderen hinein will, weil er an der

Der Kreuzritter

Signatur: **Widder/Schütze, Mars/Jupiter**

Thema als Kurzfassung

Der Glaubensstreit, Aggressiv seine Mission verfechten, Der Kampf gegen Andersdenkende, Die Überzeugungskraft (Zu seiner Überzeugung stehen)

Erläuterung der Signaturen

Es gibt eine innere Person, die kann die Meinung (oder die Überzeugung) eines anderen Menschen einfach nicht neben ihrer existieren lassen. Sie weiß es besser, sie vertritt eine Gegenmeinung, oder – was nur die andere Seite der Medaille spiegelt – sie tarnt ihre Aggression als Meinung! Diese innere Gestalt ist wieder einmal eine Legierung, ist eine ungute Allianz, da sich wieder einmal (wie auch bei Stier/Schütze) etwas Geistiges mit etwas Materiellem paart: Der innere Priester, der eigentlich tolerant gegenüber den menschlichen Schwächen ist, setzt sich nicht geistig auseinander, sondern er setzt sich körperlich *durch*. Damit wird er unbedacht, mitunter blindwütig, er reagiert nicht mehr mit Verständnis, nicht mehr mit Einsicht, sondern mit dem Schwert, das das Gute und das Böse scharf unter*scheidet*. Es kommt nicht mehr zu einem Austausch zwischen den unterschiedlichen Glaubensrichtungen, sondern zu einem Glaubensstreit, der bis zu einem Glaubenskrieg führen kann. Im Inneren der Seele hört der Krieger (Mars) nicht mehr auf seinen toleranten Berater (Jupiter), sondern er darf sich jetzt naiv und rücksichtslos gegen eine abweichende Meinung durchsetzen. Damit handelt er gegen seine eigenen Einsichten, merkt es aber nicht. Er predigt Toleranz und Nächstenliebe, aber wehe, der andere ist nicht tolerant: Er darf ohne Umstände niedergemacht werden.

Sehen wir es einmal vom Krieger her, so ist als Erstes eine Aggression, eine Wut, da. Sie möchte sich ausdrücken. Sie möchte gelebt werden, darf es aber nicht, denn die Einsicht lautet: »Du darfst deinen Nächsten nicht bekämpfen.« (Oder: »Liebe deinen Nächsten wie dich selbst.«) Jetzt muss Jupiter dazu herhalten, eine Abweichung bei den anderen zu erspähen, damit ich ihretwegen (als Deckmantel und Alibi) einen Meinungsstreit austragen kann. Wobei die Meinung immer sekundär, der Kampf immer primär ist. So kommt es gern zu einem missionarischen Eifer, zu einem überzogenen Handlungs- und Behandlungsdrang, der sich von Anfang an verselbständigt und die Eigenart mit sich bringt, dass ich seine Prinzipien *nur auf die anderen*, nie auf mich selbst anwende! Ich bekämpfe den Splitter im Auge des anderen umso intensiver, je mehr ich vermeiden möchte, den Balken im eigenen Auge zu sehen.

Es sind dies auch die Therapeuten, die dem Symptom des Patienten den Kampf angesagt haben. Sie begreifen das Symptom des anderen am Anfang als persönliche Herausforderung, später als Beleidigung und als Schmach, die es auszumerzen gilt. Und sie bekämpfen es umso hemmungsloser (mit allen zur Verfügung stehenden Waffen), je weniger sie sehen wollen, dass das Symptom des Patienten auch das (nur wenig anders auftretende) eigene ist. D.h., man sagt dem anderen um so aggressiver, wo es langgeht, je weniger man es selbst weiß. Oder: Man bekämpft im anderen die eigenen Bedürfnisse, wobei Jupiter die Tarnung liefern muss, dass es – Gott sei Dank – nicht die eigenen seien.

Sehen wir es von Jupiter her, so findet er in Mars den Mut und die Kraft, zu seinen Einsichten zu stehen. Es ist eine starke Überzeugungskraft da, die sich auch gegen eine Übermacht von

Wirksamkeit (der Signaturen im Horoskop)
(−100 % = negative Wirksamkeit, 0 % = neutral, +100 % = positive Wirksamkeit)

Mars Spiegelpunkt Jupiter = −60, Mars Quadrat Jupiter = −40, Mars Opposition Jupiter = −30, Mars Konjunktion Jupiter = −10, Mars Sextil Jupiter = +10, Mars Trigon Jupiter = +40, Mars in Schütze = +30, Jupiter in Widder = +20, Mars im 9. Haus = +30, Jupiter im 1. Haus = +20

»Feinden« nicht unterkriegen lässt und bei ihrer Meinung bleibt.

Erläuterung der Karte

Abgebildet ist ein »heiliger Krieger«, der weiß, dass er für Gott und gegen die Ungläubigen kämpft. Ungläubig sind immer die Andersdenkenden, d.h. diejenigen, die nicht seinen Glauben haben. Sein Schwert (und sein Pferd) sind auf Höheres (also nach oben) gerichtet, und deshalb darf er in den Niederungen der Welt (wie er glaubt) die Tempel vernichten und die Ungläubigen erschlagen, weiß er doch, dass seine edlen Taten von oben dereinst belohnt werden. Das Kreuz auf seinem Schild deutet an, in wessen Namen er dieses »schwere Amt« vollführt. Er glaubt, er führe einen »heiligen Krieg«.

Bedeutung der Karten im Legesystem

a) (als Einzelkarte oder als erste Karte): Das Problem

Du handelst wider besseres Wissen (verdrängst deine schon gemachten Einsichten) und richtest dein Schwert nach außen gegen (vermeintlich) Andersdenkende. Du willst deine richtigen Ansichten durchsetzen (so glaubst du) und merkst nicht, dass dieses Unternehmen nur ein Deckmäntelchen ist, um zu kämpfen und zu zerstören. Du tarnst deine Aggressionen mit schönen Worten, die du jedoch allesamt nicht auf dich selbst anwendest.

b) (als Folgekarte): Der Weg durch das Problem hindurch

Du musst irgendwann den Mut entwickeln, zu deiner eigenen Meinung zu stehen, auch wenn das heißt, dass du dafür zu kämpfen hast. Es reicht nicht, eine Einsicht zu haben, etwas verstanden zu haben, wenn man nicht bereit ist, sie in die Tat umzusetzen. Freilich, es hat keinen Sinn, gegen etwas zu kämpfen – sondern nur für etwas.

c) (als Endkarte): Das Ergebnis des Weges

Am Ende lenken Einsichten und Verstehen dein Handeln. Nicht mehr die blindwütige Aggression schreibt dir deine Taten vor, sondern die Überzeugung diktiert dein reflektiertes Handeln. Du weißt jetzt, dass man nur zu leicht – als Spiegelfechterei – gegen sich selbst kämpft.

Die Verhinderung

Signatur: **Widder/Steinbock, Mars/Saturn**

Thema als Kurzfassung

Vergebliches Bemühen, Das Verbot, Die Macht des Schicksals, Der Stau, Die Kandare, Scheitern an der Autorität

Erläuterung der Signaturen

Die innere Person, auf die wir hier stoßen, lässt sich wirklich am besten mit dem Wort »der Verhinderer« bezeichnen. Wir treffen hier auf einen Konflikt zwischen den subjektiven Antriebsenergien, mit Hilfe derer ich etwas *für mich* verwirklichen will (also meine Absicht), und den Kräften des Objektiven, die mir sehr deutlich zu verstehen geben, dass diese Absicht sich *nicht* erfüllen lässt. Das Schwert steckt im Stein, und es läge so nahe, der König von England zu werden. Aber die Macht des Schicksals gibt es nicht frei! Der Konflikt lässt sich nicht anders lösen, als zu akzeptieren, dass das Schicksal mich eben nicht zum rechtmäßigen König auserwählt hat. Das ist bitter, aber in diesem Fall die Wahrheit. Solange ich gegen den Willen des Schicksals ankämpfe, ist die Alternative der »Hexenschuss«, aber nicht das Schwert!

Mit dieser Person des »Verhinderers« stehen wir alle auf Kriegsfuß, und deshalb bedienen wir uns gern eines Tricks: Wir projizieren diese Person des eigenen Inneren nach außen und erklären unsere Partner (Kinder, Eltern, Chefs etc.) zu unseren »Verhinderern«. Das hilft uns – so glauben wir –, besser fertig zu werden mit dem Schicksal. Es ist nämlich dann nicht mehr mein Schicksal, sondern meine Kinder (um die ich mich kümmern musste) haben es verhindert, dass ich studieren konnte. Und meine Frau (die nicht nach Flensburg umziehen wollte) hat es verhindert, dass ich heute bereits Geschäftsführer der Flensburger Firma wäre usw. Diese Person ist in der Tat die am häufigsten projizierte, denn würde ich sie in mir wahrnehmen lernen, so müsste ich ernsthaft an eine höhere Macht glauben, die meiner Subjektivität (also meiner ungezügelten Selbstentfaltung) ganz gezielt einen Dämpfer versetzt.

Diese objektive Kraft sagt: Mensch, du kannst eben nicht, wie du willst!

Und das kränkt zutiefst. Noch gar das Bewusstsein, dass diese Macht in uns selbst steckt und dennoch alle diesbezüglichen (anderslautenden) Versuche der Spielart »Nimm dein Schicksal selbst in die Hand« in das Reich der Illusion verweisen, macht diese Angelegenheit nicht eben leichter. Es ist, die Analogie sei für einen Moment gestattet, als fühle sich der Mensch wie ein Pferd auf freier Wildbahn, kraftvoll und stark, und als müsse er auf einmal einsehen, dass sich auf seinem Rücken ein Reiter befindet, der mit seinen Zügeln dem wilden Pferd sagt, wo es langgeht und vor allem – wo es nicht langgeht! Diese Autorität in sich kennen zu lernen (die auch gern als väterliche oder gar göttliche Macht empfunden wird), dazu – und nur dazu – will diese Karte beitragen.

Die Lokomotive deines Lebens folgt unbeirrbar ihrem festgelegten Schienenstrang, sie kann nicht anders. Du aber möchtest die Schienen verlassen, um einen anderen Weg einzuschlagen, willst dich in eine andere Richtung bewegen. Aussichtslos!

Wirksamkeit (der Signaturen im Horoskop)

(–100 % = negative Wirksamkeit, 0 % = neutral, +100 % = positive Wirksamkeit)

Mars Spiegelpunkt Saturn = –100, Mars Quadrat Saturn = –100, Mars Opposition Saturn = –70, Mars Konjunktion Saturn = –30, Mars Sextil Saturn = –10, Mars Trigon Saturn = +10, Mars in Steinbock = –60, Saturn in Widder = –30, Mars im 10. Haus = –60, Saturn im 1. Haus = –30

Bedeutung der Karten im Legesystem

a) (als Einzelkarte oder als erste Karte): **Das Problem**

Du versuchst im Moment, mit dem Kopf durch die Wand zu rennen und willst nicht wahrhaben, dass du mit all deinen Energien an dieser Stelle nichts ausrichten kannst. Die Tür, die du eintreten möchtest, ist gar keine reale Tür, sie ist nur aufgemalt. Du kämpfst gegen dein Schicksal und diesen Kampf kannst du nicht gewinnen!

b) (als Folgekarte): **Der Weg durch das Problem hindurch**

Gib auf! Es liegt nicht an dir, dich zu entscheiden. Du bekommst das Schwert nicht aus der Scheide, aus dem einfachen Grund: Es ist nicht dein Schwert. Also höre – nach einer bestimmten Zeit – auf daran herumzuzerren.

Du vergeudest deine Energien sinnlos.

c) (als Endkarte): **Das Ergebnis des Weges**

Du wirst lernen, deine Energien in einen Einklang zu bringen mit dem, was das Schicksal von dir fordert. D.h. dein subjektives Wollen wird sich einer höheren Absicht beugen, und dadurch kannst du deine Energien (in eine neue Richtung) wieder zum Fließen bringen.

Du öffnest dich für den Willen des Schicksals.

Erläuterung der Karte

Ein roher KRIEGER will ein Schwert aus einem Stein ziehen. Seinem Gesicht ist anzusehen, wie sehr er sich anstrengt. Doch wir ahnen, er ist nicht der rechtmäßige Eigentümer des Schwertes, und so wird er es nicht herausbekommen. Er bemüht sich vergeblich.

Der Giftzwerg

Signatur: **Widder/Wassermann, Mars/Uranus**

Thema als Kurzfassung

Der Streithammel, Das Rumpelstilzchen, Die Nervensäge, Der Irritator, Der Austreiber, Der Quälgeist, Der Trickster, Der Verbündete

Erläuterung der Signaturen

Diese innere Person trägt ein ganz eigenartiges Thema in sich, ein Thema, mit dem sich der Mensch nicht zu identifizieren vermag. Dieses Thema ist auch nicht leicht zu beschreiben, deshalb greifen wir wieder einmal zum Bild einer Märchenfigur, die diese innere Person trefflich illustriert: Rumpelstilzchen! Dieser kleine verwachsene Kerl ist ein Ausgestoßener, einer, der tief im Unbewussten – hämisch und gehässig – um sein Feuer tanzt und ziemlich finstere Dinge mit »denen da oben« anstellt. So lange, bis die da oben seinen Namen herausgefunden haben. Und dieses »Namen-Herausfinden« ist ein sehr tiefes Symbol, das nicht nur für den kleinen unausstehlichen Zwerg gilt, sondern – mehr oder weniger – für alle inneren Personen. Es heißt nämlich nichts anderes als: Indem du mich mit einem Namen versiehst, verstehst du auch, dass ich ein Teil von dir bin. Das »Namengeben« als Phänomen gehört zu dieser besonderen inneren Person. Erst indem der Mensch bereit ist, dieser Person einen Namen zuzuordnen, begreift er, dass der Name der Person auch sein eigener Name ist.

Was können wir über die Aufgabenstellung des GIFTZWERGS sagen, die er zu erfüllen hat, bevor er ins Bewusstsein geholt werden kann? Was ist sein Betätigungsfeld, was sein Auftrag? Nun, wo immer er sich einmischt, lässt er eine kleine (oder größere) Bombe platzen. Er arbeitet daran, dass du im Außen einen Streit initiierst, oder dass eine Gehässigkeit, eine Boshaftigkeit von dir ausgeht (oder an dich herangetragen wird – ob du dich aktiv oder passiv verhältst, ist ihm gleichgültig), oder auch nur – das ist seine milde Form –, dass du einem anderen auf die Nerven gehst (oder, wie gehabt, er dir).

Natürlich hat sein Gebaren einen heimlichen Sinn: Er will dich aus einer geschlossenen Situation (der Freundschaft, der Ehe, des Berufes) heraus ent-binden. Und je mehr die äußere Situation, die du subjektiv durchaus als angenehm empfinden kannst, hermetisch geschlossen, abgeriegelt und für immer besiegelt zu sein scheint, desto brutaler muss er vorgehen, um sie zu sprengen. Aber er schießt nie offen – und also vorhersagbar –, sondern er schießt quer. Er führt dich und die anderen an der Nase herum und schneidet ihnen – tief aus deinem Inneren – zu allem Überfluss noch eine »lange Nase«. Sein Motto könnte lauten: »Wer den Schaden anrichtet, kann auch den Spott noch besorgen.« Damit – ohne dass du das willst – setzt er dich frei. Das ist sein Auftrag: Er macht dich unabhängig. Es geht wieder einmal darum, dass du – ganz allein – du selbst wirst. Er sorgt (aggressiv) dafür, dass du niemanden mehr hast, der mithilft, deine Wunden zu lecken. Dass du jeden verprellst. Oder dass die anderen dich verprellen.

Sein Archetypus ist der »Trickster«, der »Verbündete«, der wahre Freund, der deiner Seele den Weg zu ihren heilenden Quellen weisen kann. Solange du aber nach Freunden Ausschau hältst, die deine subjektiven Freuden teilen, kann er dir nicht helfen, sondern sie muss er abschrecken, sie muss er aus deinem Leben austreiben. Er muss sie wahrlich davonjagen! Bis du dich besinnst, dass du einen Führer durch die unterirdischen Wälder längst in dir hast. Aber erst einmal hast

Wirksamkeit (der Signaturen im Horoskop)

(–100 % = negative Wirksamkeit, 0 % = neutral, +100 % = positive Wirksamkeit)

Mars Spiegelpunkt Uranus = –100, Mars Quadrat Uranus = –100, Mars Opposition Uranus = –80, Mars Konjunktion Uranus = –60, Mars Sextil Uranus = –30, Mars Trigon Uranus = –10, Mars in Wassermann = –40, Uranus in Widder = –10, Mars im 11. Haus = –40, Uranus im 1. Haus = –10

du Angst vor ihm. Glaubst, er würde dir schaden. Nein, er schadet nur deinem Ego. Dem aber schadet er richtig! Er treibt ihm alle subjektiven Flausen von Glück und Freundschaft und Liebe und Anerkennung so radikal aus, dass es viele Jahre braucht, bis du dich auf den Weg machst, es für möglich zu halten, dass es in dir einen derartigen Freund, einen Verbündeten gibt.

Erläuterung der Karte

Dargestellt ist die Märchenfigur »Rumpelstilzchen«, die als kleines Ekelpaket um ihr nächtliches Feuer tanzt und dem Betrachter eine lange Nase schneidet. Ihr Ort ist der tiefe mitternächtliche Wald, d.h., sie ist dann wach, wenn alle anderen schlafen oder träumen. Und man muss sich schon an diesen angsteinflößenden Ort begeben, um ihr begegnen zu können. Zwar agiert sie auch im Wohnzimmer, aber hier ist sie unsichtbar! Diese Figur selbst hat ebenfalls zwei wichtige Verbündete: die Schildkröte und den Fliegenpilz. Trickster und Schamane haben diese beiden äußeren Helfer zu allen Zeiten in Anspruch genommen.

Bedeutung der Karten im Legesystem

a) (als Einzelkarte oder als erste Karte): Das Problem

Eine deiner inneren Personen tanzt dir – oder anderen – unsichtbar auf der Nase herum. Sie hat große trennende Kräfte und drängt sich hinter deinem Rücken als pläneschmiedender Verräter, als Streithammel oder als Nervensäge zwischen dich und deine Welt. Es mag sein, du erlebst diese Person im Außen. Doch da befindet sie sich nur, weil du sie in deinem Inneren nicht wahrnehmen möchtest.

b) (als Folgekarte): Der Weg durch das Problem hindurch

Mache dich auf die Suche nach deinem »Rumpelstilzchen«. Finde heraus, welche Geheimnisse dieses verhutzelte Männlein in seinem (und damit in deinem) Inneren hütet und welche Absichten es verfolgt. Eines seiner Ziele besteht ganz sicher darin, dich aus etwas Altem heraus zu ent-binden.

Also gehe in den finsteren Wald und finde seinen Namen.

c) (als Endkarte): Das Ergebnis des Weges

Am Ende deines Weges hast du dir diese kleine Person zu deinem Verbündeten gemacht. Du bist jetzt nicht mehr abhängig von den Meinungen der anderen. Du kannst – mit ihm – deinen Weg gehen und stehst nicht mehr unter dem Zwang, die Zuwendung der anderen um jeden Preis zu erhalten oder zu erlangen.

Du bist unabhängig und frei geworden.

Der reine Tor

Signatur: **Widder/Fische, Mars/Neptun**

Thema als Kurzfassung

Der Kampf gegen Windmühlen-Flügel, Der »Verlierer«, Der Penner, Die Arglosigkeit, Der schlafende Krieger, Die Energielosigkeit, Der Traum vom Heldentum, Parzival

Erläuterung der Signaturen

Die beiden Personen, die sich hier zu einer Einheit zusammenfinden, sind unglaublich weit voneinander entfernt, und das macht diese Karte so schwer verständlich.

Der KRIEGER, der es gewöhnt ist, im Diesseits sich an irgendetwas abzukämpfen, findet sich in einem Reich jenseits der Zeit vor, in dem es nichts zu be- oder erkämpfen gibt. Es ist dies z. B. – um nur einen Namen zu nennen – das Reich des Traumes. Also träumt er jetzt davon, ein strahlender Ritter zu sein. Im Inneren der Zeit ist er in der Tat ein strahlender Held – jedoch hier auf Erden ist er ein Träumer, d. h., er ist hoch-illusionär. Er macht sich etwas vor.

Um es einmal in der Sprache der Legende auszudrücken: Er ist ein REINER TOR. Dieses Wort, das von der Umgangssprache leicht in die Gegend eines »Dummkopfes« getragen wird, hat große etymologische Tiefe. Seiner Verwandtschaft entstammen solche Worte wie »dösen« oder »dos« (Stille) oder »dozen« (schlummern, umnebelt sein) – es gehört also zu dem Formenkreis »Dunst« und »Nebel« und trennt zwei Bereiche der Welt: die Welt der Erscheinungen (d. h. die subjektive Welt) und die Welt hinter den Erscheinungen (d. h. die objektive Welt des Unbewussten). Unser KRIEGER ist also ein unbewusster Held! Hier auf Erden freilich kämpft er gegen Windmühlenflügel, ist energielos und macht nicht nur sich, sondern auch anderen etwas vor. Seine Antriebs- und Willenlosigkeit kann von milden Formen (da fühlt er sich als Meditations-Schüler und versinkt in der Welt hinter der Welt) bis zu drastischen Formen (da lebt er als Penner unter der Brücke und bringt sich mit billigem Fusel in seine Welt der Illusionen) reichen, je nachdem, wie dominant diese innere Person in seinem Leben auftritt. In allen Fällen jedoch kann er sich seinen Platz in der Welt *nicht erkämpfen*. Er geht unerkannt und unbeachtet seinen Weg, wird kaum wahrgenommen, da er ganz automatisch einen undurchdringlichen Nebel um sich herum verbreitet.

Lebt er im Körper eines Mannes, so ist er z. B. unfähig, eine Frau zu erobern. Wenn er Glück hat, nimmt sie sich ihn einfach und gibt ihm ihre Gleise, auf denen er sich bewegen kann.

Lebt er im Körper einer Frau, so träumt sie von ihrem Helden, der sie eines Tages auf sein mythologisches Pferd heben wird, mit dem sie zu ihrem zukünftigen Schloss in der untergehenden Abendsonne reiten werden. Natürlich wird das nicht geschehen, und so wird sie weiterträumen.

Um Verwechslungen nicht entstehen zu lassen: Der TOR ist kein NARR! Der Narr ist niemals arglos und keinesfalls naiv, beides aber sind Eigenschaften, die den TOREN in hohem Maße auszeichnen. Er hat seine Aggressionen, seinen KRIEGER so total aus der Welt verdrängt, dass er in der Tat ohne Arg und ohne Wut ist – das erscheint manchen naiv.

Auf einer tieferen Ebene ist der REINE TOR der wahre Held. Und zwar aus dem einfachen Grund, da er aufgehört hat, zu kämpfen. Er handelt (wie das I Ging es beschreibt) durch Nichthandeln. Er gehört zu den Schwachen, die in Wahrheit die Starken sind. Doch diese Stärke wird persönlich (d. h. subjektiv) nicht so erlebt.

Wirksamkeit (der Signaturen im Horoskop)
(–100 % = negative Wirksamkeit, 0 % = neutral, +100 % = positive Wirksamkeit)

Mars Spiegelpunkt Neptun = –100, Mars Quadrat Neptun = –100, Mars Opposition Neptun = –70, Mars Konjunktion Neptun = –50, Mars Sextil Neptun = –20, Mars Trigon Neptun = +10, Mars in Fische = –60, Neptun in Widder = –60, Mars im 12. Haus = –60, Neptun im 1. Haus = –60

Bedeutung der Karten im Legesystem

a) (als Einzelkarte oder als erste Karte): Das Problem

Du kannst nicht akzeptieren, dass dir im Moment wenig Energien zur Verfügung stehen, dich mit der Welt auseinander zu setzen. Du bist im Moment ein Verlierer. Es ist gut möglich, dass dein Körper – müde und kraftlos – diese Antriebslosigkeit spiegelt. Als Ausweg könnte dir erscheinen, dass du in deinen Träumen und Phantasien einen starken Sieger in dir aufbaust. Aber dieser Traum ist eine Illusion.

b) (als Folgekarte): Der Weg durch das Problem hindurch

In diesem Prozess musst du lernen, auf Wettstreit und Kampf zu verzichten. Deine Aufgabe ist es, ganz allein und ohne Bestätigung durch andere einen unsichtbaren Weg zu gehen.

Entferne dich dabei vom Kriegsschauplatz des Lebens und gehe einen Weg der Suche, nicht den Weg der Auseinandersetzung und des Kampfes. Lerne zu handeln, ohne zu handeln.

c) (als Endkarte): Das Ergebnis des Weges

Du hast gelernt, beiden Welten ihren Tribut zu bringen. Dich weder abzuzappeln und gegen Windmühlenflügel zu kämpfen, noch Luftschlösser aufzubauen, die dann wieder zusammenfallen müssen. Du stehst mit einem Bein im Diesseits und mit dem anderen im Jenseits und hast begriffen, dass es nichts zu be- oder erkämpfen gibt.

An dieser Stelle bist du gleichzeitig der Kopf und der Schwanz der Schlange, und das eine ist im anderen verschwunden.

Erläuterung der Karte

Ein KRIEGER lehnt an einem Baum und träumt. In seinem Traum erscheint er als strahlender Ritter, als mutiger Kämpfer. Schaut man genauer hin, so ist die Rüstung des Schlafenden schon ziemlich vergammelt, sein Schwert rostig und schartig. Hinter dem Baum wartet sein treuer Esel, denn zu einem Pferd reicht es schon lange nicht mehr.

Der Mann lebt und ernährt sich aus seinen Träumen. Zu essen braucht er sonst nicht viel – woher sollte er es auch haben? Er ist Don Quixote, der »Ritter von der traurigen Gestalt«.

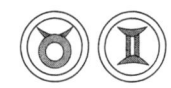

Die Goldmarie

Signatur: **Stier/Zwillinge, Venus/Merkur**

Thema als Kurzfassung

Das Aschenputtel, Die weibliche Konkurrenz, Die Wertdarstellung, Die Pechmarie, Der Blaustrumpf, Die »Schöne« und die »Hässliche«

Erläuterung der Signaturen

Würden wir einmal glauben, das menschliche Leben wäre ein Kasperle-Theater, so würden sich zwei seiner Puppen hier begegnen: die Prinzessin und die Gretel. Jeder schaut auf sein Gegenüber und erlebt etwas anderes, und doch ist dieses andere im Inneren zutiefst eins. Die Prinzessin erhält ihren Wert in der Farblosigkeit der Gretel gesteigert, und Gretel sieht in der Prinzessin etwas, das sie nie erreichen kann: Attraktivität. Nicht dass Gretel hässlich wäre, aber ihre Un-Schein-barkeit wird im Angesicht der Schönheit so sehr gesteigert, dass sie sich als hässlich *empfindet*.

Wir finden dieses Phänomen mitunter auch in der Realität, wenn in einem Café zwei Freundinnen, die eine so, die andere so, sich auf eine geheimnisvolle Weise gegenseitig zu benötigen scheinen. Unsere Karte aber stellt ja nicht zwei Personen des Äußeren dar, sondern ein Thema (d.h. eine Person) des Inneren, und dieses Thema lautet: Wie stelle ich meine weibliche Attraktivität und meinen Wert nach außen hin unter ein günstiges Licht? Wie zeige ich meinen Wert? Eine Etage unterhalb dieser äußeren Anstrengungen liegt das Gefühl (und die Angst) verborgen, dass ich meine Attraktivität verloren haben könnte bzw. nie eine derartige besaß. So könnte der Zwang entstehen, das, was ich im Inneren nicht (mehr) finden kann, nämlich meinen Selbstwert, mit Hilfe äußerer Attribute doch noch irgendwie zu erlangen. Insbesondere kann ich jetzt versuchen, mit dem Hilfsmittel der Intellektualität jene Aufwertung zu erfahren, die ich über körperliche Hilfsmittel (Schmuck, Schminke, Kleider) nicht (wie man dann glaubt) zu erreichen vermag. Es könnte das entstehen, was die rechte unserer Gestalten auf der Karte ausdrücken soll. (Diese Frau hält ein Buch in der Hand.) Die Dialektik und damit das Problem, das zwischen diesen beiden Frauen existiert, besteht darin, dass keine der beiden ihrem eigenen Wert traut, sondern sich jede an der anderen bemisst: Die eine misst ihre Schönheit an der Unscheinbarkeit der anderen, die andere ihre Intellektualität an der Unbedarftheit der einen. Somit sind beide in einem Vergleich und also nicht bei sich. Jeder Vergleich aber bringt eine Konkurrenzproblematik ins Spiel, die früher oder später in eine Selbstwertkrise einmündet. Auch für die Prinzessin gibt es (irgendwann) jemanden, dem gegenüber sie sich unscheinbar findet. Schönheit ist eben nicht objektiv, sondern liegt im Auge des Betrachters.

Die Karte heißt also: Du bist abhängig von einem äußeren Wert, den du im Vergleich herstellen musst. Damit ist eine Krise vorprogrammiert.

Wirksamkeit (der Signaturen im Horoskop)

(–100 % = negative Wirksamkeit, 0 % = neutral, +100 % = positive Wirksamkeit)
(Zwischen Venus und Merkur gibt es keine Oppositionen, Quadrate oder Trigone)

Venus Spiegelpunkt Merkur = –60, Venus Konjunktion Merkur = +80, Venus Sextil Merkur = +60, Venus in Zwillinge = +40, Merkur in Stier = +20, Venus im 3. Haus = +40, Merkur im 2. Haus = +20

Bedeutung der Karten im Legesystem

a) (als Einzelkarte oder als erste Karte): Das Problem

Tief im Inneren fühlst du dich unterlegen. Dein Selbstwertgefühl leidet darunter, dass du entweder glaubst, jemand (aus dem Äußeren) mache dich farblos und unscheinbar, oder dass du es schon dein ganzes Leben lang wärest. D.h., du trittst ein in einen Vergleich (in eine Konkurrenz), und darin kannst du auf Dauer nur ein Verlierer sein. Solange du dich anstrengst, mehr Attraktivität, mehr Wert zu erlangen, bleibst du auf der Ebene der Darstellung gefangen – du glaubst es dir nämlich selbst nicht. Du bist in dem *Gefühl*, der Unterlegene zu sein.

b) (als Folgekarte): Der Weg durch das Problem hindurch

Auf deinem Weg ist es erforderlich, dir dein Konkurrenzgebaren anzuschauen. Mit wem oder was schmückst du dich, um mehr zu »scheinen« als zu sein? Schau der Selbstdarstellung deines Wertes ins Gesicht!

c) (als Endkarte): Das Ergebnis des Weges

Am Ende dieses Problems siehst du, dass die ganze Darstellung deines Wertes nur eine Rolle im Theater ist. Du spielst. Es bleibt dir überlassen, ob du das Spiel weiterspielen möchtest oder es für beendet erklärst. Wie dem auch sei, beides ist gleich unwichtig.

Erläuterung der Karte

Das Bild zeigt zwei Frauen, die aus der freien Natur (also dem Außen) durch ein Stadttor in das Innere (einer Stadt) gehen. Die eine ist bunt und attraktiv, die andere eher unscheinbar und farblos. Die eine trägt an ihrer Hand Schmuck und unterstreicht damit ihre Schönheit, die andere trägt ein Buch, als wollte sie ihre Intelligenz damit betonen. Im Grunde genommen könnten beide die äußeren Attribute (Kleider, Schmuck, Haare) tauschen, und man hätte dasselbe Phänomen und Problem (nur diesmal von der anderen Seite).

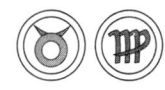

Das Festhalten

Signatur: **Stier/Jungfrau, Venus/Merkur**

Thema als Kurzfassung

Der Geiz, Die Ge-Wichtigkeit (Speck ansetzen), Die Materie als Schutzwall und Gefängnis, Die Versicherung als Absicherung

Erläuterung der Signaturen

Die Karte deutet auf eine Person im Inneren, die festsitzt. Sie hat sich auf eine eigenartige Weise selbst ins Gefängnis gebracht und merkt das lange Zeit nicht einmal. Sie glaubt, die Gitter seien dazu da, Gefahren aus dem Außen abzuwenden, und sie könne ihr Gefängnis jederzeit verlassen. Doch dem ist nicht so! Sie wird zum Gefangenen ihrer eigenen Absicherungen. Die beiden Personen, die sich hier zu einer vereinigen, heißen (mit jeweils einem ihrer Namen): »Der materielle Wert« und »Die Absicherung für die Zukunft«, und so entsteht der Versuch der Errichtung eines materiellen Schutzwalles, der die Angst vor drohendem Wertverlust außen vor halten soll. Ich möchte auch in Zukunft noch meinen (wie es so schön heißt) »Lebensstandard« aufrechterhalten können, d.h. auch morgen noch wertvoll und wichtig sein. So veranlasst diese Person, dass ich mir ein »Polster« schaffe, dass ich »Vor- Sorge« treffe, und ich merke nicht, dass mit jedem Stapel »Taler«, den ich vor mir auftürme, ich nicht nur an Gewichtigkeit, sondern (ganz körperlich) auch noch an »Gewicht«, an Kilos, zunehme. Diese Polster deuten auf Zukunftsängste und auch auf die Angst, ich könnte meine Wichtigkeit einbüßen. Obwohl diese Person hauptsächlich an materiellen Dingen interessiert ist und diese »hamstert«, kann sich die Ansammlung (von Wert) auch über andere Menschen erstrecken. Es kann sein, dass sie mich veranlasst, nur Menschen mit »Wichtigkeit« kennen lernen zu wollen, damit ein Teil des Glanzes auch auf mich (absichernd) fällt. Dieses Phänomen kann von den milden Formen des Spargroschens über den Geiz bis zur ausgesprochenen Raffgier führen, bei der die entsprechende (innere) Person nur noch Dollarzeichen in meinen Augen zum Vorschein bringt.

Natürlich gibt es dieses Thema auch invers: Da habe ich keine »müde« Mark, komme auf »keinen grünen Zweig«, und dennoch sitze ich in dem nämlichen Gefängnis, denn die innere Person lässt mich ebenfalls jede Abteilung der Welt nur unter dem Gesichtspunkt ihres materiellen Wertes erblicken – aber ich darf mir das keinesfalls eingestehen (denn es gilt auch in mir als unsauber). Ich bin dann genauso ein Gefangener, auch wenn ich nichts habe.

Ich benötige in mir eine »Versicherung als Absicherung«, in dem Sinne, dass ich einen Lebensplan entwerfe, der mir nur einen Weg von Wichtigkeit und Wert vorzeichnet und alle anderen Teile der Welt als nicht-attraktiv aussortiert. Meinen Partner nenne ich gern »Schatz«, denn das ist es, was er für mich darstellt. Natürlich ist es – andererseits – notwendig, einen realen Sinn für die materiellen Belange der Welt zu entwickeln und ebenso mit dem Umgang mit dem Geld. Solange jedoch diese innere Person noch als unbewusster Finanzminister in einem »Schattenkabinett« agiert, spitzt sich die Situation derart zu, dass das Materielle zur absoluten Richtlinie meiner Politik wird.

Damit aber bleibe ich im Gefängnis.

Wirksamkeit (der Signaturen im Horoskop)
(−100 % = negative Wirksamkeit, 0 % = neutral, +100 % = positive Wirksamkeit)

Venus Spiegelpunkt Merkur = −60, Venus Konjunktion Merkur = +80, Venus Sextil Merkur = +60, Venus in Jungfrau = −20, Merkur in Stier = +20, Venus im 6. Haus = −20, Merkur im 2. Haus = +20

Bedeutung der Karten im Legesystem

a) (als Einzelkarte oder als erste Karte):
   Das Problem

Du hast dich an einer bestimmten Stelle eingemauert und bist aus Sicherheitsgründen (und Angst) zum Sklaven deines eigenen Festhaltens geworden. Ein Übermaß ist hier im Spiel. Du glaubst zwar: Je mehr, desto besser, aber in Wahrheit wirst du dadurch nur immer unbeweglicher und sitzt immer mehr fest. Bedenke den Satz eines weisen Menschen: »Bei dem Wörtchen sicher lacht der Hölle Gekicher.« Alles zusammen: Du hast ein Geldproblem!

b) (als Folgekarte): Der Weg durch das
   Problem hindurch

Du musst auf deinem Weg überprüfen, auf welche Weise du dir mit Hilfe von äußeren Werten Sicherheiten erhoffst, die dann unterwegs eher als Hindernisse dein Weiterkommen erschweren. Erkenne also die Türme (aus Geld oder sonstigem »Gut«), die du aufgebaut hast, und überprüfe, welche Sicherheiten du davon wirklich erhältst. Prüfe, was sinnvoller und was unsinniger Ballast ist.

c) (als Endkarte): Das Ergebnis des Weges

Die Materie hat ohne Zweifel ihren Stellenwert und d. h. auch ihre Sinnhaftigkeit. Du findest ein ausgewogenes (und nicht einengendes) Verhältnis zu diesem Thema. Absicherungen haben ihre Wichtigkeit, aber sie sind kein Selbstzweck.

Erläuterung der Karte

Eine dicke Frau sitzt an einem Tisch und türmt Geldröllchen vor sich auf. Diese Rollen geraten bald zu der Form einer Festungsmauer, hinter der sich die Frau in Sicherheit wiegen möchte. Man kann sich vorstellen, dass sie bald ganz dahinter verschwunden sein wird, und dann ist ihr Gefängnis perfekt. Sie hat bereits Gitter vor den Fenstern angebracht, denn man könnte ihr den »Schatz« stehlen wollen. Natürlich hat sie gute Gründe für diese Art der Absicherung – doch das (und ihr Geld) ist bald das Einzige, was sie noch haben wird. Menschen bekommt sie in ihr Gefängnis nicht hinein: außer solchen, die es auf den Schatz (und nicht auf sie) abgesehen haben.

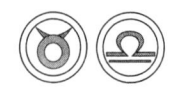

Der goldene Käfig

Signatur: **Stier/Waage, Venus/Venus**

Thema als Kurzfassung

Die Beziehung als Gefangenschaft, Der Partner als Besitz, Die Eifersucht,
Sich den Partner kaufen, Die Treue

Erläuterung der Signaturen

Das Thema der Partnerschaft hat viele Varianten. Eine dieser Spielarten besteht darin, den Partner wie einen Wertgegenstand zu besitzen und ihn in einen GOLDENEN KÄFIG einzusperren. Um ihn dort hineinzubekommen, mussten viele Wertgegenstände auf dem Weg dorthin ausgelegt werden. Bis die Tür dann endlich zuschlägt, wird gelockt und versprochen. Glitzerndes und Glänzendes wird wie Speck in der »Liebling- und Mäuschenfalle« als Köder deponiert. Ist der Käfig dann erst einmal verschlossen, wird der »Besitz« gehütet, gepflegt und genährt, so dass er – wie bei Hänsel und Gretel – mehr und mehr Speck ansetzt und im Laufe der Zeit immer bequemer und unbeweglicher wird. Unser Bild zeigt nur einen der beiden Menschen im Käfig, doch letztlich sind beide gleichermaßen hineinverfangen in die Absicherungs- und Sicherheitsmaßnahme der Beziehung. Obwohl der aktive (der männliche) Teil des Spiels den Schlüssel (scheinbar) in der Hand hält, kann auch er sich nicht sehr weit vom Käfig entfernen, denn seine »Gefangene« braucht täglich neue »Nahrung« und Bestätigung und bindet ihn somit ebenfalls. Beide brauchen und gebrauchen einander, sie bestätigen sich gegenseitig ihren Wert und wachen eifersüchtig über ihren Besitz. Sie sind verbunden über Materie und finden ihren Zusammenhalt über einen äußeren Rahmen, der sie wie eine Schutzmauer umgibt. Wie viele Menschen »können« nicht auseinander gehen, weil sie ein Haus, eine Firma oder ähnliches Gemeinsames besitzen? Dieser Besitz wärmt sie, gibt ihnen Sicherheit, schützt sie vor der Welt und ermöglicht ihnen ein bequemes Leben. Solange keiner der beiden auf die Idee kommt, sich bewegen zu wollen, spürt niemand die »goldenen Kugeln«, die mit massiven Ketten schwer an ihnen hängen. Erst wenn ein Partner beginnt, von der Freiheit zu träumen, wird offenbar, wie verbindlich und verbindend Materie sein kann. Zusammengeschweißter Besitz lässt sich nur über Verluste lösen, und zumeist ist der Preis dann einfach zu hoch. So findet man dann immer wieder Gutes und Schönes am glänzenden Gold des Käfigs, schwört sich erneut die Treue, schmiedet neue Ketten und baut neue Mauern, auf dass die »Liebe« ewig währt.

Doch es scheint notwendig zu sein, die Menschen hineinzulocken in diese Beziehungsfalle. Wer würde schon freiwillig die Arbeit leisten, die eine Partnerschaft der Seele abverlangt, wenn da nicht ein wenig goldener Glanz aufs EGO fiele? Es dauert eben sehr lange, bis die Beziehungswurzeln so tief ins Unbewusste reichen, dass man von Erkenntnis und Entwicklung sprechen kann. Zu flüchtige Beziehungen erreichen niemals dieses Ziel. In einem treu gemeinsam errichteten Haus aber bleibt viel Zeit, den Garten zu bearbeiten und fruchtbar werden zu lassen. Die Mauern sollen ihn davor schützen, seinen Samen allzu leichtfertig vom Wind verwehen zu lassen. Die in der Tiefe verstrickten Wurzeln bringen irgendwann einmal etwas Gemeinsames hervor und lassen die Partner auf geheimnisvolle Weise einander immer ähnlicher werden. Bis eines Tages

Wirksamkeit (der Signaturen im Horoskop)

(–100 % = negative Wirksamkeit, 0 % = neutral, +100 % = positive Wirksamkeit)
(Zwischen Venus und Venus gibt es keine Oppositionen, Quadrate, Trigone, Sextile oder Konjunktionen.
Da die Venus im Horoskop nur einmal vorhanden ist, kann sie mit sich selbst keine Winkelbeziehungen bilden.)
Venus beim Stieraszendenten als Herrscher von 1 im 7. Haus = –50, Venus beim Waageaszendent als Herrscher von 1 im 2. Haus = –50

Bedeutung der Karten im Legesystem

a) (als Einzelkarte oder als erste Karte):
Das Problem

Deine Beziehung hat einen bitteren Beigeschmack von »kaufen« und »gekauft werden«. Diese Form einer Partnerschaft läuft mit Notwendigkeit auf Besitzdenken und Eifersucht hinaus. Du bist unfrei, ob du der »Besitzende« oder der »Besessene« bist. Du bist im GOLDENEN KÄFIG gefangen und wirst immer bequemer und unbeweglicher. Deine »Sicherheit« ist teuer bezahlt.

b) (als Folgekarte): Der Weg durch das Problem hindurch

Deine Aufgabe ist es, deiner Beziehung (oder Freundschaft) neuen Wert und neue Wichtigkeit zu geben. Du musst in sie »investieren« und eine eventuelle Unfreiheit in Kauf nehmen, sonst bleibt sie ohne Fundament und ohne fruchtbaren Boden. Nur innerhalb einer Verbindung hast du die Möglichkeit, deiner Wertproblematik und deiner Eifersucht auf die Spur zu kommen.

c) (als Endkarte): Das Ergebnis des Weges

Am Ende des Weges stellst du fest, dass die Käfigtür niemals geschlossen war. Zwei Menschen, die zusammengehören und einander Wärme geben, müssen sich nicht einschließen und einander versichern. Die Treue ist so lange natürlicher Bestandteil einer Beziehung, wie gegenseitig Befruchtung und Wachstum möglich ist. Obwohl auch sie ihren Preis hat, denn sie kostet in jedem Fall die Freiheit.

einer der beiden, wie Hermann Hesse sagt, »dahinsank und eines wurde mit dem Baume, um dann als ein junger Ast aus seinem Stamme hervorzutreiben«.

Erläuterung der Karte

Eine reich und hübsch gekleidete Frau sitzt in einem Käfig. Ihr Partner hält den Schlüssel zu ihrem goldenen Gefängnis in seinen Händen. Ihr geht es gut, sie sitzt bequem, es fehlt ihr an nichts. Sie hat alles, was ihr Herz begehrt, außer einem: Freiraum und Freiheit. Das ist der Preis, den sie für ihre Sicherheit zu bezahlen hat. Schaut man genauer hin, so ahnt man, dass sie bereits etwas schwermütig (und möglicherweise auch etwas schwerer an Gewicht) geworden ist.

Die Marionette

Signatur: **Stier/Skorpion, Venus/Pluto**

Thema als Kurzfassung

Das Barbie-Puppen-Syndrom, Die ferngesteuerte Sinnlichkeit, Die perfekte Erscheinung, Besessen von der materiellen Form, Die Ess-Störung

Erläuterung der Signaturen

In der Verbindung mit der Stier-Venus vermag Pluto sich besonders gut zu tarnen. Er treibt sein verführerisches Spiel mit ihr und vergrößert so unerkannt seinen Machtbereich ins Unermessliche. Er hält unsere gesamte Gesellschaft mit seinen Bildern in Bann und lässt uns wie Marionetten ewiger Jugend und vollkommener Schönheit nachjagen. Attraktivität (und damit Erfolg) zu haben, erscheint uns westlichen Menschen wie eine Religion, wie ein Muss, und dafür sind wir gern bereit, unsere Natürlichkeit zu opfern. Pluto, der Verführer, verkauft dir ein Bild, ein besseres, schöneres Bild von dir selbst. Er stellt es als Idealbild vor dich hin, das zu erreichen du nur wollen musst. Eine attraktivere Erscheinung, der gängigen Mode (den zur Zeit erfolgreichen Bildern) entsprechend, und schon wärst du glücklich, suggeriert er dir über die vielen bunten Hochglanz-Magazine. Der Mensch, so sagt er, kann seinen Körper mit dem Geist formen, Herr sein über ihn, wenn er nur will. Auch der modisch nicht interessierte Mensch folgt (eventuell viel unbewusster) einer Idealisierung des Körperlichen. Was nicht gefällt, wird weggefastet, (positiv) weggedacht oder gar weggeschnitten. Die heutige Schönheits-Chirurgie macht es möglich, den Menschen am Reißbrett zu entwerfen, und so entsteht eine völlig neue »Menschenrasse« – alterslos, glatt und unnatürlich. Die Suggestionskraft dieser Bilder bemächtigt sich der Seelen schon in früher Kindheit. Während das natürliche Bild sich nach dem warmen, weichen Körper der Mutter formt, beginnt bereits mit der ersten Puppe eine Idealisierung, die dann einen vorläufigen Höhepunkt in der Gestalt des erwachsenen Puppen-Menschen findet. Hier finden wir ein knabenhaft-schmales langbeiniges Idol. Wir nennen dieses Phänomen das Barbie-Puppen-Syndrom, und die Mädchen zahlen oft einen hohen Preis, um sich in dieses »Korsett« hineinzuhungern. Magersucht und Bulimie (die Ess- und Brechsucht) sind nicht nur Pubertätsübel, sondern auch unter erwachsenen Frauen weit verbreitet. Wer Plutos perfektem Bild gleichen will, muss ihm seine Venus opfern. Die Venus, ein Symbol für Sinnlichkeit und Genuss, wird aus dem Bewusstsein gedrängt und dem Herrscher der Unterwelt in die Hände gegeben, bis sie wie eine leblose Marionette ihm ganz angehört. Es ist, als habe man einen naturwüchsig verlaufenden Fluss jetzt in einen geraden Betonkanal hineingezwängt. Oft führt diese Symptomatik zu tiefen Depressionen, da das Leben aus den von Pluto besetzten Körpern entweicht. Auch Männer laufen einem sportlich starken Superman-Bild nach, dopen sich in Extremfällen mit Hormonen und »verunstalten« ihren Körper oft ebenso. Das zu bringende Opfer ist in jedem Fall die Natürlichkeit. Der Mensch wird zum Spielball der Kräfte der Unterwelt, weil der Wunsch nach einer anziehenden, attraktiven Erscheinung in jedem angelegt ist. Sein Wertgefühl hängt davon ab, wie sehr er ins *Bild* seiner Mitmenschen passt. Da geschieht es nur zu leicht, dass er, von Äußerlichkeiten ferngesteuert, sich von sich selbst entfernt. Erst wenn er, wie Oskar Wildes Dorian Gray, zum alternden, hässlich gewordenen Gemälde zurückkehrt und seine Maske wie-

Wirksamkeit (der Signaturen im Horoskop)

(–100 % = negative Wirksamkeit, 0 % = neutral, +100 % = positive Wirksamkeit)

Venus Spiegelpunkt Pluto = –100, Venus Quadrat Pluto = –90, Venus Opposition Pluto = –70, Venus Konjunktion Pluto = –30, Venus Sextil Pluto = –20, Venus Trigon Pluto = –10, Venus in Skorpion = –40, Venus im 8. Haus = –40, Pluto in Stier = –40, Pluto im 2. Haus = –40

lichen Bonbonfarben versteckt sich der Verführer, der mit seiner rotschwarzen Färbung sonst zu leicht zu enttarnen wäre.

Bedeutung der Karten im Legesystem

a) (als Einzelkarte oder als erste Karte): Das Problem

Du hängst an unsichtbaren Fäden. Du versuchst dich, ohne es zu wissen, in ein Bild zu verwandeln. Figurativ gesprochen, möchtest du zu einer »Larve« werden. Der Gott der Unterwelt verführt dich so meisterhaft, dass du das Bild nicht von der natürlichen Form unterscheiden kannst. Es ist wie ein Virus, der dich besetzt und der eine so lange Inkubationszeit hat, dass du längst vergessen hast, wann und wo (bei welchen Bildern) du dich angesteckt hast.

b) (als Folgekarte): Der Weg durch das Problem hindurch

Du hast eine unglaublich schwere Aufgabe vor dir. Du musst herausfinden, wo du, von fremden Bildern infiziert, zu einer Puppe geworden bist. Die Aufgabe besteht darin, aus ihr herauszuschlüpfen, dich zu ent-puppen und zurückzufinden zu deiner wahren Individualität. Es ist deshalb nicht leicht, da immer die Gefahr besteht, dass der Mensch nach der Metamorphose (ohne es zu merken) ins nächste leblose Bild hineinschlüpft.

c) (als Endkarte): Das Ergebnis des Weges

Du findest deinen eigenen, ganz individuellen, deiner Natur entsprechenden Wert. Du musst dann nicht mehr an deinen Vorstellungsfäden (und denen der anderen) tanzen. Dein Weg führt heraus aus den fremdbesetzten Bildern, den Äußerlichkeiten, und den dir nicht entsprechenden Werten.

der ablegt, ist Erlösung möglich. Der »Kunst-Mensch« muss letztlich den aufgeschobenen, natürlichen Prozess (z. B. das Altern) auf einmal und dann ohne ausreichende Vorbereitung nachholen. Schmerzhaft erkennt er dann, dass in seinem Inneren ein »Fäulnis-Prozess« stattgefunden hat, der die (eben noch) glatte Oberfläche brutal zerstört. Entsetzt steht er vor dem verwüsteten Bild und findet doch nur so (irgendwann) seinen Frieden.

Erläuterung der Karte

Bei oberflächlicher Betrachtung dieser Karte könnte man glauben, eine zierliche, hübsche, junge Tänzerin zu sehen. Doch bei näherem Hinsehen bemerkt man die dünnen Fäden, an denen sie bewegt wird. Obwohl dies eine Skorpion-Karte ist, können wir die Hauptperson – Pluto – auf diesem Bild nicht entdecken. Er sitzt (sozusagen unsichtbar) über dem Bild und zieht an den Fäden, wodurch die junge Frau allmählich zur »zuckersüßen« Puppe wird. Auch in den künst-

Materie und Geist

Signatur: **Stier/Schütze, Venus/Jupiter**

Thema als Kurzfassung

Die Verwertbarkeit des Geistigen, Das Geschäft mit der »Esoterik« (Das Geistige als Ware), Sich das Glück erkaufen, Die Sekte

Erläuterung der Signaturen

Um diese innere Person in ihrer Tiefe zu erfassen, müssen wir einen kleinen Umweg machen. Die Progression des menschlichen Entwicklungsprozesses verläuft auf eine naturgemäße Weise vom Körperlichen zum Seelischen, um sodann vom Seelischen zum Geistigen sich zu entfalten. Das gilt für den Gesamtprozess der Entwicklung des Menschseins als auch für jede seiner Einzelerfahrungen. Die beiden inneren Gestalten, die sich hier zu einer Person vereinigen, sind jedoch einerseits *noch* auf der körperlichen Ebene des Stiers, andererseits *schon* auf der geistigen Ebene des Schützen – und umgehen dabei vollständig das Seelische. Damit aber wird nicht das Materielle auf die geistige Ebene heraufgehoben (denn da das Seelische fehlt, existiert hier eine Barriere), sondern das Geistige kann jetzt nur herabgeholt und materiell verwertet werden. Es ist dies der Handel mit Einsichten. Oder: Das Geistige wird verkauft!

Nehmen wir dazu ein Beispiel: Viele Menschen lernen das Thema der Esoterik (oder Astrologie) aus Büchern und Kursen, d.h., sie haben sich die Einsichten, die gemacht worden sind, aus zweiter Hand gekauft. Damit haben sie eine geistige Ware auf die gleiche Weise erstanden, wie man sich Brötchen beim Bäcker kauft. Das geht erst einmal nicht anders. Wenn diese Ware jetzt nicht in einem vertiefenden Lebensprozess (sei es durch langjährige Lebenserfahrung, sei es durch eine Therapie etc.) durch die Seele hindurchläuft und dort ihren Niederschlag und ihre seelische Absicherung, Legitimation und Überprüfung erhält, wird sie nie zu *meinem* geistigen Eigentum, sondern bleibt, was sie ist: eine mir äußerliche Ware. Ich kann diese Ware zwar jetzt in eigenen Kursen anbieten und weitervertreiben, da ich sie aber nicht hergestellt habe und sie auch nicht von mir mit Leben gefüllt wurde, bleibe ich in diesem Spiel Händler. Zwischen den beiden Reichen, Körper und Geist, fehlt das Wasser der Seele. Ich erzähle jemandem dann etwas, was zwar plausibel ist, was ich aber nie erlebt und damit nie überprüft habe. Damit werde ich zu einem Sammler von *Einsichten der anderen* und verwende ihr geistiges Eigentum, um mich selbst finanziell (oder sonst wie) abzusichern. Ich kann mich auch zu den Füßen eines Meisters aufhalten und glauben, damit falle ein Teil des Glanzes dieses Meisters auch auf mich ab. Ich merke freilich nicht, dass ich den Eintritt in diesen (vermeintlichen) Tempel in der Regel bezahlen muss. Nicht dass gegen die Bezahlung etwas einzuwenden wäre, aber der Eintrittspreis garantiert noch lange nicht, dass ich auch seelisch berührt werde oder gar Erfahrungen in der Tiefe der Seele mache. Manche glauben, das Ticket in den Ashram erspare ihnen den mühevollen Weg, die Einsichten auch noch einmal selbst erzielen zu müssen. Aber es gibt gar keine vorfabrizierten Einsichten, die ich mit Geld kaufen könnte. Die schweißtreibende (und angstvolle) Arbeit an der eigenen Seele wird mir dadurch keineswegs abgenommen. Insofern ist jede Einsicht (und sei sie noch so weise) eines Meisters eine hochgradig gefährliche Sache: Sie verführt mich leicht zum Nicken, so als hätte ich sie bereits selbst gemacht. Und als wäre es damit meine. Aber das ist sie noch lange nicht!

Wirksamkeit (der Signaturen im Horoskop)
(–100 % = negative Wirksamkeit, 0 % = neutral, +100 % = positive Wirksamkeit)

Venus Spiegelpunkt Jupiter = –60, Venus Quadrat Jupiter = –50, Venus Opposition Jupiter = –30, Venus Konjunktion Jupiter = +20, Venus Sextil Jupiter = +50, Venus Trigon Jupiter = +90, Venus in Schütze = +40, Venus im 9. Haus = +40, Jupiter in Stier = –20, Jupiter im 2. Haus = –20

Bedeutung der Karten im Legesystem

a) (als Einzelkarte oder als erste Karte):
   Das Problem

Du bist gerade dabei, dir wichtige Einsichten zu kaufen (oder sie zu verkaufen). D. h., was du hier als dein geistiges Eigentum herumträgst, gehört dir gar nicht. Da es noch nicht den Weg durch deine Seele genommen hat, hat es noch immer Warencharakter und soll als Schmuckstück dein EGO zieren. Du willst vielleicht sogar ein Handelsunternehmen darauf gründen. Das ist nur in dem Moment ein großes Problem, da du es nicht weißt oder dir einbildest, du hättest das, was du verkaufst (oder gerade kaufst), bereits verstanden.

b) (als Folgekarte): Der Weg durch das
   Problem hindurch

Einsichten führen in der Regel dazu, dass du etwas anderes (für dich sehr Wertvolles) loslassen müsstest, etwas, in dem du bisher festsitzt oder dessen Gefangener du bist. Ein Opfer muss auf deinem Weg gebracht werden, und dieses Opfer ist materiell. Gemäß dem Spruch: »Du kannst nicht die eine Hälfte des Huhnes zum Eierlegen und die andere zum Kochen verwenden«, musst du auf deinem Weg möglicherweise das Huhn (das dir bisher goldene Eier legte) freilassen.

c) (als Endkarte): Das Ergebnis des Weges

Du weißt jetzt, dass Einsichten (d. h. geistige Gebilde) in sich einen Wert haben, der nur für dich gilt. Niemand sonst kann sie von dir kaufen, von niemandem sonst kannst du sie kaufen. Sie wollen selbsthergestellt sein, »handmade« sozusagen.

Natürlich finden wir bei der Person dieser Karte auch jenes Bild, dass ich – um etwas zu verstehen – etwas für mich Wichtiges als Opfer bringen muss. Und dass es, je mehr es kostet, auch für mich besonders wertvoll ist. Damit aber wird unser Argument, dass ich mir etwas erkaufe, nicht im mindesten eingeschränkt.

Erläuterung der Karte

Eine Gruppe von Jüngern erkauft sich mit Wertgegenständen den Eingang zum Tempel. Erst wenn sie ihre Gegenstände abgeliefert haben, dürfen sie in das Heiligtum. Der Meister (der Schütze) steht am Eingang und verheißt ihnen (mit seinem heiligen Brimborium) Zugang zur Einsicht. Er macht aus seinen Einsichten ein Geschäft, wohl weil er sie selbst gekauft hat und jetzt damit ein Einzelhandels-Geschäft betreibt. Das Ganze wäre nicht das geringste Problem, wenn beide Parteien wüssten, dass über dem Tempel in Wahrheit in großen Lettern die Worte »Handel mit geistigen Früchten« stünde.

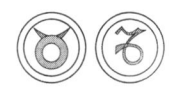

Die Verantwortung für die Schöpfung

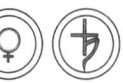

Signatur: **Stier/Steinbock, Venus/Saturn**

Thema als Kurzfassung

Die Verantwortung für die Welt, Die Kreatur und die Natur, Das Hegen und Pflegen, Das Nutzungsrecht, Die Sorge um die Abhängigen und Schwachen

Erläuterung der Signaturen

Die Natur folgt den Gesetzen von Geburt und Tod, Werden und Vergehen, Fressen und Gefressenwerden. Wird dieses Gleichgewicht gestört, kommt es zu einseitigen Überlastungen, die verheerende Wirkungen auf diese Ordnung haben können. Der Mensch ist das einzige Wesen, das die Fähigkeit und die Macht besitzt, in diesen Rhythmus einzugreifen. In den letzten Jahren wird viel diskutiert über die toten Meere, das Ozonloch, den ausgeraubten Boden, die sterbenden Wälder usw. Doch noch sehr wenige Menschen (es gibt Ausnahmen) sehen die Verantwortlichkeit bei sich selbst. Es ist zu einfach, die Schuld dafür den großen Konzernen und den Regierungen zuzuweisen. Wir alle leben von der Gedankenlosigkeit, mit der die Wirtschaft Erträge erzielt, die auf Kosten unserer Natur und auf Kosten der gesamten Erde gehen.

Die innere Person des Saturn, die der Hüter der Ordnung und der kosmischen Gesetze ist, vermählt sich in der Gestalt des Franz von Assisi mit der Venus, die von allen inneren Personen den stärksten Bezug zur Natur und zur Fruchtbarkeit hat. Zusammen mit dem strengen Lehrmeister kann sie sich nicht mehr nur dem eigenen körperlichen Wohl zuwenden. Der Blick richtet sich jetzt auf das große Ganze. Aus dieser Allianz entsteht Verantwortung sowohl für das Gleichgewicht der Natur als auch für die Tiere, die dem (überlegenen) Menschen seit der Vertreibung aus dem Paradies zur Obhut und Sorge ans Herz gelegt worden sind.

Die Arbeit des Einzelnen beginnt grundsätzlich in seiner nächsten Umgebung, in seiner kleinen Welt. Schon unsere Eltern ermahnten uns, niemals Brot (ein Symbol für die Gabe Gottes) wegzuwerfen und mit der Nahrung nicht achtlos umzugehen. Es war gar nicht so falsch, vor dem Essen ein Gebet zu sprechen und einmal im Jahr ein Ernte-Dank-Fest zu feiern. Es geht dabei nicht um Frömmelei, sondern um Bewusstheit. Machen wir uns klar, dass wir modernen Menschen uns sehr weit von diesem Bewusstsein entfernt haben. Wer denkt heute noch an die Tiere, die für uns ihr Leben lassen, wenn wir sie hübsch als Wurst verkleidet auf den Teller bringen! Es geht nicht darum, das Fleischessen zu verurteilen, sondern wieder einen Bezug zu dem natürlichen Kreislauf des »Fressens und Gefressenwerdens« herzustellen. Unsere Aufgabe ist es, uns daran zu erinnern. Aber wer möchte sich schon an die armen Tiere der Tierversuche erinnern, die nutzlos für Kosmetika gequält und geopfert werden. Da schauen wir lieber weg und projizieren diese Schuld nach außen. Wie viel der einzelne Mensch bewirken kann, können wir daran sehen, dass heutzutage (fast) niemand mehr Gänsestopfleber, Schildkrötensuppe und Froschschenkel essen möchte – und diese fast gänzlich von den Speisekarten verschwunden sind. Mache dir klar, es liegt an dir: Du trägst die Verantwortung.

Da Venus ebenfalls für die materiellen Werte zuständig ist, führt die Ehe mit Saturn auch in anderen Bereichen zu einer gewissen Härte. Die

Wirksamkeit (der Signaturen im Horoskop)
(–100 % = negative Wirksamkeit, 0 % = neutral, +100 % = positive Wirksamkeit)

Venus Spiegelpunkt Saturn = –70, Venus Quadrat Saturn = –60, Venus Opposition Saturn = –30, Venus Konjunktion Saturn = –30, Venus Sextil Saturn = –10, Venus Trigon Saturn = +10, Venus in Steinbock = –30, Venus im 10. Haus = –30, Saturn in Stier = –10, Saturn im 2. Haus = –10

Erläuterung der Karte

Das Bild zeigt einen Mann, der an den heiligen Franz von Assisi erinnert. Er ist ein Symbol für die Liebe des Menschen zur Natur und zur Kreatur. Tiere aller Arten nähern sich ihm voller Vertrauen. Er ist ihr Hüter und Freund, er hegt und pflegt sie. Als ein Teil der Natur trägt er – als der stärkere – die Verantwortung für die Schwächeren und Abhängigen. Der fruchtbare Boden, auf dem er wandelt, versorgt und ernährt ihn ebenso selbstverständlich, wie er wiederum Sorge für die Natur trägt.

Bedeutung der Karten im Legesystem

a) (als Einzelkarte oder als erste Karte): Das Problem

In deiner Umgebung befindet sich ein Geschöpf (Tier, Pflanze – oder gar ein hilfsbedürftiger Mensch), das schwach und in gewisser Weise von dir abhängig ist. Du bist unachtsam und bemerkst nicht, wie es ohne deine Zuwendung verkümmert oder verdörrt. Deine Aufgabe wäre es, dich zu kümmern und zu sorgen. Diese Sorge kann sich sowohl auf größere Zusammenhänge der Natur als auch auf deinen eigenen Körper beziehen. An irgendeiner Stelle handelst du verantwortungslos. Du kommst so lange aus einem Gefühl der seelischen Entbehrung und Leere nicht heraus, bis du dich seiner erinnert hast.

Aufgabe, die sich hier stellen kann, ist es, zu akzeptieren, dass du für dein Auskommen und Einkommen immer sehr hart arbeiten musst. Dass dir nichts geschenkt wird und dass du eventuell aufgrund dieser Konstellation auch sehr hart zu dir selbst sein kannst. Du gönnst dir nichts, deine Sinnlichkeit verkümmert, und der Boden deines (materiellen) Lebens ist öde und karg. In diesem Fall wird dir die Verantwortung mit Mitteln anerzogen, die fast wie eine Strafe wirken. Der sich daraus ergebende Sinn könnte sein: Wer kein Brot hat, kann auch keines wegwerfen. Die Völker, die sehr nahe am Existenzminimum leben, haben in der Regel wenig Möglichkeiten, den Raubbau, der an der Mutter Erde begangen wird, mitzumachen oder gar zu vergrößern. Wir alle werden früher oder später den Preis zahlen. Ein totes Meer hat keine Fische mehr und ein ausgelaugter Boden bringt keine Früchte und kein Korn mehr hervor.

b) (als Folgekarte): Der Weg durch das Problem hindurch

Dein Einsatz für andere, für die Welt und die Natur, ist gefordert. Auf deinem Weg musst du lernen, Verantwortung für Schwächere (evtl. von dir abhängige Geschöpfe) zu übernehmen. Das mögen Tiere, Pflanzen oder auch schutzbedürftige Menschen sein. Ohne dich ihnen zuzuwenden – und die Sorge um sie auf dich zu nehmen – geht es für dich (auf deinem Weg) nicht weiter.

c) (als Endkarte): Das Ergebnis des Weges

Du kennst jetzt den »heiligen Franz von Assisi« in dir. Fast ohne es zu bemerken (oder gar zu beabsichtigen) ist ein Teil von dir zum Leben erwacht, der es gut meint mit den Geschöpfen der Welt. Du bist bereit, Verantwortung zu tragen und fühlst dich im Einklang mit der Natur.

Der Abschied

Signatur: **Stier/Wassermann, Venus/Uranus**

Thema als Kurzfassung

Der Heimatvertriebene, Das Exil, Plötzlicher materieller Einbruch, Der Außenseiter, Ortswechsel, Freundschaften gehen auseinander (Der Verrat am Freund)

Erläuterung der Signaturen

Wir alle lieben die Sicherheit, die absichernden Lebensumstände, die von materiellen Dingen, von Freundschaften und von Gleichgesinnten ausgehen. Wir fühlen uns – verwurzelt in unserer Heimat, umgeben von Menschen, die uns wohlgesonnen sind – geborgen und angenommen. So möchte es die Stier-Venus: einen geschlossenen Lebensraum, an einen (oder mehrere) Menschen gekuschelt, umschlungen von wärmenden Körpern. Gruppierungen dieser Art sichern dem Menschen einen Platz in der Welt und helfen ihm dabei, sich nicht allein zu fühlen (was letztlich eine Illusion ist). Sie bestätigen seinen Wert, den er in den Augen der anderen ablesen kann. Gleiche Meinungen und gleiche Ziele machen stark und selbstbewusst. Sie sammeln die Energien vieler in einem Pool, in dem das EGO des Einzelnen dann genüsslich baden kann. Das Einzige, was für diese angenehme Zugehörigkeit abgelegt werden muss, ist die Individualität. Das Gemeinsame geht vor, es bietet Schutz und Sicherheit. Die Entwicklung allerdings döst bei derart viel Wärme so lange schläfrig vor sich hin, bis plötzlich (immer so plötzlich, dass es den Menschen unvorbereitet trifft) Uranus mit seinen explosiven Energien einen Hinauswurf in die Kälte initiiert. Er kommt entweder mit zerstörerischer Kraft schicksalshaft von »oben« (z. B. ein Börsenkrach, Geldverlust, Entlassung), oder er kommt verräterisch aus den eigenen Reihen. Der Freund, der plötzlich zum Feind wird, der Verräter, der dem gemeinsamen Pool das wärmende Element entzieht. Unsere Stier-Venus leidet Höllenqualen, denn die »Fröste der Freiheit« lassen insbesondere sie erzittern, und so klammert sie sich wie eine Schiffbrüchige ängstlich an das letzte bisschen Sicherheit, ohne je in Erwägung zu ziehen, dass der Auftrag, zu neuen Ufern aufzubrechen, auch Gewinn mit sich bringen könnte. Diese Vereinigung zweier im Inneren der Seele zutiefst gegensätzlicher Personen zwingen den Wanderer, der nicht wandern will, auf eine Reise, die er nur widerwillig über sich ergehen lässt. Er wurde zu schwer, zu unbeweglich, so dass das Schicksal seine Mauern einreißen und seine sich klammernden, eingeengten Wurzeln sehr brutal aus der Verfangenheit herausreißen muss. Dies ist der Weg des Menschen ins Exil, es ist das Thema des Ahasver (des ewig wandernden Juden), der sich nach einer Heimat sehnt und dennoch weiterziehen muss. Das Schicksal der Juden, deren Tempel zerstört wurde, die (immer in der Diaspora lebend) ewig auf der Suche nach einem Zuhause waren, von Ort zu Ort, von Land zu Land verwiesen wurden, zeigt uns sehr deutlich, wie zutiefst heimatlos ein derartiger Mensch sein kann.

Durch seine vielen Abschiede erfährt der Mensch, dass es keine Sicherheit in der materiellen Form gibt. Er lernt den Wechsel von »Binde« und »Löse« zu akzeptieren und wird dadurch freier und beweglicher.

Wirksamkeit (der Signaturen im Horoskop)

(–100 % = negative Wirksamkeit, 0 % = neutral, +100 % = positive Wirksamkeit)

Venus Spiegelpunkt Uranus = –80, Venus Quadrat Uranus = –60, Venus Opposition Uranus = –50, Venus Konjunktion Uranus = –30, Venus Sextil Uranus = +10, Venus Trigon Uranus = +30, Venus in Wassermann = –20, Venus im 11. Haus = –20, Uranus in Stier = –40, Uranus im 2. Haus = –40

Bedeutung der Karten im Legesystem

**a) (als Einzelkarte oder als erste Karte):
Das Problem**

Du möchtest gern in deinen abgesicherten Verhältnissen bleiben. Doch du bist in einem Lebensbereich zu schwer geworden. Die Gefahr besteht, dass deine Wurzeln sich so tief verankern, dass du nie wieder die Kraft haben wirst, dich zu lösen. Das Schicksal verordnet dir daher einen Zwangsaufbruch. Es verhilft dir zur Freiheit und damit zu deiner Weiterentwicklung.

**b) (als Folgekarte): Der Weg durch das
Problem hindurch**

Du wirst Sicherheiten und eventuell auch Freunde (oder für dich wichtige Gruppen) hinter dir zurücklassen müssen. Bestimmte Lebensbereiche und Zugehörigkeiten sind überaltert, du kannst in ihnen nichts mehr lernen. Auf deinem Weg liegt der schmerzhafte Abschied von Liebgewonnenem. Es hilft alles nichts, du musst weiterwandern, dich aufmachen zu »neuen Ufern«.

c) (als Endkarte): Das Ergebnis des Weges

Durch viele Abschiede weißt du jetzt, dass es keine Sicherheit in der materiellen Form geben kann. Du akzeptierst den Wechsel von Zugehörigkeit und Freiheit, den natürlichen Rhythmus von Ebbe und Flut, von »Binde« und »Löse«. Beides hat seine Zeit und seinen Wert. Nur der Mensch, der mit den Gezeiten lebt und sich mit seinem Schicksal verbindet, findet seinen Frieden.

Erläuterung der Karte

Wir sehen zerstörte Häuser und zwei Menschen, die sich mit ihrem Hab und Gut in verschiedene Richtungen auf den Weg machen. Der Blitz am Himmel zeigt an, dass solche Umstände sehr plötzlich entstehen können und wie sie den Menschen aus seiner Umgebung, aus seinen Freundschaften herauswerfen können, damit er aus einschläfernden Sicherheiten herausgerüttelt wird, um sich in neuen Situationen immer wieder neu zu erfahren. Die beiden müssen sich verabschieden.

Der Garten der Geister

Signatur: **Stier/Fische, Venus/Neptun**

Thema als Kurzfassung

Die Welt hinter der Welt, Die Heimatlosigkeit, Man hat keine Wurzeln, Das Aschenputtel-Syndrom, Keinen Sinn fürs Materielle, Alles Sichtbare ist nur ein Gleichnis

Erläuterung der Signaturen

Die Welt, in der diese innere Person zu Hause ist und in die wir – mit dieser Person als Führer – eintreten können, ist eigentlich die Welt des Märchens. Sie ist die Schutzheilige der Märchen, ihre Aufgabe ist es, das Märchen zu behüten, so dass Märchen nicht aus der Welt entfernt werden können – denn sie haben eine zu wichtige Funktion. Freilich: Um mich auf ein Märchen einzulassen, um in ein Märchen eintreten zu können, muss ich bereit sein, die reale Welt des Materiellen für eine gewisse Zeit zu verlassen, sie eine Zeitlang für nicht wirksam zu erklären. Dann, und nur dann, kann ich in die Welt des Märchens hineingelangen, in den Garten der Geister. Manche Menschen können die Realität niemals verlassen (außer vielleicht im Tiefschlaf), ihnen kann ein Märchen nichts bieten. »Kinderkram« sagen sie abfällig zu derart unglaubwürdigen Geschichten. Andere Menschen hingegen leben fast ständig in dieser »Welt hinter der Welt«. Ihnen kann die normale Welt nicht sonderlich viel bieten. Ja, sie verstehen diese nicht und sind in ihr nicht zu Hause. Von diesem Phänomen handelt unsere Karte. Was sich in unserer Beschreibung dieser inneren Person bis jetzt recht interessant und ziemlich wohlklingend anhört, hat allerdings ein tiefes Problem in sich, das wir hier mit dem Namen Aschenputtel-Syndrom beschreiben wollen. Aschenputtel hatte keine Eltern mehr, kein Heim, kein Zuhause. Sie lebte in einem Haus, das einmal ihr Heim war, quasi als Dienstbotin. Andere Menschen hatten ihr Heim und ihren Vater okkupiert, und jetzt musste sie niedere Arbeiten verrichten – und ansonsten träumte sie.

Von einem heiratsfähigen Prinzen, der auf der Suche nach seiner Prinzessin war, von einer Fee, von einem großen Ball, von ihrer Verwandlung, von einem wunderschönen Kostüm, von einem himmlischen Tanz und dass er – der Prinz – sie anschließend im ganzen Lande suchen würde. Es sind dies alles Dinge, die in ihrem Traum geschahen und an denen sie nur passiv beteiligt war. D.h., *niemals musste sie aktiv irgendetwas tun.* Es kommt alles von selbst: die Fee und die Kutsche und die Aufforderung zum Tanz. Nie musste Aschenputtel selbst etwas unternehmen! Ja, die Wahrheit ist: Sie kann gar nichts tun, denn das alles findet ohnehin nur im Traum statt. Das Einzige, was ihr in der Realität zu tun verbleibt, besteht darin, passiv eine (objektiv gesehen) niedere Arbeit zu verrichten. Sei es Hausarbeit, sei es Gartenarbeit, sei es, was es sei. Diese Person hat zur Realität, zur Materie, zur Welt des Ego-Kampfes kein Verhältnis. Sie kann die materielle Welt nicht in Besitz nehmen, sie kann keine Wurzeln schlagen, sie hat hier keine Heimat. Materie hat für sie keinen objektiven Wert, sondern nur subjektiven Wert als Symbolmaterial für ihre Träume. Und so findet sie sehr schnell heraus, dass die Welt, in der die normalen Menschen leben, ihr gar nichts zu geben vermag. Die Ziele, für die die normalen Menschen sich anstrengen und die diese aktiv herbeizuzwingen versuchen, sind nicht ihre Ziele. Diese Person ahnt, dass die Welt eigentlich Maya ist, eine Illusion, ein Schein, und dass hinter der Welt ein Garten der Geister sich befindet. Aber noch ahnt sie es nur, noch weiß sie es nicht. Und der Preis, den sie irgendwann einmal

Wirksamkeit (der Signaturen im Horoskop)
(–100 % = negative Wirksamkeit, 0 % = neutral, +100 % = positive Wirksamkeit)

Venus Spiegelpunkt Neptun = –60, Venus Quadrat Neptun = –50, Venus Opposition Neptun = –40, Venus Konjunktion Neptun = –30, Venus Sextil Neptun = +20, Venus Trigon Neptun = +20, Venus in Fische = –30, Venus im 12. Haus = –30, Neptun in Stier = –60, Neptun im 2. Haus = –60

Bedeutung der Karten im Legesystem

a) (als Einzelkarte oder als erste Karte):
   Das Problem

Ohne es zu merken, bist du in einen Traum versunken, wartest darauf, dass er sich erfüllt, und bist damit aus der Realität geflüchtet. Derartige Träume sind wie Drogen, die dich immer weltfremder machen und von denen du doch nicht lassen kannst. Sie lullen dich ein in eine Wirklichkeit, die es hier auf Erden nicht gibt, und vor allem: Sie machen dich passiv.

b) (als Folgekarte): Der Weg durch das
   Problem hindurch

Ein wichtiger Schritt für deine Entwicklung besteht darin, dass du irgendwann das, was du Heim oder Heimat nennst, verlassen musst, um dich auf den Weg zu machen. Dazu gehört mitunter, dass du dich von einem Großteil deines Besitzes löst, denn diese materiellen Dinge binden dich zu sehr. Mit einem derartigen Klotz am Bein kannst du nur noch träumen, aber nicht mehr weitergehen.

c) (als Endkarte): Das Ergebnis des Weges

»Jede Erscheinung auf Erden ist nur ein Gleichnis«, diesen Satz hast du am Ende in seiner ganzen Tiefe verstanden. Damit aber brauchst du wirklich nicht mehr einzugreifen in das Spiel der Kräfte und kannst passiv die Gleichnisse betrachten – und an ihnen dich erkennen.

für ihr Wissen zu zahlen hat, besteht in ihrer Besitzlosigkeit und Passivität und Heimatlosigkeit – hier auf Erden.

Erläuterung der Karte

Eine junge Frau befindet sich in einem Garten und pflanzt einen Busch in die Erde. Sie ist ganz ihrem Inneren zugewendet, denn hier laufen ihre Bilder ab, ihre Träume. Feen tanzen in ihrem Garten, die Blumen sprechen mit ihr, sie lebt in einem Garten der Geister und ist versunken in diese Welt der Bilder. Dass es da draußen eine reale Welt gibt, nimmt sie zwar zur Kenntnis, aber diese bedeutet ihr lange nicht so viel wie ihre kleine private Welt der Märchen.

Der Stratege

Signatur: **Zwillinge/Jungfrau, Merkur/Merkur**

Thema als Kurzfassung

Der Intellektuelle, Die Kontrolle, Das Taktieren, Die Wissenschaft, Das Leben aus dem Kopf, Der Diplomat, Die Kausalität (Gesetz von Ursache und Wirkung)

Erläuterung der Signaturen

Wir treffen hier auf eine Person, die alles, was nicht rational zu erklären ist, aus ihrer Welt verbannt hat. Ihr Leben besteht aus einem Reißbrett und wird Zug um Zug (wie bei einem Schachspiel vorausberechnet, und jede Eventualität ist einkalkuliert. Diese Person ist das, was landläufig ein »Eierkopf« genannt wird, d.h., es findet alles nur im Kopf statt. Weder das Herz noch der Bauch spielen in dem Spiel dieser Person eine Rolle. Alles, was bedrohlich ist, alles, was aus dem Reich der Gefühle stammen könnte, alles, was aus den unbewussten Regionen der Tiefe herrührt, ist aus diesem Leben ausgegrenzt. Man lebt aus der Wissenschaft und aus den Büchern, alles andere wird als irrational und d.h. nicht vorhanden umgangen. Ein solches Leben weiß alles, denn es hat sich über alles informiert, aber es fühlt nichts mehr, und damit lebt es nicht mehr. Im Gegensatz zur DIENERIN, die ja noch eine unbändige Angst hatte, dass in ihre Welt das Unvorhergesehene einbrechen könnte, lebt der STRATEGE (über eine geraume Zeit) ohne jegliche Angst. Anders gesagt, er hat sogar noch seine Angst verdrängt. Zwischen dem Kopf und allen anderen Körperteilen hat er eine Betonplatte eingezogen, so dass von unten nichts nach oben dringen kann.

Von allen zwölf Puppen, die das Leben so bunt und auch so gefährlich machen, spielen auf seinem Schachspiel (höchstens) noch vier mit: Sie schiebt er dorthin, wo es ihm vernünftig erscheint. Jeder Zug ist genau geplant und rational abgesichert. Damit aber wird seine Welt grau, farblos, strohtrocken, und er wird zu einem seelischen Stubenhocker. Sein Raum ist die Bibliothek, und sein Stuhl ist der Lehrstuhl. Es gibt in seiner Suppe des Lebens weder Salz noch Pfeffer, wenn sie auch – wie er es gerne nennt – »ausgewogen und gesund« ist. Diese Suppe richtet in der Tat kein Unheil an, aber d.h. noch längst nicht, dass sie »Heil« anrichtet – sie richtet gar nichts an! Bei Höhen oder Tiefen macht er ganz einfach nicht mit; über die Worte »Abenteuer«, »Risiko« oder »Mut« kann er lange Vorlesungen halten, einlassen würde er sich darauf nicht.

Er hat die hohe Fähigkeit, zu helfen, ein Leben »in Ordnung« zu bringen, und er kann gut zuhören, solange es sich um Dinge an der Oberfläche handelt. Sein »Schatten« ist die Tiefe. Diese meidet er. Und so liegen »unter ihm« all jene irrationalen Figuren und warten nur auf eine Gelegenheit, zum Leben zu erwachen und ihn von unten endlich das Fürchten zu lehren. Eine Gabe, über die er – wie schon gesagt – nicht verfügt. Man kann sich vorstellen, dass – bei so viel Trockenheit der Seele – der Bach, wenn er dann einmal Wasser führt, von ihm wie ein reißender Fluss wahrgenommen wird, der seine ganze Rationalität angsterzeugend wegspült.

Wirksamkeit (der Signaturen im Horoskop)

(–100 % = negative Wirksamkeit, 0 % = neutral, +100 % = positive Wirksamkeit)
(Zwischen Merkur und Merkur gibt es keine Oppositionen, Quadrate, Trigone, Sextile oder Konjunktionen. Da Merkur im Horoskop nur einmal vorhanden ist, kann er mit sich selbst keine Winkelbeziehungen bilden.)
Merkur beim Zwillingeaszendent als Herrscher von 1 im 3. Haus = –30 (im 6. Haus = –50), Merkur beim Jungfrauaszendent als Herrscher von 1 im 3. Haus = –30 (im 6. Haus = –50)

Bedeutung der Karten im Legesystem

a) (als Einzelkarte oder als erste Karte): Das Problem

Du lebst im Moment ein Leben auf dem Trockendock. Dich hält ein Virus gepackt und sein Name lautet: Vernunft oder Rationalität. Du kennst das Wasser der Gefühle nur aus Büchern und versuchst, deine Welt allein mit dem Kopf geregelt zu bekommen. Das mag eine Zeit lang möglich sein, aber während dieser Zeit lebst du nicht. Du bist zur Mumie vertrocknet, und alles, was du sagst, klingt irgendwie staubig.

b) (als Folgekarte): Der Weg durch das Problem hindurch

Handle klug und wohlüberlegt! Plane deine Schachzüge sorgfältig – lasse dich nicht von deinen Gefühlen hinreißen. Nimm dir Zeit und verschaffe dir zuerst einen Überblick. Denke im Voraus daran, dass alles, was du heute tust, Konsequenzen hat, dass auf eine Ursache eine Wirkung folgt, und nimm die Wirkung vorausschauend wahr.

c) (als Endkarte): Das Ergebnis des Weges

Du wirst viele Dinge geordnet und geklärt haben. Es geht darum, die Abläufe deines Lebens besser verstehen zu lernen. Ursache und Wirkung werden von dir als Einheit gesehen: d. h., du verstehst jetzt, welche Ursachen mit Notwendigkeit bestimmte Wirkungen hervorbringen, und du kannst dich danach richten.

Erläuterung der Karte

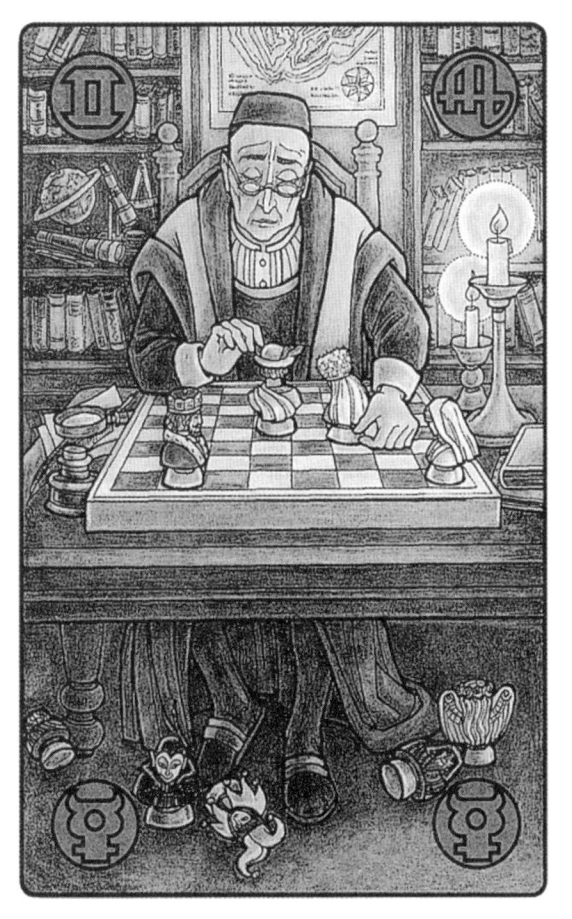

Ein älterer Mann sitzt in seiner Studierstube vor einem Schachspiel und wägt sorgfältig jeden Zug ab. Sein Leben ist äußerst überlegt und kontrolliert. Unter dem Tisch liegen jene Figuren, mit denen er schon lange nicht mehr spielt: die »bösen« Buben und Mädels des Bauches und des Unbewussten. Sie führen unter dem Tisch ein Schattendasein und warten nur darauf, hier eine eigene Welt zu errichten und die Puppen (oben) im richtigen Moment kräftig tanzen zu lassen.

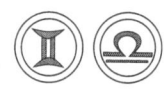

Marktplatz der Eitelkeiten

Signatur: **Zwillinge/Waage, Merkur/Venus**

Thema als Kurzfassung

Sehen und Gesehenwerden, Beziehung als Ego-Aufwertung, Der Zeitvertreib,
Mit jemandem etwas unternehmen, Gemeinsamkeit darstellen

Erläuterung der Signaturen

Die beiden Prinzipien – Waage und Zwillinge –, die hier aufeinander treffen, sind beides Luftzeichen. Verbindet man Luft mit Luft, so ist sehr schnell und problemlos ein Kontakt hergestellt. Doch es gibt wenig Chancen, ihn über längere Zeit zu halten, da die beiden sich nicht wirklich, nicht dauerhaft, miteinander vereinigen können. Dies ist auch schon der tiefste Kern und damit das Problem dieser Allianz. Unser Paar (Waage) trifft auf den leichtfüßigen Merkur. Zu schnell reichen sie einander die Hand, zu unkompliziert und unverbindlich ist der Kontakt. Die beiden gehen in die Welt hinaus, um zu zeigen, dass sie zusammengehören, um eine Gemeinsamkeit zu demonstrieren, die (noch) keinen Boden, keine Geschichte hat und an der noch nicht gearbeitet wurde. Jeder der beiden ist die Ich-Verlängerung des anderen, jeder eine Pfauenfeder am Ego-Schmuck des Partners. Zugegeben, zuerst einmal bereiten sie einander Freude, genießen den gemeinsamen Zeitvertreib auf dem MARKTPLATZ DER EITELKEITEN. Die Beziehung wird zur Selbstdarstellung. Zu zweit erreicht man auf einmal mehr Aufmerksamkeit als allein, der andere gibt einem eine Bedeutung, die man ohne ihn nicht so leicht erreichen könnte. Der äußere Glanz dieser Beziehung ist bestechend und verführerisch. Und er verführt zur glänzenden Oberfläche und damit zur Oberflächlichkeit. Wenn die Energien beider Beteiligten nur nach außen gerichtet sind, wie mag dann wohl das Verhältnis im Inneren der Beziehungs-Seele aussehen? Ist es dort nicht leer und hohl, weil letztlich keiner »zu Hause« ist, da sich beide im Sehen und Gesehenwerden verlieren? Fühlt man etwas tiefer hinein in diese »leichte« Verbindung, so ist es plötzlich nicht mehr nur angenehm, ein »Schmuckstück« des Partners zu sein, das er stolz der Welt zeigt, das er »vorführt«, und für das er – eventuell – zu Hause wenig Interesse zeigt, da andere ihn dort nicht sehen und für diese Kostbarkeit bewundern und loben können. So entsteht eine nach außen orientierte Beziehung, die im Inneren wenig Gemeinsamkeiten aufweist, wo beide letztlich nebeneinander durchs Leben gehen – und nicht miteinander –, also ohne sich wirklich zu berühren. Irgendwann einmal gleiten sie genauso leicht und unmerklich auseinander. Der einzige Schmerz, der diese Trennung begleitet, ist das Ausreißen der Ego-Feder, das eine oberflächliche Verletzung und eine kleine kahle Stelle hinterlässt, die jedoch von einem neuen *Begleiter* (denn dieses ist die richtige Bezeichnung) sehr schnell wieder zugedeckt werden kann.

Dieses »Beziehungsmuster« trifft nicht nur auf gegengeschlechtliche Partner zu. Jeder von uns kennt Menschen, die ihn aufwerten, die ihn allein dadurch »größer« machen, dass er sie kennt. Prominente und berühmte Menschen können sich oft der vielen »Freunde« kaum erwehren. Ihr Glanz strahlt auf jeden ab, der sich in ihrer Nähe aufhält und dessen Absicht es ist, sich in ihrer Berühmtheit zu sonnen. Schon ein ganz lässig, ganz nebenher (an der richtigen Stelle) eingeworfener Name putzt ungemein und wertet das EGO auf. Ein Lieblingsspiel der Menschen, die sich selbst als unwichtig und belanglos empfinden.

So wird eine Beziehung benutzt – und nutzt

Wirksamkeit (der Signaturen im Horoskop)
(−100 % = negative Wirksamkeit, 0 % = neutral, +100 % = positive Wirksamkeit)
(Zwischen Venus und Merkur gibt es keine Oppositionen, Quadrate und Trigone)

Merkur Spiegelpunkt Venus = −60, Merkur Konjunktion Venus = +20, Merkur Sextil Venus = +30, Merkur in Waage = +50, Merkur im 7. Haus = +50, Venus in Zwillinge = +40, Venus im 3. Haus = +40

Erläuterung der Karte

Das Bild zeigt einen Marktplatz, auf dem Menschen – zumeist paarweise – herumschlendern. Sie grüßen, sie schauen, sie wollen sehen und gesehen werden. Es ist kein buntes, fröhliches Treiben, sondern eher ein leicht gelangweiltes Auf- und Abgehen, um sich die Zeit zu vertreiben. Die gedeckte Farbgebung symbolisiert die Eintönigkeit eines solchen Geschehens und drückt aus, dass keine Höhen und Tiefen zu erwarten sind.

Bedeutung der Karten im Legesystem

a) (als Einzelkarte oder als erste Karte): Das Problem

Deine Beziehung (oder dein Beziehungswunsch) ist im Moment hohl und leer, denn es ist ein Ego-Wunsch. Alle deine Energien sind auf die Oberfläche gewandert – um sie auszuschmücken und dich dort gefällig darzustellen. Du bist entweder »Schmuckstück« für einen anderen geworden oder du selbst benutzt deinen Partner, um dein EGO aufzuwerten. In eurer Gemeinsamkeit ist keine Tiefe, sondern eher Langeweile und Lustlosigkeit zu finden, die ihr mit »Spielchen« zu überbrücken versucht.

b) (als Folgekarte): Der Weg durch das Problem hindurch

Deine Partnerschaft ist in einer ganz gewöhnlichen, durchschnittlichen Phase: keine Höhen, keine Tiefen. Ihr lebt nebeneinander her. Dies ist für den jetzigen Zeitpunkt und für die Lösung deines Problems der einzig richtige Weg. Eventuell soll dir auf diese Weise etwas Ruhe gegönnt werden, um die Fäden zu lockern (dich zu entspannen), so dass du mit etwas Abstand deine Neutralität zurückgewinnen kannst.

c) (als Endkarte): Das Ergebnis des Weges

Äußerlichkeiten sind ein Teil des Lebens, also auch des Beziehungs-Lebens. Sie gehören mit zum Spiel, und du wirst gelernt haben, das Spiel mitzuspielen, ohne ihm zu viel Bedeutung beizumessen.

sich daher auch genauso schnell ab, wie falsches Gold, das vorübergehend glänzt wie echtes. Der positive Aspekt dieser beiden Personen, die so leicht und freudig miteinander spielen können, wird durch das gegenseitige Benutzen oft zugrunde gerichtet. Gemeinsam etwas zu unternehmen, ohne Verpflichtungen eingehen zu müssen, ohne sich mit dem anderen (oder über den anderen) zu »beschweren«, könnte die beiden einen Ausflug lang unterhalten und auf angenehme Weise die Zeit vertreiben. Doch ob sich ein Leben damit füllen lässt…

Der Rattenfänger

Signatur: **Zwillinge/Skorpion, Merkur/Pluto**

Thema als Kurzfassung

Jemandem auf den Leim gehen, Die Suggestion, Der Propagandist, Der Überredungs-Künstler, Die Kaufsucht, Die Werbung (Bilder, die dich zu etwas verlocken sollen)

Erläuterung der Signaturen

Diese innere Gestalt tritt auf den ersten Blick unscheinbar auf, gleichsam harmlos. Und dennoch: Sie möchte dir etwas – sei es materiell, sei es geistig – verkaufen, sie möchte, dass du ihr auf den Leim gehst. D. h., sie will dich veranlassen, selbst zu einem RATTENFÄNGER zu werden, oder dich wenigstens einem RATTENFÄNGER anzuschließen. Verstehe das nicht falsch, es muss nicht immer ein Mensch sein, der dich veranlassen möchte, ihm zu folgen. Nein, beispielsweise die gesamte Werbeindustrie lebt davon, dass du ihren Flötentönen möglichst blind hinterherläufst und auf die (versprochene) Unwiderstehlichkeit ihrer Produkte hereinfällst. Der RATTENFÄNGER hat immer ein dahinterliegendes Motiv, mit dem er dich packt: Er verspricht dir, dass – indem du dich ihm anschließt – er dich aus deiner Belanglosigkeit und Mittelmäßigkeit herausführen wird. Eigentlich aus deiner Unsichtbarkeit. So, wie du bist, sagt er (ohne je diese Worte zu verwenden), hast du keinen »Namen«, niemand kennt dich, niemand nimmt von dir Notiz. Folgst du meinem Flötenspiel, so wirst du dir einen Namen machen. Eine der großen Rattenfänger-Ideen der Weltgeschichte war der Turmbau zu Babel: »Wohlan«, sagten sie, »lasst uns eine Stadt bauen und einen Turm, dessen Spitze bis zum Himmel reicht. Wir wollen uns einen Namen machen.« (Genesis 11,4)

Gerade im Bereich der so genannten Esoterik tummelt sich eine große Schar von Ideen-Verkäufern, die dir Nähe zu Gott und damit Größe und Herrlichkeit verheißen, und wenn du bereit bist, ihnen zu folgen, geben sie dir als Erstes eine »Einweihung« und dann einen neuen Namen. Du heißt jetzt »Aviram Rinpoche«, und die Übersetzung dieses Namens lautet »Stolz wie Oskar«. Nun, dagegen ist nichts einzuwenden, außer: Du weißt es nicht! Das Ganze ist um keinen Deut edler, als wenn du dir auf der weltlichen Ebene einen Adelstitel kaufst oder dich zum Konsul von Nicaragua küren lässt. Der RATTENFÄNGER führt dich in ein oberflächliches Ansehen. D. h., du folgst ziemlich blind einer Idee, obwohl du gar nicht weißt, wohin das führt. Wohin er dich mit seinem Flötenspiel lockt, das sagt er dir nämlich nicht. Du lauschst nur diesen überredenden, süßlichen Tönen, folgst dem, was der RATTENFÄNGER dir jeweils einimpft und bleibst dabei in einem hohen Maße unbewusst, d. h., du willst auch gar nicht so genau wissen, was da geschieht.

Wirksamkeit (der Signaturen im Horoskop)

(–100 % = negative Wirksamkeit, 0 % = neutral, +100 % = positive Wirksamkeit)

Merkur Spiegelpunkt Pluto = –60, Merkur Quadrat Pluto = –40, Merkur Opposition Pluto = –30, Merkur Konjunktion Pluto = –20, Merkur Sextil Pluto = +20, Merkur Trigon Pluto = +30, Pluto in Zwillinge = ? (Pluto verließ um 1914 das Zeichen Zwillinge – wir haben zu wenig Erfahrungen damit), Merkur in Skorpion = –30, Merkur im 8. Haus = –30, Pluto im 3. Haus = –30

Bedeutung der Karten im Legesystem

a) (als Einzelkarte oder als erste Karte): Das Problem

Ohne es zu ahnen, bist du einem Menschen oder einer Idee auf den Leim gegangen. Jetzt hält dich dieses Geschehen gefangen, und du bist von den einlullenden und (zugegeben) betörenden Flötentönen ganz benommen. Es gibt leider niemanden, der dich – wie damals Odysseus – am Mast hätte festbinden können, so dass der süßliche Gesang der Sirenen dir nichts hätte anhaben können.

b) (als Folgekarte): Der Weg durch das Problem hindurch

Auf deinem Weg ist es nicht zu umgehen, dass du vielen Flötentönen folgst, auch wenn sie sich (nach Monaten oder Jahren) als hohle Versprechungen erweisen. Je mehr *du selbst* herausfindest, was eine schöne Idee und was das Leben ist, desto weniger fällst du in Zukunft auf Verführungen herein, desto weniger willst du jemandem etwas verkaufen (oder selbst etwas kaufen)!

c) (als Endkarte): Das Ergebnis des Weges

Am Ende wirst du nicht erhalten, was dir verheißen worden ist. D.h., du begreifst, man hat dir eine Karotte vor die Nase gehalten, und es kann sein, du fühlst dich jetzt als Esel. Die Wahrheit aber ist: Du bist endlich aus deinem Sessel aufgestanden und ohne Anführer losgegangen – und genau darum ging es!

Erläuterung der Karte

Ein buntgekleideter Flötenspieler führt eine Schar von Menschen aus dem Einerlei der Stadt heraus auf einem Weg, von dem keiner weiß, wohin er führt. Die Zuhörer sind gebannt von seinem Spiel und folgen ihm – als wären sie in Trance – heraus aus der Sicht ihres geborgenen Daseins, hinein in die Unsicherheit einer Verlockung. Das Problem besteht nicht darin, dass sie ihre Stadt verlassen, das tut jedem Menschen zur rechten Zeit sehr gut. Das Problem besteht darin, dass sie nicht hinausgehen, um ein Stück Unabhängigkeit und Freiheit auszuprobieren, sondern weil sie einer Idee folgen, die ihnen von unsichtbaren Mächten schmackhaft gemacht worden ist. Und: Diese Unsichtbaren wollen immer etwas anderes, als du glaubst.

Meister und Schüler

Signatur: **Zwillinge/Schütze, Merkur/Jupiter**

Thema als Kurzfassung

Das Lernen und das Lehren, Das geistige Gefälle, Der ewige Schüler, Der Hochstapler, Die geistige Unverbindlichkeit

Erläuterung der Signaturen

Diese Karte verbindet zwei innere Personen: den, der etwas zu lernen hat, mit dem, der etwas zu lehren vermag. Auf unserem Bild sehen wir sie als MEISTER (Jupiter) und SCHÜLER (Merkur) in einer gemeinsamen Lehrstunde. Die Auseinandersetzung mit dieser auf den ersten Blick unkompliziert erscheinenden Situation wird erst dann problematisch, wenn der Betrachter sich weder mit der gebenden (lehrenden) noch mit der nehmenden (lernenden) Seite identifizieren kann. Wenn er sozusagen in der Mitte dieses geistigen Flusses steht und ihn die Wogen seines Schicksals weder eindeutig nach oben (ins Lehramt) noch eindeutig nach unten (in die Schülerschaft) mitnehmen. Diese Mitte ist ein schwer zu akzeptierender Standort, da sich aus ihr zwei unterschiedliche Problemkreise ergeben.

Erstens: Du hast schon sehr viel gelernt, doch du fühlst dich zu klein, zu unbedeutend, um dieses Wissen weiterzugeben. Der Meister, an dem du dich mißt, schwebt weiterhin in unerreichbarer Höhe über dir, und du verachtest dich dafür. Du bleibst ein »ewiger« Schüler und leidest darunter.

Zweitens: Du maßt dir die Position der »Höhe« an, erklimmst diesen Berg auf leicht zusammengetragenen (Informations-)Stufen, hast kein echtes Fundament, von dem aus du die Befugnis und Berechtigung für dieses Amt hättest. Aus dieser Position ist – da du dich ja schon »gebend« gebärdest – kein Lernen und damit kein Wachstum mehr möglich. Du wirst zum Hochstapler (mitunter ohne es zu merken) und kannst es dir jetzt auf keinen Fall mehr leisten, klein zu sein.

Ob du eher ein ewiger Schüler oder ein Hochstapler bist, entscheidet die Qualität deines EGO, nämlich ob du eher aktiv oder passiv bist. Beide Identifikationen beinhalten eine »ungesunde Mitte«. Mit einem oberflächlich zusammengetragenen Wissen den »Meister« zu spielen oder mit ewig offenen Händen die Gurus dieser Welt anzubetteln, zeigt gleichermaßen wenig Verantwortlichkeit und Mut. Dem ewig Lernenden fehlt es an den Geisteskräften, sein Wissen kreativ umzusetzen und andere daran teilhaben zu lassen – er wird so zum geistigen Parasiten. Derjenige, der auf billigem Wege das Geistesgut anderer verwertet und verkauft – ohne eigene vertiefende Erfahrungen – wird ebenfalls zum Nutznießer fremder Arbeit und Erkenntnisse. Er wird zu einem »blinden Huhn«, das sich mit den bunten Pfauenfedern der Philosophie schmückt.

Die Lösung für den Menschen, der sich lebendig zwischen diesen beiden Polen (deren Achse man auch die Erkenntnisachse nennt) bewegt und sich entwickeln möchte, ist folgende: Jeder Lehrer ist in Wirklichkeit seinen Schülern nur einige winzige Schritte voraus (sonst könnten sie nicht *seine* Schüler sein). So kann er Gelerntes ohne großes Gefälle und ohne unnötigen Abstand weitergeben. Dadurch, daß er sich sozusagen »auslehrt«, schafft er Raum für die Botschaften seiner Meister und Lehrer, von denen er wiederum lernen kann. Auf diese Art und Weise steht er in der Mitte eines kreativen Wissensstromes. Dieser Geistesfluß verbindet das Oben mit dem Unten, bis sich irgendwann der Kreis schließt und die ehemals getrennten Positionen wieder eins werden.

Wirksamkeit (der Signaturen im Horoskop)

(–100 % = negative Wirksamkeit, 0 % = neutral, +100 % = positive Wirksamkeit)

Merkur Spiegelpunkt Jupiter = –80, Merkur Quadrat Jupiter = –60, Merkur Opposition Jupiter = –50, Merkur Konjunktion Jupiter = –20, Merkur Sextil Jupiter = +20, Merkur Trigon Jupiter = +50, Jupiter in Zwillinge = –30, Merkur in Schütze = –20, Merkur im 9. Haus = –20, Jupiter im 3. Haus = –30

Bedeutung der Karten im Legesystem

a) (als Einzelkarte oder als erste Karte): Das Problem

Zwischen dem Schülerdasein und dem Lehrerdasein gibt es einen mittleren Punkt. An diesem Punkt hängst du im Moment fest, hast dich in ihm verloren. Weder kannst du dich dazu definieren zu lernen, noch findest du den Mut zu lehren. Dieses Niemandsland raubt dir intellektuelle Energien, und du fühlst dich zwischen dem »nicht mehr« und dem »noch nicht« gefangen. Dein bis dahin erlerntes Wissen bleibt unverbindlich – es gibt im Moment keine geistige Entwicklung.

b) (als Folgekarte): Der Weg durch das Problem hindurch

Du wirst auf deinem Weg zweigleisig »fahren« müssen. Deine linke Seite ist noch Schüler, deine rechte schon Lehrer. Beides gehört gleichermaßen und gleichzeitig zu deiner momentanen Entwicklung. Solange du dich nicht einseitig definierst, bringst du die Energien in jenen Fluss, der dich weiterträgt.

c) (als Endkarte): Das Ergebnis des Weges

Du bist ein geistiger »Mittler« geworden. Je nach Bedarf und Zielgruppe nimmst du Wissen auf bzw. gibst du Wissen ab. Du kannst jetzt beides. Dein Wissen ist nicht unverbindlich geblieben, es hat therapeutische Kraft bekommen. Es erreicht die Tiefe deines Daseins und wird so zu einem kreativen Fluss, der das Land befruchtet. Und du kannst akzeptieren, dass der Fluss noch längst nicht im Meer angelangt ist.

Erläuterung der Karte

Das Bild zeigt einen MEISTER und einen SCHÜLER im Garten eines Tempels. Der in jupiterhafte Farben gekleidete Meister steht ruhig, beobachtend, hinter seinem Adepten. Der junge Mann kniet vor ihm und reinigt die Essensschalen. Er bezeugt auf diese Weise, mit welchem Mut er den Lehren seines Gurus folgen möchte. In vielen Klöstern und Tempeln der verschiedensten Kulturen ist und war seit jeher das Dienen und das Verrichten einfacher Arbeiten ein Zeichen der Ehrerbietung. Oft mussten die Schüler viele Jahre ausharren, bevor sie zum wahren Studium zugelassen wurden.

Das Gebrechen

Signatur: **Zwillinge/Steinbock, Merkur/Saturn**

Thema als Kurzfassung

Die Behinderung, Lernschwierigkeiten, Die Kontaktarmut, Der Invalide, Die Bedächtigkeit, Klarheit im Denken

Erläuterung der Signaturen

Es gibt Zeiten, in denen die Schicksalskräfte des Saturn sich der inneren Person des Vermittlers bemächtigen. Dies sind Zeiten der Hinderung, der Unbeweglichkeit und der (körperlichen) Blockaden. Es fällt uns besonders schwer, diese zwangsverordnete Bürde zu akzeptieren, wenn der Mensch sie nicht nur zeitweise, sondern eventuell ein ganzes Leben lang zu tragen hat. Körperliche und geistige Behinderungen sowie Sprach- und Kontakthemmungen sondern den Betroffenen von seinen Mitmenschen ab und stellen dennoch sein Schicksal für jedermann sichtbar zur Schau. Seine Umgebung kann so unangenehm von ihm berührt sein, dass es z.B. gang und gäbe war, behinderte Kinder zu verstecken oder (wie uns die jüngste Geschichte lehrt) diese Menschen als »unwert« zu vernichten. Offensichtlich wollen wir mit den GEBRECHEN anderer (und damit natürlich mit unseren eigenen) nichts zu tun haben. Sie erinnern zu heftig an die Macht des Objektiven und an die Hilflosigkeit, mit der wir diesen Kräften ausgeliefert sind. Keine unserer inneren Personen kann so *sichtbar* verletzt werden wie dieser Schauspieler, dessen Lebensbereich die Bühne ist. Sowohl seine lockere Anmut als auch seine Unvollkommenheit werden auf der »Bühne« seiner Körperlichkeit zur Schau gestellt. Durch den Saturn wird er aus seiner Rolle und aus seinem Amt der Vermittlung (das ihn zu einem überall gern gesehenen Gast macht) entlassen. Durch die Härte des »Meisters« wird er einer Prüfung unterzogen, die ihn bremsen und mitunter sehr schwer machen kann. Das schon sprichwörtliche Quecksilber des Merkur wird mit dem Blei des Saturn legiert und damit gravierend verwandelt. Die auf der Begegnungsoberfläche tänzelnde Unverbindlichkeit des »Vermittlers« wird erschwert, die Flüchtigkeit, mit der er normalerweise seinen Weg geht (und auch gehen darf) wird korrigiert, und er wird zur Verantwortung gezogen. Seine Gedanken werden konzentriert und damit zur Bedächtigkeit gezwungen. Die Zeit vergeht langsamer, er hat genügend »lange Weile«, um sich bewusst in seinem Umfeld umzuschauen. Den Leichtfertigen und Gedankenlosen wurde früher oft eine Eisenkugel ans Bein gebunden, heute ist es wohl eher ein Gipsverband, wie er auf der Karte abgebildet ist.

Stellen wir uns einen Menschen vor, der seinen Unterhalt mit der Vermittlung irgendeiner Ware verdient: Er pendelt zwischen zwei Parteien hin und her und überbringt ein Paket, dessen Inhalt ihm unbekannt ist. Eines Tages treten verzögernde Umstände auf, die ihn veranlassen, das Paket zu öffnen. Er stellt fest, dass sich schädliches, gefährliches Material in ihm befindet (z.B.: Giftmüll, Drogen, Waffen etc.). Seine vermittelnde Neutralität und die Leichtigkeit seiner Tätigkeit sind schlagartig verschwunden. Betroffen und schuldbewusst weiß er nicht, wie er jetzt »handeln« soll. Er bekommt ein völlig neues Verhältnis zu seiner Aufgabe. Er muss die Dinge überdenken, muss überlegen, wo er steht. Dazu braucht er Zeit. Seine Schwere und seine momentane Handlungsunfähigkeit geben ihm diese Zeit. Ein gutes Beispiel für diese »späte« Verantwortlichkeit sind unsere Wissenschaftler, die in

Wirksamkeit (der Signaturen im Horoskop)
(–100 % = negative Wirksamkeit, 0 % = neutral, +100 % = positive Wirksamkeit)
Merkur Spiegelpunkt Saturn = –80, Merkur Quadrat Saturn = –70, Merkur Opposition Saturn = –50, Merkur Konjunktion Saturn = –40, Merkur Sextil Saturn = –10, Merkur Trigon Saturn = +10, Saturn in Zwillinge = +10, Merkur in Steinbock = –50, Merkur im 10. Haus = –50, Saturn im 3. Haus = +10

Erläuterung der Karte

Der sonst so leichtfüßige, beflügelte Merkur zeigt sich auf dieser Karte müde und lädiert. Sein Bein ist gebrochen, er geht an Krücken. Die Landschaft, die er zu durchwandern hat, ist karg und öde. Weit und breit ist keine Menschenseele und keine Ansiedlung zu sehen. Die Schicksalskräfte des Saturn haben die natürliche Beweglichkeit des Merkur eingeschränkt und zwingen ihn damit, langsam, bedächtig und sehr aufmerksam seiner Wege zu gehen.

Bedeutung der Karten im Legesystem

a) (als Einzelkarte oder als erste Karte): Das Problem

Deine Leichtfüßigkeit geht dir im Moment verloren. Deine Bewegungen sind zäh und lahm, du trittst auf der Stelle. Noch hast du nicht verstanden, weshalb eben *diese Stelle* deiner Entwicklung so wichtig ist, dass du so lange in ihr verweilen musst. Behindert fühlst du dich, weil du noch nicht wahrhaben willst, dass du nicht fliegen kannst und dass deine Flügel gebrochen sind.

b) (als Folgekarte): Der Weg durch das Problem hindurch

Du musst mehr Verantwortung übernehmen, sowohl für dein Denken als auch für dein Handeln. Stelle dir vor dem nächsten Schritt zuerst die Frage, warum tue (sage) ich dies? Ohne noch eine Zeit lang bei dieser Frage zu verweilen, geht es nicht vorwärts.

Du musst Behinderungen auf deinem Weg in Kauf nehmen und dich selbst zur Geduld ermahnen.

c) (als Endkarte): Das Ergebnis des Weges

Der Mensch wird auf seinen Weg »geschickt«. Es gibt Zeiten, da durchwandert er einsam die Wüste, und es gibt beschwingte Zeiten, da darf er tanzen und springen. Beides wird für dich selbstverständlich werden, und du wirst gelernt haben, für den Abschnitt deines Lebens die Verantwortung zu übernehmen, den du gerade bereist. Du wirst zum objektiven, neutralen und geduldigen Beobachter (und damit zum Wissenden) deiner eigenen Lebensumstände.

ihrem Größenanspruch alles für machbar halten (und auch alles machen). Für das, was nach Fertigstellung mit diesen Errungenschaften geschieht, fühlen sie sich nicht mehr zuständig. Sie halten neue Erfindungen zunächst einmal für neutral – siehe die Atombombe.

Im Inneren der Seele möchte diese Person durch ihre Hemmungen und Hinderungen Zweifel hervorrufen, die den Menschen dazu zwingen wollen, genauer hinzuschauen und bedächtiger seinen Weg zu gehen. Seine bisherige Unverbindlichkeit soll einer größeren Verantwortung und Klarheit weichen. Wenn die Seele dann eines Tages im Eingang der Unterwelt gewogen und nicht mehr für »zu leicht« befunden wird, wird er es verstehen.

Hans GuckindieLuft

Signatur: **Zwillinge/Wassermann, Merkur/Uranus**

Thema als Kurzfassung

Der Traumtänzer, Der Griff nach den Sternen, Das Stolpern, Die (Freud'sche) Fehlleistung, Das Unüberlegte, Der Freidenker, Kleine Ursachen – große Wirkung

Erläuterung der Signaturen

Das »normale« Programm des Menschseins verlangt vom Einzelnen, dass er sich in der alltäglichen Realität versiert bewegt. Die Forderungen der Welt müssen bewältigt werden. Die Regeln des Alltags zu befolgen, ist oft eine lästige und mittelmäßige Angelegenheit, die schon bald so wenig Aufmerksamkeit auf sich zieht, dass sie wie automatisch wird. Niemand denkt darüber nach, was er tut. Es ist wie bei dem Witz mit dem Tausendfüßler: Würde er je darüber grübeln, welchen Fuß er jetzt bewegen müsste, er würde verrückt daran. Wir alle tauchen unter in der Mittelmäßigkeit unserer Routine und funktionieren so lange, wie uns nicht eine innere Kraft herausschleudert und uns so zum Nachdenken zwingt. Erst *nach* dem Unfall fragen wir uns, war die Ampel eigentlich rot oder grün. Wir können uns kaum erinnern, weil ein automatisches Verhalten eingesetzt hat, das kaum noch Aufmerksamkeit erfordert. Der innere Leerlauf, der dabei entsteht, wird erst in viel größeren Zusammenhängen sichtbar. Erst wenn der Mensch die Sinnlosigkeit, die aus dieser Leere entstehen kann, zu fühlen beginnt, können wir verstehen, wie wichtig die Person des »Hans GuckindieLuft« für die Entwicklung der Seele sein kann. Sie wirft uns plötzlich aus der Bahn: entweder in die Tiefe (der Hans fällt in den Bach) oder in die Höhe (er springt spontan in den Abgrund). Auf jeden Fall bleibt er nicht gedankenlos: Er erschrickt und – erwacht! Er kann nicht mehr weiterträumen, er muss reagieren. Spontan kehren seine Lebensenergien an die Stelle zurück, wo er sich befindet. Dieses Prinzip wird immer dort wirksam, wo ein Mensch aus der Anonymität herausgerissen wird. Entweder er macht sich unfreiwillig lächerlich (die Kaffeetasse fällt herunter – alle Anwesenden schauen ihn an) oder eine Person (z.B. ein Lehrer) stellt ihn plötzlich ins Rampenlicht, indem er ihn aufruft. In beiden Fällen erfährt der Mensch sich neu, wird mit sich selbst konfrontiert. Er wird ganz plötzlich zum Außenseiter. Eventuell wird er in die Höhe (seines EGO und seiner Kreativität) katapultiert oder in die Tiefe seiner Scham geworfen. Auf jeden Fall verliert er die laue, einschläfernde Mitte. Er vermag nicht mehr unauffällig zu bleiben. Er wird konfrontiert mit einer neuen Situation, auf die er spontan reagieren muss. DER HANS GUCKINDIELUFT befreit uns aus der Mittelmäßigkeit. Er ist ein Freidenker, und es verlangt ihn danach, Wahrheiten auszusprechen. Wenn du diese Person in dir unterdrückst, weil du sie nicht magst und eventuell Angst hast, dich lächerlich zu machen, findet er dennoch Wege, sich in deine Welt hinein durchzusetzen. Seine Mittel (und seine Lieblingsspiele) sind: Versprecher und Fehlleistungen. So lässt er dich unvermutet Dinge sagen, die dein Bewusstsein geheim halten wollte. Er lässt dich aus der Durchschnittlichkeit herausstolpern und zeigt uwermittelt seine Allergie gegen das Alltägliche, indem er Gegenstände des Alltags einfach fallenlässt und sich (dich) somit davon befreit.

Er ist ein liebenswerter Taugenichts, der nach den Sternen greift und fähig ist, voller Vertrauen sich neuen Gedanken und Ufern zuzuwenden.

Wirksamkeit (der Signaturen im Horoskop)

(–100 % = negative Wirksamkeit, 0 % = neutral, +100 % = positive Wirksamkeit)

Merkur Spiegelpunkt Uranus = –80, Merkur Quadrat Uranus = –60, Merkur Opposition Uranus = –50, Merkur Konjunktion Uranus = –20, Merkur Sextil Uranus = +20, Merkur Trigon Uranus = +40, Uranus in Zwillinge = +30, Merkur in Wassermann = +20, Merkur im 11. Haus = +20, Uranus im 3. Haus = +30

Bedeutung der Karten im Legesystem

a) (als Einzelkarte oder als erste Karte):
   Das Problem

Du übersiehst etwas, machst den dritten Schritt vor dem zweiten. Du hast den natürlichen Ablauf der Dinge durchbrochen, und jetzt ist durch dein vorschnelles, übereiltes Handeln eine Kluft entstanden. Zwischen dem ersten und dem dritten Schritt fehlt ein Stückchen des Weges. Du wolltest ein Ergebnis aus dem Ärmel schütteln und mochtest dich nicht den lästigen Einzelschritten unterordnen. Nun hängst du – im wahrsten Sinne des Wortes – in der Luft.

b) (als Folgekarte): Der Weg durch das
   Problem hindurch

Auf »normale« Art und Weise kommst du auf deinem Weg nicht vorwärts. Die Umstände verlangen unkonventionelles und spontanes Handeln von dir. Erst wenn du die entsprechende Stelle deines Entwicklungsablaufes erreicht haben wirst, wirst du plötzlich und unvorhersehbar unorthodox reagieren müssen.

Es gibt also nichts zu organisieren und zu planen.

c) (als Endkarte): Das Ergebnis des Weges

Du bist ausgebrochen aus dem Alltag, herausgesprungen aus dem Leerlauf der Funktionen. Du wirst gelernt haben, die Zeichen des Himmels zu lesen. Die Schmetterlinge erzählen dir in der Tat mehr als die normale »Logik«.

Erläuterung der Karte

Die Karte zeigt die Märchenfigur des HANS GUCK-INDIELUFT. Unbekümmert geht er seiner Wege. in ihm vereinigen sich die beiden Personen Zwillinge und Wassermann. Vögel und Schmetterlinge, die ihn freundlich begleiten, symbolisieren diese beiden Prinzipien. Er schaut zu ihnen auf, ohne zu bemerken, dass die Brücke, die er gerade überquert, zerbrochen ist. Das Bild lässt dem Betrachter die Wahl zu entscheiden, ob sein nächster Schritt in den Abgrund führt, oder ob sein Vertrauen in den Himmel ausreicht, ihn zu einem rettenden Sprung zu veranlassen.

Das Schweigen

Signatur: **Zwillinge/Fische, Merkur/Neptun**

Thema als Kurzfassung

Die Unsichtbarkeit, Die Sprachlosigkeit, »Schweigen ist Gold«, Ein Geheimnis bewahren, Die Funktionslosigkeit, Kein Interesse

Erläuterung der Signaturen

Um es gleich am Anfang krass auszudrücken, diese Karte heißt: »Halte den Mund« oder »Sei endlich still« und trägt in sich die Aufforderung einer diesbezüglichen inneren Person, man möge sich im Moment von der Oberfläche zurückziehen. Also sollte man nicht unbedingt gerade heute auf eine Party gehen oder sich sonst wie im Außen aktiv betätigen.

Dieses Schweigen ist freilich eher im Sinne des englischen »shut up« gemeint, also »verschließe dich nach außen« und bleibe mehr auf das Innere zentriert. Der Engel hinter dem Pärchen verkündet: Die Dinge der Oberfläche sind im Moment für dich leer und hohl, du kannst darauf verzichten, in ihnen eine Rolle spielen zu müssen. Die Bühne, auf der du normalerweise spielst, ist heute geschlossen. Es sind keine Zuschauer im Parkett oder – wenn welche da sind – die Bühne ist so sehr vernebelt, dass keiner dein Spiel betrachten kann. Also kannst du es auch gleich lassen. Außerdem: Bestimmte Dinge sind von dir schon so oft dargestellt und getan worden, dass eine Wiederholung dir keine neue Erfahrung mehr bietet.

Also flüstert der Engel: Hier ist nicht mehr deine Landschaft, entferne dich, es ist kein Raum mehr da für eine Selbstdarstellung.

Aber diese Person will nicht nur klar machen, dass es in diesem Augenblick keine Möglichkeit gibt, sich auf der Oberfläche der Welt an den funktionalen Spielen zu beteiligen. Sie hat darüber hinaus auch eine *Pflicht*: Sie ist der »Hüter des Geheimnisses«. Sie sorgt dafür, dass bestimmte Dinge nicht ausgeplaudert werden können. In Griechenland wurden im Rahmen verschiedener Mysterienspiele sehr viele Menschen in die Geheimnisse des Inneren eingeweiht. Und es war – bei Todesstrafe – verboten, das, was der Myste im Inneren des Tempels erlebt hat, an andere im Außen weiterzuerzählen. Denn: Sobald es erzählt ist, wirkt es nicht mehr. Und so will die Karte ebenfalls darauf hinweisen, dass bestimmte Dinge, die man erlebt hat, nicht gesagt werden dürfen, d. h., du musst das Geheimnis für dich behalten. Wird es gesagt, ist der Zauber zerstört – nicht nur für die anderen, denen es erzählt wurde, auch für dich, der du es erzählst – also schweige!

Manche Dinge lassen sich auch einfach nicht vermitteln. Man bekommt ihre Tiefe nicht auf die Oberfläche. So sehr man sich auch bemüht, das, was in der Tiefe des Neptuns geschehen ist, hinauf in die Sprache des Merkurs zu transportieren: Man steht vor dem Schweigegebot dieser inneren Person und kann nur lapidar feststellen: Es sagt sich nicht!

Manche Menschen halten sich, wenn diese innere Person ein zu großes Gewicht hat, für intellektuell minderbemittelt und fühlen sich den Eloquenten unterlegen. Sie müssen lernen, dass es noch andere Werte gibt als Redseligkeit und Leutseligkeit.

Wirksamkeit (der Signaturen im Horoskop)
(−100 % = negative Wirksamkeit, 0 % = neutral, +100 % = positive Wirksamkeit)

Merkur Spiegelpunkt Neptun = −80, Merkur Quadrat Neptun = −60, Merkur Opposition Neptun = −40, Merkur Konjunktion Neptun = −20, Merkur Sextil Neptun = +20, Merkur Trigon Neptun = +40, Merkur in Fische = −60, Neptun in Zwillinge = −60, Neptun im 3. Haus = −60, Merkur im 12. Haus = −60

Bedeutung der Karten im Legesystem

a) (als Einzelkarte oder als erste Karte): Das Problem

Vergeblich versuchst du, deine Welt zum Funktionieren zu bringen, aber dir werden die Dinge aus der Hand genommen. Auf der Oberfläche der Welt – also wo alle anderen sich aufhalten – wirst du zu einer Art Gespenst, zu einem Unsichtbaren. Die Dinge reagieren nicht mehr auf dich, und alles scheint sich chaotisch gegen dich zu verschwören. Das, was du zu sagen hast, kriegst du nicht mehr rübergebracht. Du hast noch nicht gelernt, dich still zu verhalten. Die »Welt des Schweigens« (Max Picard) ist dir noch sehr unvertraut.

b) (als Folgekarte): Der Weg durch das Problem hindurch

Auf deinem Weg musst du lernen, viele Dinge für dich zu behalten. Der Engel verbietet dir, dich mit anderen auszutauschen oder gar seine Geheimnisse zu verraten. Dein Weg geht nur dich etwas an, also versuche nicht, ihn den anderen darzustellen, zu erklären oder gar schmackhaft zu machen. Du musst lernen, dass jeder seine eigenen Wahrheiten zu finden hat und dass diese nicht darstellbar sind.

c) (als Endkarte): Das Ergebnis des Weges

Der wahre Goldschatz des Schweigens wartet erst am Ende des Regenbogens. Du weißt jetzt, es gibt nichts mehr zu sagen, und du suchst nicht mehr nach dem Katzengold der Selbstgefälligkeit und Selbstdarstellung.

Erläuterung der Karte

Unser Bild zeigt das typische Zwillingspärchen, das aus zwei fast identischen Menschen besteht – der eine (fast) weiblich, der andere (fast) männlich – die voneinander nicht lassen können (deshalb ist es so schwer, ihnen ein einheitliches Geschlecht zuzuweisen). Hinter diesem Pärchen steht der Engel des Neptun und gebietet ihnen, zu schweigen und die Sinne nach außen zu verschließen. Er nimmt ihnen auch ein wenig die Außenwelt weg und führt sie in ein anderes Reich – in das Reich der Geheimnisse, das sie freilich nur mit ihm (und mit niemandem sonst) teilen können.

Der Beziehungs-Alltag

Signatur: **Jungfrau/Waage, Merkur/Venus**

Thema als Kurzfassung

Die Spannungslosigkeit, Die Glanzlosigkeit, Die Beziehungspflichten, Das Einerlei, Die Erosion, Der fehlende Anreiz

Erläuterung der Signaturen

Wie alle Waage-Karten, so zeichnet auch dieses Bild eine Art Schicksalsweg auf, den jede Beziehung (zwischen zwei Menschen) früher oder später zu durchqueren hat. Es ist der Weg des Beziehungs-Alltags. Die Zeit der Verliebtheit ist vorbei (vielleicht hat sogar eine HOCH-ZEIT stattgefunden), und jetzt müssen sich unsere beiden Personen aus der Karte DER PARTNER den alltäglichen Forderungen eines Lebens zu zweit stellen.

Notwendigkeiten ergeben sich, Pflichten sind zu erfüllen, Brötchen wollen gebacken werden, die Wäsche gewaschen, das Holz gehackt. Derartige Notwendigkeiten haben den Nachteil, dass sie (nach einer Zeit) kaum noch etwas dazu beitragen, die Subjektivität des jeweils Einzelnen dabei glänzen zu lassen. Es sind Leistungen, die für das »Wir« erbracht werden müssen, ohne dass das »Ich« (DAS EGO) dabei eine Rolle spielt. Das Miteinander der beiden erzwingt eine Anpassungsleistung, die als Erstes eine Art Spannungslosigkeit mit sich bringt. Es gibt keine Herausforderung mehr! Für viele beginnt hier eine »graue Zeit«. Sie ist deshalb grau, weil sie das Immergleiche fordert, das der jeweilige Partner zu erbringen hat, ohne dass er dabei vor dem anderen als stolzer Held oder als betörende Prinzessin dasteht.

Aus dem strahlenden Paar des Bildes DIE HOCH-ZEIT wird ein farbloses, ja stumpfes Pärchen. Und es steht zu vermuten, dass durch das alltägliche Einerlei hindurch auch der ursprüngliche Magnetismus der Erotik langsam aber sicher auf der Strecke bleibt.

Das eigentlich Problematische an einer langanhaltenden Beziehung (die aufeinander aufbaut) besteht darin, dass jeder von beiden, der ursprünglich sein »*ich* will« (also seine Subjektivität) gelebt hat, jetzt permanent gezwungen ist, an dieser Stelle ein »*wir* wollen« zu denken, und dieser Verlust an Subjektivität, also eigentlich dieses »Opfer«, ist für jedes Ego ungeübt und schmerzhaft.

Beziehung heißt eben (auch wenn sich das vorher keiner hat träumen lassen) ein Opfer an eigener Subjektivität. Wenn diese wechselseitigen Subjektivitätsminderungen nicht an anderer Stelle ausgeglichen werden können (im Studium, im Beruf, in der Karriere) oder wenn nur einer sich anderweitig Bestätigungen für sein EGO holt, macht Resignation sich breit, und die Situation beginnt, zunehmend ausweglos zu werden.

Mitunter merken die beiden es – lange Jahre – nicht einmal, dass sie in einem Anpassungs-Sumpf, bestehend aus Bequemlichkeit und der verlorengegangenen Bereitschaft, sich auseinander zu setzen, konfliktscheu versunken sind. Oder es beginnt der Traum von einem neuen Partner, der die Trägheit und die Idiosynkrasien des alten nicht hat und der mich endlich aus dem trüben Alltag befreit.

Wie dem auch sei, die Karte fordert auf, zu überdenken: Wie ertrage ich das Einerlei des Ewiggleichen?

Wirksamkeit (der Signaturen im Horoskop)
(–100 % = negative Wirksamkeit, 0 % = neutral, +100 % = positive Wirksamkeit)
(Zwischen Sonne und Merkur gibt es keine Oppositionen, Quadrate, Trigone oder Sextile)

Merkur Spiegelpunkt Venus = –60, Merkur Konjunktion Venus = +20, Merkur Sextil Venus = +30, Merkur in Waage = +50, Merkur im 7. Haus = +50, Venus in Jungfrau = –20, Venus im 6. Haus = –20

Bedeutung der Karten im Legesystem

a) (als Einzelkarte oder als erste Karte): Das Problem

Eine deiner Beziehungen ist fahl geworden, die Würze ist raus. Beide Seiten unternehmen nichts, um wieder Farbe hineinzubringen. Das kann eine Liebesbeziehung sein, eine Ehe oder sogar die Beziehung zu deinem Arbeitsplatz. Die einstmals so vielversprechende Form besteht jetzt nur noch aus Anpassungsleistungen und selbsterzeugten Notwendigkeiten und Pflichten. Du hast das Gefühl, das Ganze ist nur noch glanzlos.

b) (als Folgekarte): Der Weg durch das Problem hindurch

Beziehungen enthalten Zwänge, und diese fordern, dass du dich anpasst. Es ist notwendig, dass du deinen Illusionen über die Höhepunkte einer Beziehung (dass also immer nur Flitterwochen sein mögen) durchschaust und den Alltag wieder zu würdigen lernst.

c) (als Endkarte): Das Ergebnis des Weges

Am Ende des Spiels hast du verstanden, dass die Gemeinsamkeiten des »Wir« über den Ego-Aspekten des »Ich« steht. Der nächste Schritt besteht darin, dass du den »Alltag als Übung« begreifst – nicht als Herausforderung, sondern als Hereinforderung!

Erläuterung der Karte

Die beiden Partner der Beziehung sind in ihren alltäglichen Arbeiten versunken. Er muss das Feuerholz zubereiten, und sie wäscht die Wäsche. Es sind dies Tätigkeiten, die immer wieder anfallen bis an das Ende ihrer Tage. Und so wenden die beiden sich kaum noch einander zu, sondern jeder ist in seine Arbeit (für die Beziehung) versunken und hängt in Gedanken an einer Stelle, die man ihm von außen (Gott sei Dank) nicht ansehen kann…

Die Kasteiung

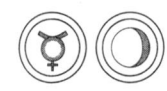

Signatur: **Jungfrau/Skorpion, Merkur/Pluto**

Thema als Kurzfassung

Die Selbstbestrafung, Der Zwang zur Schuldaustreibung, Die Geißelung, Die Zwangsneurose, Die Teufelsaustreibung, Einem Ideal dienen

Erläuterung der Signaturen

Der Person des VERFÜHRERS in unserer Seele geht es einzig darum, uns seine Ideen zu verkaufen und uns damit von der Wahrheit zu entfernen. Er vermag sich mit seinen magischen Kräften an jede beliebige innere Person zu heften und ihr seine Worte einzuflüstern: Das EGO verführt er zur Über-Größe, den KRIEGER zum eindringlichen Vampirismus, den PRIESTER zur Schwarzen Messe usw. Er lockt uns mit Versprechungen in die Einseitigkeit, so dass die Personen, die unter seinen Einfluss geraten, ihren Frieden, ihre Mitte und ihre Lebendigkeit verlieren. Was kann er tun, um die »jungfräuliche Dienerin« in seinen Bann zu ziehen? Zuerst einmal stehen ihm in der Welt genügend Angebote für schuldhaftes, nicht gottgewolltes Handeln zur Verfügung, um damit die saubere Jungfrau zu peinigen. Sie ist nur allzu leicht bereit, sich mit einem schlechten Gewissen zu quälen. Ihr sprichwörtlicher Drang, unschuldig sein zu wollen, ist die Falle, die er ihr stellt. Dort hineingelockt, hat er ein leichtes Spiel mit ihr. Er bietet ihr einen Kosmos von Möglichkeiten, sich aus der »Schuld« wieder herauszuarbeiten. Die Angst der Jungfrau, etwas falsch gemacht oder etwas nicht beachtet zu haben, ist so groß, dass ihre Seele sehr unter Druck steht. Nun muss er diese Energien nur noch in seine Richtung lenken, um sie ganz für sich »arbeiten« zu lassen. Alles, buchstäblich alles zu tun, um wieder rein zu werden, ist das monotone Gebet, mit dem er sie zu den ungeheuerlichsten Ritualen verführt: Sich mit der Peitsche zu züchtigen, auf Nägeln zu schlafen, in eisiger Kälte nackt auszuharren usw. gehört zu den fanatischen Unternehmungen, mit denen er das Leben abzuwürgen versteht. Diese Austreibungs- und Reinheitsrituale vermögen so viel Seelenraum einzunehmen, dass man wahrlich davon sprechen kann, den Teufel mit dem Beelzebub ausgetrieben zu haben. Als mildere Formen dieser »Austreibungen« finden wir die Zwangsneurosen: z. B. den Putz- und Waschzwang (bis zu hundertmal am Tag die Hände waschen) oder andere Zwangshandlungen (Dutzende Male nachschauen, ob der Herd oder das Bügeleisen abgestellt sind). Der Mensch wird zu diesen Handlungen aus der tiefsten Tiefe seines Unbewussten gezwungen. Er handelt absolut unfreiwillig. Der Hintergrund für diese Neurosen ist immer eine Art Unterlassungssünde bzw. eine verdrängte Schuld. Die ritualisierte Handlung erinnert ihn wieder und wieder daran, dass es etwas gibt, was er besser hätte tun können, sollen oder müssen. Der verdrängte Schmutz muss vom Körper bzw. aus dem Haus verschwinden. Diese Wiederholungen führen jedoch niemals zu dem erwünschten Ergebnis (der Sauberkeit, der Sicherheit und der Unschuld).

Die von Pluto projizierte Vorstellung ist von einer so unmenschlichen Reinheit, dass es eine unerreichbare Vision bleiben muss. Die Unvollkommenheit des Menschen hat in diesem Bild keinen Raum. Mitunter kann es dahin kommen, dass die Seele durch diese Geschehen vollends herausgedrängt wird und der zwangbesetzte Körper den mechanischen Handlungen total ausgeliefert ist. Dieser »Hohlraum« scheint ein Schutz zu sein gegen die vermeintliche Schuld. Das Bewusstsein gewinnt so viel Abstand, dass es sich

Wirksamkeit (der Signaturen im Horoskop)
(−100 % = negative Wirksamkeit, 0 % = neutral, +100 % = positive Wirksamkeit)

Merkur Spiegelpunkt Pluto = −60, Merkur Quadrat Pluto = −40, Merkur Opposition Pluto = −30, Merkur Konjunktion Pluto = −20, Merkur Sextil Pluto = +20, Merkur Trigon Pluto = +30, Pluto in Jungfrau = −40, Merkur in Skorpion = −30, Merkur im 8. Haus = −30, Pluto im 6. Haus = −40

nicht mehr erinnern kann, was (und weshalb) es dies alles tut.

So gibt es Menschen, die aus lauter Furcht vor Keimen und Erregern nicht mehr normal essen oder aus dem Haus gehen können. In diesem Sinn kann die Lösung für jedwede Neurose nur die Erinnerung sein. *Erinnere* dich, müsste man zur *inneren* Jungfrau sagen, an deine wahren Ängste und akzeptiere deine Unvollkommenheit und deine Schuld. Wenn du dies tust, erwacht deine »Dienerin« wieder zum Leben, und der leere Seelenraum füllt sich wieder.

Erläuterung der Karte

Eine Nonne kniet im Büßergewand auf dem harten Boden ihrer spärlich eingerichteten Kammer. Sie schlägt sich selbst, bis ihr Rücken blutet. Sie hält diese Handlung für notwendig, um sich von Schuld und unreinen Gedanken zu befreien – um damit Gott näherzukommen. An der Wand ihrer Zelle hängt ein Bild, das diese Zusammenhänge verdeutlicht: ein blutendes Herz, von zwei Dolchen durchbohrt und einer Dornenkrone umgeben. Dieses Motiv finden wir oft auf älteren religiösen Abbildungen. Es soll das Leid demonstrieren, das Jesus für die Menschen auf sich genommen hat. Es wird leider oft missverstanden als Symbol der Selbstkasteiung.

Bedeutung der Karten im Legesystem

a) (als Einzelkarte oder als erste Karte): Das Problem

Du stehst im Bann einer (vielleicht sehr milden Form der) Zwangsvorstellung. Auf irgendeine Weise bist du gefangen im Hexenkreis des »Unschuldig-und-sauber-sein-Müssens«. Du glaubst, das Böse von dir fernhalten zu können, indem du dich – gedanklich oder konkret – immer wieder zu säubern versuchst. Diese Rituale sind mitunter so subtil und haben sich so sehr verselbständigt, dass du glaubst, sie gehörten zum normalen Leben, doch in Wahrheit rauben sie einen wichtigen Teil deiner Lebensenergien und lenken dich unbewusst so, als seiest du eine Marionette.

b) (als Folgekarte): Der Weg durch das Problem hindurch

Es gibt Zeiten im Leben eines Menschen, da muss er sein Wollen zurückstellen, um einer größeren Idee zu dienen. Auf deinem Weg liegt die Aufgabe, dich einem solchen Ideal unterzuordnen. Du musst dir mehr abverlangen, als du es normalerweise tust. Der nächste Schritt, den du zu tun hast, lässt dir so wenig Freiheit, dass es dir vorkommt, als müsstest du dich für etwas kasteien. Es geht um ein von dir zu erbringendes »Opfer«, das du auf die nächsthöhere Stufe deiner Entwicklung zu legen hast, um sie erreichen zu können.

c) (als Endkarte): Das Ergebnis des Weges

Rituale sind Energiefelder, die dadurch erzeugt werden, dass immergleiche Handlungen (mitunter gemeinsam von vielen Menschen) durchgeführt werden. Du hast gelernt, diese sinnvollen Rituale (der Unterordnung) von den sinnlosen (besitzergreifenden) zu unterscheiden. Manche Rituale geben dem Unterweltgott Kraft und Energie, und manche geben sie dir. Der Unterschied liegt darin, ob das Ritual (zu deiner Erinnerung oder z. B. zur Konzentration) dir dient, oder ob du es einsetzt, um zu vergessen.

Die Inquisition

Signatur: **Jungfrau/Schütze, Merkur/Jupiter**

Thema als Kurzfassung

Das Verhör, Die Intoleranz, Der (politische) Heuchler, Die Missachtung der Andersdenkenden, Das sichere Gefühl, im Recht zu sein, Die Suche nach den Schuldigen

Erläuterung der Signaturen

Während der Schütze, unsere innere Person des Priesters und Philosophen, seinen geistigen Pfeil immer nach oben in die Weite sendet, deutet die Jungfrau eher nach unten ins Kleine, ins Detail. Die große Geste des Predigers wird in dieser Kartenkombination zum ausgestreckten Zeigefinger, mit dem er »Schuldige« aus der Masse der Menschen herausdeutet, um sie vor sein Gericht zu stellen. Er maßt sich nicht nur an, der Pontifex (der Brückenbauer zu Gott) zu sein, sondern glaubt fest an seine Ernennung zum persönlichen Ankläger und Rächer des Himmels. Er sucht die Andersgläubigen, die Unsauberen, die Abtrünnigen und unterzieht sie so lange einem »heiligen«, hochnotpeinlichen Verhör, bis sie gestehen. Die Geschichte der INQUISITION zeigt uns, mit welcher Intensität er dieses »Amt« verfolgen kann. Sein Pfeil zielt jetzt nicht mehr in die Weite, sondern trifft direkt in die Herzen der Angeklagten. Je mehr er die »Gottlosen« bestraft und verdammt, desto näher glaubt er sich bei Gott. Seine Blicke richtet er nach außen auf die Schuldigen, von denen er die Welt befreien und bereinigen möchte. Er hat sich so verrannt in diese Aufgabe, dass er alle Energien auf jenen Punkt zentriert, an dem er die Schuld vermutet. Er verhört (und foltert) so lange, bis er den vermeintlichen Beweis für seine Annahme herauserpresst hat. Dies gibt ihm ein sicheres Gefühl, im Recht zu sein, und schützt seine Welt vor Zweifeln und Selbstzweifeln. Es macht ihn, ohne dass er es merkt, selbst zum Lügner und zum Heuchler, da er eigenes Fehlverhalten gar nicht mehr in Betracht zieht. Er steht auf den Schultern der »Schuldigen« und erlangt so eine religiöse »Größe«, die allerdings nicht aus eigener seelischer Entwicklung erwachsen ist. Sein Zeigefinger ist am Schatten der anderen festgewachsen und benötigt besonders lange, bis er sich der eigenen Brust wieder zuwendet. Erst dann, wenn vom Schicksal die Rollen vertauscht werden und er selbst wieder vor der Richterbank steht – und verzweifelt seine Unschuld zu beweisen sucht –, wird er verstehen, dass die Jungfrau-Schütze-Allianz Opfer schafft. Unschuldige Opfer, die dem Ego-Altar des Priesters (oder des Therapeuten) geopfert werden, um seine eigene Machtstellung zu untermauern.

Vergessen wir nicht, dass diese innere Person zwei Seiten hat: Wir können sie uns von oben oder von unten betrachten.

Von »oben«, vom Schützen aus gesehen, benutzt er die Schuldzuweisung zur Unterstützung seiner Größe und »Heiligkeit«. Von »unten«, von der Jungfrau aus gesehen, wird der *Hohe*-Priester hinabgezogen und zu einem Seelsorger, der sich seiner Gemeinde wieder zuneigt, um sich ihrer Sorgen anzunehmen. Er verliert dadurch ein wenig vom Prunk und Glanz seines Amtes, doch er findet zu seiner Bescheidenheit und damit zur Toleranz (seinen Mitmenschen gegenüber) zurück.

Auf den Alltag der heutigen Menschen bezogen, kann man statt »Priester« und »Dienerin« auch die Worte »Rechthaberei« und »Bescheidenheit« einsetzen. Entweder du mäkelst und kritisierst an dem geistigen Gut (an den Einsichten) deiner Mitmenschen herum, oder du beugst dich hinab und dienst ihnen mit deinem Wissen. Nur

Wirksamkeit (der Signaturen im Horoskop)

(–100 % = negative Wirksamkeit, 0 % = neutral, +100 % = positive Wirksamkeit)

Merkur Spiegelpunkt Jupiter = –80, Merkur Quadrat Jupiter = –60, Merkur Opposition Jupiter = –50, Merkur Konjunktion Jupiter = –20, Merkur Sextil Jupiter = +20, Merkur Trigon Jupiter = +50, Jupiter in Jungfrau = –40, Merkur in Schütze = –20, Merkur im 9. Haus = –20, Jupiter im 6. Haus = –40

Bedeutung der Karten im Legesystem

a) (als Einzelkarte oder als erste Karte): Das Problem

Du bist zu einem Heuchler geworden, der sich selbst seine Unschuld zu beweisen sucht, indem er intolerant und missachtend mit Andersgläubigen und Andersdenkenden umgeht. Sie sollen ihrem Glauben abschwören und dem deinen folgen. So sehr fühlst du dich im Recht, dass du unbelehrbar geworden bist. Du klebst am Schatten der anderen und blickst gebannt auf deren Unvollkommenheit. Du vergisst dabei, dass es deine dunkle Seite ist, auf die du (mit deinem ausgestreckten Zeigefinger) in Wahrheit deutest.

b) (als Folgekarte): Der Weg durch das Problem hindurch

Mühselige Verhöre (Anklagen) werden auf dich zukommen. Das Schicksal will mit Macht eine Wahrheit aus dir herauspressen und benutzt »inquisitorische Methoden«. Es geht hierbei nicht um Schuld oder Unschuld (obwohl es von außen so aussehen mag), sondern um den Prozess, der unter dieser »Presse« (oder auch Erpressung) in Gang kommt. Er ist es, der dich einen Schritt weiterbringt.

c) (als Endkarte): Das Ergebnis des Weges

Vertrauen zu deinem Glauben und zur Tiefe deiner geistigen (und religiösen) Erfahrungen stehen am Ende deines Weges. Die anmaßenden Philosophien sind dann einer mehr demütigeren Haltung gewichen. Du bist toleranter geworden (mit dir selbst und anderen) und musst nicht mehr zwanghaft beweisen, dass einzig du der Wissende bist. Jede Glaubensrichtung, die auf Gott verweist, hat ihre Berechtigung, die Suchenden zu leiten und zu führen. Dein Weg ist ausschließlich deiner und damit nur von dir allein zu beschreiten.

dann lässt du die anderen ihre eigenen Erfahrungen machen und bist (nur wenn du gefragt wirst) geduldiger Geburtshelfer und Begleiter ihres Weges.

Erläuterung der Karte

Das Inquisitionsgericht tagt hoch oben über der Angeklagten. Der Oberste Richter zeigt schuldzuweisend auf die Frau, die in gebeugter Haltung vor ihm steht. Die Zuschauer stehen im Bann des Geschehens. Im Mittelalter wurden viele Frauen als Hexen beschuldigt, verurteilt und verbrannt, nur um die Macht der Kirche zu demonstrieren und den »Heiligenschein« ihrer Oberen zu installieren. Insbesondere geht es bei dieser Karte um die Höhe, d.h. um das Gefälle, das zwischen den beiden Parteien besteht. Die, die oben sitzen, sind damit per se die »Recht-haber«.

Die Angst

Signatur: **Jungfrau/Steinbock, Merkur/Saturn**

Thema als Kurzfassung

Die Angst vor dem Leben und dem Tod, Die Furcht vor der Dunkelheit,
Vom Schicksal gebeugt werden, Der Gevatter Tod als Freund, Die Unabänderlichkeit

Erläuterung der Signaturen

Jede ANGST ist im Grunde genommen die ANGST vor dem Tod – dem Ungewissen des Todes. Und das letzte Motiv hinter dieser ANGST ist die ANGST vor dem Leben – dem Ungewissen des Lebens. Kein Mensch, der mutig und vertrauensvoll in sein Leben hineinzugehen vermag, fürchtet sich vor dem Sterben. Es ist nämlich die gleiche Seelenkraft, die den Mut zum Leben wie zum Sterben speist. ANGST ist im Gegensatz zur Furcht immer ins Nichts, ins Unvorhersehbare und Unvorstellbare gerichtet. Furcht dagegen hat der Mensch vor etwas Konkretem; vor Schlangen, vor der Steuer, vor dem Verlassenwerden etc. Mit diesen sichtbaren Formen kann er lernen umzugehen, er kann ggf. diese Situationen vermeiden, oder er durchforscht und bearbeitet sie. Die ANGST aber ist namenlos. Sie beschleicht die Seele entweder als Gefühl der Beklemmung oder erfasst sie in Form von Herzklopfen und Atemnot. ANGST lähmt den Menschen oder lässt ihn davonlaufen. In derartigen Zeiten ist er ihr ausgeliefert und wird von seinen Gefühlen gejagt. Der Archetypus für dieses namenlose Grauen ist Gevatter Tod. Die archaische Furcht, nachts über einen Friedhof zu gehen, spiegelt dieses Phänomen. Wir spüren dort unsere Vergänglichkeit (die Vergänglichkeit unserer Persönlichkeit) und fühlen die Unabänderlichkeit, mit der sich auch an uns dieses Gesetz erfüllen wird. Die wenigsten Menschen beschäftigen sich mit dem Tod. Hier im Abendland haben wir keine Rituale mehr, mit ihm umzugehen (außer zu weinen). Wir sind nicht vorbereitet, und niemand bringt uns bei, uns diesen getreuen Gevatter zum Freund zu machen. Ja, oft dient er uns sogar als Schreckgespenst – »Vorsicht: Gift«. Dabei wäre die Annäherung an ihn das einzige Heilmittel gegen die namenlose Angst.

Der Tod – dein Tod – ist dein Freund, er braucht, um sein namenloses Dasein zu beenden, einen Namen. Mache ihn dir vertraut, verstehe, dass er letztlich der einzige Freund ist, auf den du dich wirklich verlassen kannst. Er wird ganz sicher irgendwann neben dich treten, dich berühren, um dich über die Schwelle zu führen. Ist er dir dann ein Freund, so wirst du leichten Herzens deine materielle Hülle verlassen und ihm vertrauensvoll folgen. Bekämpfst du ihn aber als Feind, wirst du eventuell unter starken Widerständen einen schweren Tod erleiden. Die Schwere, die du dann erlebst, ist freilich nicht seine, sondern deine.

Unsere innere Person der Jungfrau, die so gern jede Situation selbst in der Hand hat, kommt an eben dieser Stelle an ihr tiefstes Problem. Sie kann auch im Antlitz des Todes nur schwer loslassen und ihre Kontrolle aufgeben. Sie versucht, den »Sensenmann« zu überreden, seine Sanduhr noch einmal zu drehen, um ein wenig Zeit zu schinden und den angsteinflößenden Moment hinauszuschieben. So gelangt sie, statt über die Schwelle zu gehen, in eine Art Niemandsland und steht vor einem gähnenden Abgrund. Die Schwierigkeit liegt nicht darin, den Schritt auf die andere Seite ins Jenseits zu tun (dabei will er ihr helfen), sondern unfähig zu sein, das Diesseits zu verlassen (dabei kann er ihr nicht helfen). Somit steht sie dann – wie gelähmt vor ANGST – vor

Wirksamkeit (der Signaturen im Horoskop)

(–100 % = negative Wirksamkeit, 0 % = neutral, +100 % = positive Wirksamkeit)

Merkur Spiegelpunkt Saturn = –80, Merkur Quadrat Saturn = –70, Merkur Opposition Saturn = –50, Merkur Konjunktion Saturn = –40, Merkur Sextil Saturn = –10, Merkur Trigon Saturn = +10, Saturn in Jungfrau = +20, Merkur in Steinbock = –50, Merkur im 10. Haus = –50, Saturn im 6. Haus = +20

Erläuterung der Karte

Das Bild zeigt einen Friedhof bei Nacht. Eine Frau läuft schreiend vor der Gestalt davon, die sie dort glaubt, gesehen zu haben – dem Tod. Der Tod, eingehüllt in dunkle Gewänder, ist nur schemenhaft zu erkennen, denn im Grunde genommen entspringt er nur ihrer ANGST und Einbildungskraft. Seit alters her wird »Gevatter Tod« als Skelett dargestellt, das uns an die Vergänglichkeit des Fleisches erinnern soll. So sieht man auch auf unserem Bild ein totenkopfähnliches Gesicht aus den wehenden Gewändern herausschauen.

Bedeutung der Karten im Legesystem

a) (als Einzelkarte oder als erste Karte): Das Problem

Du bist zur Zeit wie gelähmt und blockierst damit deine Lebensenergien. Ein Teil deiner Seele steht in Abwehr wie versteinert vor einer Schwelle und weigert sich, diese wahrzunehmen. Du verdrängst die Aufgabe, die auf dich zukommt, und verdrängst damit auch deine ANGST (zumindest versuchst du es). Du steckst fest im Namenlosen und musst dich zuerst einmal umdrehen und deiner ANGST ins Auge schauen, bevor du den nächsten Schritt angehen kannst. Gib ihr einen Namen!

der Schwelle und spürt die kalte Hand des Todes auf ihrer linken Schulter.

Solche Momente gibt es nicht nur am Ende unseres Lebens, sondern auch während unserer ganzen Lebenszeit: Wir stehen vor der Vergänglichkeit unseres EGO oder vor dem schicksalhaften Ende einer Phase oder einer Situation und müssten dem erhobenen Zeigefinger des Saturn über eine Schwelle (eine Hürde) folgen. Doch wir zögern, halten uns fest, blockieren aus ANGST unsere Lebensenergien und sterben auf diese Weise viele, viele kleine Tode, anstatt den Schritt in die Dunkelheit zu wagen und herauszufinden, was die »andere Seite« für uns bereithält.

b) (als Folgekarte): Der Weg durch das Problem hindurch

Auf deinem Weg liegt eine wichtige Begegnung – die Begegnung mit deiner ANGST vor dem Tod. Es ist jetzt der richtige Zeitpunkt, dass du dich mit Totenbüchern und -ritualen beschäftigst, die dir das Sterben näher bringen und die dich lehren, dass der Tod in Wahrheit dein Freund ist. Wenn du gelernt hast zu sterben, hast du auch den Mut und die Kraft, leben zu können und die vielen kleinen (Ego-)Tode des Daseins auf dich zu nehmen.

c) (als Endkarte): Das Ergebnis des Weges

Es gibt in dir keine ANGST mehr vor dem Tod. Viele Tode bist du gestorben, notgedrungen hast du loslassen gelernt. Jetzt steht »Freund Hein« dir zur Seite und begleitet dich als ein Verbündeter, auf den du dich immer verlassen kannst.

Die Erinnyen

Signatur: **Jungfrau/Wassermann, Merkur/Uranus**

Thema als Kurzfassung

Der Geist der Rache, Die Paranoia (Der Verfolgungswahn), Der Wahnsinn, Der Hinauswurf aus der Anpassung, Von Furien gehetzt, Die starke Unruhe

Erläuterung der Signaturen

Mit dieser Karte treffen wir auf eine der großen Formen der Angst im Inneren der Seele. Im Mythos der Griechen findet sich diese Figur in der Gestalt der ERINNYEN (römisch: Furien), die als Rachegöttinnen jene Menschen heimsuchen, die gegen (wichtige) Schicksalsgesetze besonders eklatant verstoßen haben. So wurden insbesondere Muttermörder (Vater-, Bruder- oder Verwandtenmörder) von diesen Gestalten verfolgt und mit Blitzen, Schlangen und Peitschen so lange gejagt, bis der Täter – vor Angst wahnsinnig geworden – in den Tod getrieben und die Tat damit gerächt und getilgt ward. Welche Macht diesen Wesen zugeschrieben wurde, geht aus einer Äußerung Heraklits hervor: Wenn es der Sonne gefiele, ihren Lauf zu ändern, würden die Erinnyen sie daran hindern.

Bezogen auf uns Heutige sind diese Gestalten nicht etwa ausgestorben, sondern sie treiben (als eine besonders tiefe Form des Unbewussten) als Schuldgefühle und Strafbedürfnisse ihre Wesen oder Unwesen. Der Mensch fühlt sich weiterhin von ihnen getrieben, gejagt und gehetzt, wenn er auch heute ihren Namen kaum noch kennt. Und es sieht in der Tat so aus, als ob etwas Dunkles ihn innerlich verfolgt. Wo dieses Dunkle an die Oberfläche gelangt, und das tut es immer in verstellter Gestalt, gerät der Mensch leicht in einen Verfolgungswahn. Er glaubt dann gern, die *anderen* wollten ihm schaden, ihm etwas stehlen, seinen Platz wegnehmen. Ein Teil der rassischen oder der Ausländerfeindlichkeit speist sich aus diesem Motiv, die eigene Schuldangst auf »die da draußen« (die Fremden) zu projizieren.

Folgende Dynamik finden wir in der heutigen Seele: Ein dunkler Fleck aus der Vergangenheit, der in der Regel darin besteht, dass ich ein Gesetz des menschlichen Zusammenlebens gravierend verletzt habe, beginnt sich zu verdichten, er nimmt Gestalt an, personalisiert sich als die Person, die ich verletzt habe, und tritt jetzt seinen Rachefeldzug (tief im Inneren) gegen mich an. Da ich diese Gestalt um keinen Preis der Welt wahrnehmen und mich nicht an diese Gesetzesverletzung erinnern möchte, unternehme ich alles, diese angsteinflößende Figur noch mehr abzuspalten, mich noch mehr – in meinem Bewusstsein – von ihr zu entfernen. D.h., ich mühe mich, meine (seelische) Sauberkeit (»ich habe nichts getan«) aufrechtzuerhalten. Die Spaltung zwischen mir und meinem Gewissen wird tiefer und kann – im Extrem – bis zur Schizophrenie reichen. Die Rachegöttinnen aber sind nicht zum Verschwinden zu bringen, sondern sie werden durch meine Angst nur noch lebendiger und stärker, rütteln um so kräftiger gegen die Käfige des Verdrängten, so dass jetzt in mir eine starke nervöse Unruhe, eine Art Gehetztheit (verbunden mit Angst) freiwird.

Manche Menschen versuchen, den ERINNYEN durch Selbstmord zu entkommen, mit dem Erfolg, dass diese Gestalten ihm durch die Jahrhunderte hindurch auf den Fersen bleiben. Der einzige Weg, ihnen zu entkommen, besteht darin, die eigene Schuld ins Bewusstsein hinein zu befreien und den schweren Weg zu unternehmen, sich zu ihr zu bekennen. Auch der Mythos bietet diesen Ausweg: Habe ich die langwierige Aufgabe auf

Wirksamkeit (der Signaturen im Horoskop)

(–100 % = negative Wirksamkeit, 0 % = neutral, +100 % = positive Wirksamkeit)

Merkur Spiegelpunkt Uranus = –80, Merkur Quadrat Uranus = –60, Merkur Opposition Uranus = –50, Merkur Konjunktion Uranus = –20, Merkur Sextil Uranus = +20, Merkur Trigon Uranus = +40, Uranus in Jungfrau = +30, Merkur in Wassermann = +20, Merkur im 11. Haus = +20, Uranus im 6. Haus = +30

Bedeutung der Karten im Legesystem

a) (als Einzelkarte oder als erste Karte): Das Problem

Du trägst eine Schuld in deinem Inneren herum, und diese Schuld manifestiert sich jetzt als ein Angstgeschehen, vor dem du am liebsten davonlaufen würdest. Du denkst, wenn du nicht daran rührst, wird es schon keiner merken. Aber die »Schuld« hat sich längst schon pesonalisiert und erzeugt jetzt *in dir* Unruhe. Du findest in dir eine Art Gehetztheit und wirst in der Tat verfolgt. Aber nicht aus dem Außen (wie du zuerst glaubst) kommt der Feind, sondern aus deinem eigenen Inneren. Es gilt der Satz von Maria Szepes: »Die Bluthunde des Karmas sind uns wahrhaftig auf den Fersen. Sie bringen uns jedoch allein jenen Gegenstand hinterher, den wir einst fortwarfen. Und so sehr wir auch vor ihnen auf der Flucht sind, irgendwann legen sie uns diesen Gegenstand vor die Füße.«

b) (als Folgekarte): Der Weg durch das Problem hindurch

Es ist an der Zeit, deine Schuld und damit die Tat, die zu ihr geführt hat, nach Hause zu holen. Und jede Tat, die von dir ausgegangen ist, hat nur ein zu Hause: dein Bewusstsein. Erst wenn du sie dir in allen Konsequenzen klar gemacht hast und dir auch deutlich geworden ist, was sie für deine Seele bedeutet, kann dein Gewissen sich allmählich beruhigen.

c) (als Endkarte): Das Ergebnis des Weges

Du bist nicht mehr vor den ERINNYEN weggelaufen, sondern irgendwann auf sie zugegangen, wissend, dass du deiner »Strafe« nicht entgehen kannst. Erst wenn du ihren Spruch entgegengenommen hast, dürfen die ERINNYEN sich wandeln. Sie müssen dann nicht mehr die Zornigen sein, sondern dürfen jetzt zu den Sanftmütigen, zu den Eumeniden, werden.

mich genommen, die Rachegöttinnen als zu mir gehörig in mein Bewusstsein hineinzunehmen, ihnen Raum in meiner Seele einzuräumen, so dürfen sie ihre Gestalt wandeln. Sie werden dann zu »Eumeniden«, zu Schicksalsgottheiten, die mir »wohlgesonnen« sind und die meinen Weg und mein Gesetz begleiten und bewachen.

Erläuterung der Karte

Ein Mann flieht in panischer Angst, denn in seinem Rücken befindet sich die Gestalt der Rachegöttin. Ihr Medusenhaupt, auf dem sich Schlangen winden, und ihre Hände, aus denen sie Schlangen schleudert, die zu Blitzen werden, bieten einen Anblick und eine Gefahr, die der Mann nicht ertragen kann. Sein Gesicht ist zur Schreckensmaske erstarrt, und man kann sich vorstellen, dass er aufgibt und in den Wahnsinn versinkt oder besser noch: in den Wahnsinn flüchtet. Er trägt das rote Tuch, mit dem er (unbewusst) signalisiert, dass er sich einer Tat schuldig fühlt, die schwer auf seinem Gewissen lastet.

Die Täuschung

Signatur: **Jungfrau/Fische, Merkur/Neptun**

Thema als Kurzfassung

Der Selbstbetrug, Das falsche Spiel, Der Schwindel, Taschenspieler-Tricks, Der »falsche Fuffziger«, Die Ordnung im Chaos

Erläuterung der Signaturen

Gewinnen wollen wir alle im Leben, und zwar auf so einfache und problemlose Weise wie möglich. Je kleiner der Einsatz und je höher das Gewinnversprechen, desto verführbarer ist der Mensch. Jede Lotterie lebt seit alters her davon, dass eine Belohnung winkt, die scheinbar ohne Mühe zu erreichen ist. Ein (Neptun-)Traum, der uns sehr leicht von der (Jungfrau-)Realität wegzulocken vermag und uns, ohne dass wir es merken, den Boden unter den Füßen wegzieht. Jeder Betrüger macht sich die Gewinnsucht, die Angst und die Bequemlichkeit der anderen zunutze, um sein Spiel erfolgreich an den Mann bringen zu können. Er verspricht nicht nur leichten Gewinn in Form von Geld, sondern auch gern Sicherheiten und zukünftigen Erfolg. Seine Lügen und Täuschungsmanöver erreichen den Menschen an einer Schwachstelle seiner *Gut*-Gläubigkeit. Der Mensch *will* eben an das *Gute* – für sich selbst – glauben. Er verdrängt mit Hilfe des Betrügers das Unangenehme (z.B. dass er arm ist, dass er viel arbeiten muss, um über die Runden zu kommen, und dass es so etwas wie Sicherheit im Leben eigentlich gar nicht gibt). Er lässt sich nur zu gern einlullen in (falsche) Versprechungen, solange sie ihn nur weit genug davontragen von seiner »grausamen« Wahrheit, seinem unangenehmen Alltag und seinen aussichtslosen Mühen. Er erträumt sich eine zukünftige Welt, die ihn dann, wenn die Blindheit vorüber ist, brutal in die Realität wieder zurückwirft, in der er (zumeist noch ärmer als zuvor) unsanft landet. Plötzlich, nach dem Erwachen, nach der Ent-Täuschung, ist die zuvor verdrängte »Jungfrau« wieder da. Jetzt tut sie das, was sie am liebsten tut. Sie deutet mit dem Zeigefinger auf den Betrüger im Außen und verurteilt ihn aufs Heftigste. Selbst der zarte Einspruch Neptuns, wie konntet ihr (die inneren Personen!) nur so blind sein, wird beiseite geschoben und der entlarvte Schwindler draußen in der Welt verfolgt. Er möge gefälligst bestraft werden!

»Du täuschst dich«, sagen wir und meinen damit: Du *täuschst* dich *selbst*! Auch, wenn du herausfindest, dass dein Mann, deine Freundin oder ein Trickbetrüger dich hintergangen haben, so ist das Äußere immer nur ein Spiegel für das eigene Innere: Der Mensch im Außen täuscht dich nur, damit du dich daran erinnerst, dass du ein Täuscher bist. Der Betrüger kann dich nur hintergehen, weil du dich nicht der Wahrheit deines Lebens stellen willst.

Es gibt außer den Verlockungen des Goldes noch viele Bereiche, wo sich unsere »Jungfrau« gern täuschen lässt. Immer dort, wo ihr jemand eine Absicherung vorgaukelt, folgt sie gern seinen Versprechungen von Sicherheit (bis in alle Ewigkeit) in der Beziehung, von Treue in der Freundschaft, von einem Sich-auf-den-anderen-verlassen-Können im Geschäftsbereich. Überall dort lässt sie sich ein X für ein U vormachen, wo sonst Angst auftauchen könnte: lieber ein falsches X, sagt sie sich, als ein echtes U. Dieses U steht dabei für »Unvorhersehbar« oder »Unwägbar«.

Wirksamkeit (der Signaturen im Horoskop)
(–100 % = negative Wirksamkeit, 0 % = neutral, +100 % = positive Wirksamkeit)

Merkur Spiegelpunkt Neptun = –100, Merkur Quadrat Neptun = –100, Merkur Opposition Neptun = –80, Merkur Konjunktion Neptun = –40, Merkur Sextil Neptun = –10, Merkur Trigon Neptun = +10, Merkur in Fische = –60, Merkur im 12. Haus = –60, Neptun in Jungfrau = –40, Neptun im 6. Haus = –40

Bedeutung der Karten im Legesystem

**a) (als Einzelkarte oder als erste Karte):
Das Problem**

Du machst dir etwas vor, du betrügst dich selbst. Doch du hast diesen Selbst-Betrug auf einen anderen projiziert, und so wird dieser zum Erfüllungsgehilfen deines Schicksals und »muss« dich hintergehen. Es ist schwer, in diesen Spiegel zu schauen, doch je länger du dich davor drückst, desto trüber und undurchschaubarer wird dein Spiegelbild.

**b) (als Folgekarte): Der Weg durch das
Problem hindurch**

Auf deinem Weg entstehen erst einmal Chaos und Verwirrung. Du blickst nicht mehr durch. Diese Verwirrung ist allerdings heilsam, denn sie zwingt dich in eine Auseinandersetzung zwischen deinem Sicherheitsbedürfnis und deinen Träumen, zwischen dem Notwendigen und deinen Visionen. Du musst dir eine Mitte zwischen den beiden erarbeiten, zwischen deiner Anpassung (aus Angst) und einer Öffnung in die Zukunft hinein.

c) (als Endkarte): Das Ergebnis des Weges

Eine Lebenslüge ist entlarvt – eine Wahrheit liegt auf dem Tisch. Du findest den Mut, dich auf das Unwägbare, das Chaos des Lebens einzulassen. Du hast gelernt, in Unsicherheit zu leben, ja, dass man sich *nur* auf die Unvorhersehbarkeit in Wahrheit verlassen kann.

Erläuterung der Karte

Auf einem Jahrmarkt sitzt ein Gaukler, der einen anderen Mann in sein »falsches Spiel« verwickelt hat. Vor den beiden liegen drei Nussschalen, unter denen sich (irgendwo) eine Erbse befindet. Er schiebt die drei Schalen so lange gegeneinander (und verwirrt damit scheinbar die Zuschauer), bis der Spieler, der Geld eingesetzt hat, in dem Glauben, noch zu wissen, wo sich die Erbse befindet, auf eine der Nussschalen zeigt. Doch nach einigen (absichtlich herbeigeführten) verlockenden Gewinnrunden, die den Spieler zu immer höheren Einsätzen verleiten, lässt der Gaukler trickreich die Erbse verschwinden – und von da an gibt es nur noch einen Gewinner. Der Spieler ist auf seine eigene Gewinnsucht hereingefallen.

Das Verhängnis

Signatur: **Waage/Skorpion, Venus/Pluto**

Thema als Kurzfassung

Die Verkettung, Die Beziehungs-Hölle, Magische Verbindung, Die schwarze Hochzeit, Die Hörigkeit, Sadismus-Masochismus, Die Pornographie

Erläuterung der Signaturen

Sehr oft kommen Menschen in Beratungen und Therapien, die sich über ihren Partner beschweren, ihn ablehnen und deren Beziehung einzig Leid und Hass hervorbringt. Keine Liebe, kein noch so winziges Glücksgefühl erhellt in diesen Zeiten das gemeinsame Leben. Jeder vernünftige Mensch rät den beiden dann zur Trennung: warum weiterleiden, wenn man dieser Hölle doch so einfach entrinnen könnte? Ein einziger Schritt, und du bist ihn (sie) los, bist frei, sagen die anderen! Auch der gequälte Mensch selbst hat diesen Gedanken tausendfach, wird von ihm geplagt und verfolgt. Wieder und wieder versucht er es, doch sobald er den Fuß hebt, die ersten Schritte unternimmt, spürt er Klebstoff auf seinem Weg, fühlt er sich wie von einem Gummiband zurückgezogen an den ungeliebten Ort. Hass und Abneigung können zwei Menschen ebenso magisch aneinander binden wie die Liebe. Diese Bindung allerdings gleicht einer eisernen Kette. Die Partner sind einander auf Gedeih und Verderb ausgeliefert. Das VERHÄNGNIS nimmt seinen Lauf. Die beiden *hängen* so lange aneinander, bis sie sich gegenseitig zerstört haben – so erscheint es zumindest. Bis sie sich, der Würde und des Ego-Stolzes beraubt, geläutert wieder auf den Weg in die Freiheit machen dürfen, kann es sehr lange dauern. Nicht die hellen, die hebenden Seelenanteile der beiden haben sich hier verbunden, sondern die dunklen, die dämonischen Kräfte beider tanzen hier ihren düsteren Hochzeitstanz. Die Schatten umschlingen einander und treiben ihr magisches Spiel. Sie inszenieren mit Leidenschaft Abhängigkeit und Hörigkeit. In dem Wort »Hörigkeit« liegt das Thema, dass du auf denjenigen hörst, der auf unserer Karte hinter den beiden steht. Er hat ihnen einen Floh ins Ohr gesetzt, und dieser Floh sticht sie nun bis aufs Blut, bis hin zu sadomasochistischen oder anderen entwürdigenden Praktiken. Diese Praktiken lassen die Ketten immer enger werden. Sie schnüren alles Lebendige so fest ein, dass das Blut stockt und das Herz irgendwann keine Kraft mehr hat, dagegen anzugehen, und aufgibt. Der »Teufel« triumphiert – diese Seelen gehören erst einmal ihm. Der Mensch selbst hatte ihn gerufen. Wenn zumeist auch unbewusst, so hat doch er selbst die dunklen Kräfte in einem magischen Ritual herbeigezaubert, sie für seine Zwecke benutzt. Irgendwann einmal hat er sehr viel Wert gelegt auf diese Partner-Verbindung, von der er dachte, es sei Liebe. Er glaubte, ohne sie nicht leben zu können. Auf Biegen und Brechen wollte er gerade diesen Partner in sein Leben hereinholen (oder ihn, als es an der Zeit war, nicht gehen lassen). Vernarrt und fixiert hing er an seinen Vorstellungen fest. Er versuchte, sein Bild von Liebe und Partnerschaft zum Leben zu erwecken, und dafür war ihm alles recht. Doch die Dämonen, die ich rief, gehören nun zu mir. Es kostet sehr viel, den natürlichen Ablauf der Dinge zu beeinflussen. Der Dämon verlangt seine (versprochene) Bezahlung. Mit seinen hässlichen Klauen greift er nach dem Herzen, das er der Partnerschaft brutal aus der Seele reißt. Die beiden landen im Fegefeuer der Lieblosigkeit, in dem sie (unbewusst) das wiederzufinden erhoffen, was sie verloren haben – die Liebe.

Wirksamkeit (der Signaturen im Horoskop)
(–100 % = negative Wirksamkeit, 0 % = neutral, +100 % = positive Wirksamkeit)

Venus Spiegelpunkt Pluto = –100, Venus Quadrat Pluto = –90, Venus Opposition Pluto = –70, Venus Konjunktion Pluto = –30, Venus Sextil Pluto = –20, Venus Trigon Pluto = –10, Venus in Skorpion = –40, Venus im 8. Haus = –40, Pluto in Waage = –30, Pluto im 7. Haus = –30

Erläuterung der Karte

Ein Mann und eine Frau werden – aneinandergekettet – in der Unterwelt festgehalten. Sie haben einen traurigen, verlorenen Gesichtsausdruck. Der Gang durch die Hölle ihrer Beziehung ist lang und dunkel. Er bringt viel Verzweiflung und Hoffnungslosigkeit mit sich. So leicht lässt der Dämon, der hinter ihnen aus dem Höllenfeuer aufsteigt, sie nicht aus seinen Klauen. Es ist eine ver-hängnisvolle Affäre.

Bedeutung der Karten im Legesystem

a) (als Einzelkarte oder als erste Karte): Das Problem

Du bist auf ein Bild hereingefallen und bist jetzt in ihm gefangen. Du hast dich entweder real oder in deiner Vorstellung einem Partner verschrieben. Eine Kette bindet euch jetzt so lange aneinander, bis du dich erinnerst, mit welchem Zauber du dich in diese magische Verstrickung hineingebracht hast. Über deiner Beziehung liegt im Moment ein Bann. Ein längst vergessener Fluch oder ein Ritual ist wirksam geworden. Die Situation verlangt von dir, dem Dämon, den du selbst einmal gerufen hast, ins Antlitz zu blicken.

b) (als Folgekarte): Der Weg durch das Problem hindurch

Der Gang durch die Unterwelt deiner Partnerschaft bleibt dir nicht erspart. Du bist in eine tiefe Verbindlichkeit hineingeraten, aus der du geläutert herauskommen und deinen Weg fortsetzen wirst. Du musst dir anschauen, welche Vorstellungen deiner Beziehungsfähigkeit im Wege stehen und an welcher Stelle du das Bild eines Partners einem realen lebendigen Menschen vorziehst.

c) (als Endkarte): Das Ergebnis des Weges

Nur mit einem Partner, der vom Schicksal für dich bestimmt ist (und nicht von dir herbeigezaubert wurde), kommt es zu einer Herzensverbindung und zu einem entwicklungsfördernden Austausch. So schwierig die (auch hier zu erbringende) »Schattenarbeit« auch sein mag, sie ist niemals so vernichtend wie die Partnerschaften, die vom Herrscher der Unterwelt »getraut« wurden. Der Sinn, am Ende einer solchen »Beziehungshölle« zu stehen, liegt darin, jetzt den Unterschied zwischen einer Ehe und der Vorstellung von einer »Ehe« und zwischen Liebe und der Vorstellung von »Liebe« zu kennen.

Falls du diese Karte ziehst, oder diese Konstellation in deinem Horoskop vorfindest, ohne in einer Partnerschaft zu leben, so mache dir klar, dass du an einem Bild, an einer Vorstellung festhängst. Das mag ein verstorbener, ein für dich unerreichbarer oder ein verflossener Partner sein. Du hängst an einem Phantom, an einer Beziehung, die es in der Realität nicht gibt. Du konstruierst dir eine Verbindung und gibst (vermeintlich) dein ganzes Herz hinein. Ohne die Antwort eines Liebenden jedoch verschwindet die lebendige Kraft deines Herzens in der Tiefe des Höllenschlundes und ernährt dort nur einen: den Vampir, der von der Seele der Menschen lebt.

Ein anderes Phänomen der heutigen Zeit, wo ebenso viele lebendige Energien aufgesogen und abgezapft werden, ist die Pornographie. Sie zeigt in würdeloser Umarmung Menschen, die, auf ihr Geschlechtsteil reduziert, ein Bild der »Liebe« auf die Leinwand projizieren, das, jeder Wärme, jeder Sinnlichkeit, jeder Berührung beraubt, eine Sexualität produziert, die letztlich ganz ohne Venus, d. h. ganz ohne Beziehung auskommt.

Das »Symbolon«

Signatur: **Waage/Schütze, Venus/Jupiter**

Thema als Kurzfassung

Der Sinn von Beziehung, Glück in der Partnerschaft, Das Sakrament der Ehe, Partnerschaft als Erkenntnisprozess, Die goldene Hochzeit

Erläuterung der Signaturen

Unser Paar (siehe Karte DER PARTNER), das wir durch die verschiedensten Stationen ihrer Beziehung verfolgt haben (z. B. Erotik – Besitzdenken – Hochzeit und Familiengründung – Auseinandersetzung mit dem Schatten), ist hier in dieser Verbindung – endlich – ein wenig reifer und auch ein wenig weiser geworden. Zusammen beschreiten sie, einander ähnlich geworden, die letzten (Entwicklungs-)Stufen ihrer Partnerschaft. Nach vielen Jahren des Kampfes und der Enttäuschungen führt ihr Weg sie nun hin zum Tempel, zum geistigen Dach ihrer Gemeinsamkeit. Das Heiligtum, das sie im Herzen dieses Tempels erwartet, ist das Verständnis füreinander und die Sinnhaftigkeit ihrer Beziehung. Dieser Sinn kann sich nur erschließen, wenn beide im Laufe ihrer »Ehe«-Jahre eingesehen haben, dass es nicht ihre eigenen individuellen Ziele sind, um die es hier geht, sondern dass eine höhere Instanz diesen geistigen Bogen vor den Augen beider aufspannt und dieser dem Schatz am Ende eines Regenbogens gleicht.

Wir sind alle so sehr damit beschäftigt, Vorstellungen von unseren Beziehungen aufzubauen und diese hartnäckig in die Realität bringen zu wollen, dass wir kaum ahnen können, was dieses gemeinsame Tempeldach bedeutet. Jede Partnerschaft beginnt mit dem Ego-Spiel des Verliebens und mit den Wünschen nach Erfüllung durch den anderen. Vom *anderen* sollen mein Glück, meine Geborgenheit und die Bestätigung und Anerkennung meiner Person kommen. Diesen Anspruch, mitsamt einer Vision von Harmonie, richten wir auf den Partner und sind – gerechtigkeitshalber – auch bereit, ihm das gleiche zu geben. Dieser (zugegeben unvermeidliche) Ego-Weg führt niemals zum Tempel! Auf dem Ego-Anspruchs-Pfad müssen wir notgedrungen scheitern, da wir ihn (bei genauerem Hinsehen) nicht wirklich gemeinsam gehen. Dieses Unternehmen ist nämlich letztlich ein Geschäft: Gibst du mir … so gebe ich dir … (mitunter spielen wir auch das Spiel: Gibst du mir nicht … so gebe ich dir auch nicht …). Wir scheitern – und müssen scheitern –, weil der andere niemals das besitzen kann, was ich auch nicht habe. Der Partner ist mein Spiegel: Fühle ich mich leer und ungeborgen, kann ich am Partner nur Leere und die Unfähigkeit, Nähe zu geben, entdecken. Denn in Wahrheit sehe ich mich (in ihm) nur selbst. Habe ich dies verstanden (vgl. auch ich die Karten DER PARTNER und DAS VERHÄNGNIS) und wende ich mich nicht enttäuscht vom anderen ab (um mir einen neuen Erfüllungs-Lieferanten zu suchen), habe ich die Chance – und nur dann –, den Weg zum Tempel zu finden.

Die Zauberworte, die mir den Weg weisen, heißen: Du bist ich! Mein Partner verkörpert einen oder mehrere verlorene Teile von mir und hat die Aufgabe, sie zu mir zurückzubringen. Ich soll sie sozusagen in meine innere Familie wiederaufnehmen. Die »Vermählung«, die dann stattfinden kann, trägt das heilige Sakrament der Ehe. Sie macht mich weiter, offener und heiler (heilig = holy = whole = ganz) und damit endlich glücklich.

Dies ist das Glück, das den Menschen findet, nicht jenes, das er sich erhofft und erwünscht. Es steht am Ende des Partner-Weges für ihn bereit, es erwächst aus dem Vertrauen, auch in harten

Wirksamkeit (der Signaturen im Horoskop)
(–100 % = negative Wirksamkeit, 0 % = neutral, +100 % = positive Wirksamkeit)

Venus Spiegelpunkt Jupiter = –60, Venus Quadrat Jupiter = –50, Venus Opposition Jupiter = –30, Venus Konjunktion Jupiter = +20, Venus Sextil Jupiter = +50, Venus Trigon Jupiter = +90, Venus in Schütze = +40, Venus im 9. Haus = +40, Jupiter in Waage = +30, Jupiter im 7. Haus = +30

Orte kenntlich waren. Die vielen Stufen symbolisieren die vielen Stadien der gemeinsamen Entwicklung. Der Tempel, den es zu erreichen gilt, ist das geistige Dach, das eine Beziehung erkenntnisreich und sinnvoll macht.

Bedeutung der Karten im Legesystem

a) (als Einzelkarte oder als erste Karte): Das Problem

Du stehst an einer Stelle, wo du jegliches Verständnis für dein »Beziehungs-Programm« ausblendest. Dein Anspruch an Partnerschaft ist so groß, dass du dir entweder einbildest, schon ganz weit zu sein oder dass, gemessen an deinem Anspruch, für dich niemand mehr in Frage kommt. Ob du deshalb allein bist, weil dir niemand genügt, oder ob du aus der eingebildeten Höhe wieder herunterfällst, auf jeden Fall muss deine innere Beziehungsperson etwas lernen: Ihr fehlt im Moment die Einsicht in das, was eine Partnerschaft überhaupt sinnvoll macht.

b) (als Folgekarte) – Der Weg durch das Problem hindurch

Vor dir liegen zahlreiche Stufen, die zum Tempel, zur Sinnhaftigkeit deiner Beziehung führen. Zögere nicht, sie zu gehen. Der Weg steht dir im Moment offen. Suche nicht danach, was dir am Partner fehlt (das wäre ein Rückschritt), sondern schaue bewusst nach vorn und entwickle eine Vision eines höheren Zieles. Ein Ziel, das nicht der Erfüllung deiner subjektiven Wünsche dient, sondern zur Geburt einer geistigen Gemeinsamkeit führt.

c) (als Endkarte): Das Ergebnis des Weges

Diese Karte bedeutet »Glück«, wenn sie am Ende deines Weges liegt. Gemeint ist das Glück, das aus einer Gemeinsamkeit entstehen kann, die kreativ und lebendig die *geistigen* Wachstumsstufen einer Partnerschaft erklommen hat. Unter dem Dach des Tempels angekommen, hast du jetzt verstanden, worin der Sinn von Beziehung liegt und welche Bedeutung das heilige Sakrament der »Ehe« hat.

Zeiten gemeinsam weiterzugehen, und birgt in sich die Erinnerungen an den göttlichen Funken, der zwei Menschen leitet, das zerbrochene »symbolon« wieder zu einen. Das Sakrament der Ehe im kirchlichen Sinn und die Ringe, die wir tauschen, wollen nichts anderes sagen als: Erinnert euch daran, dass ihr ein Teil voneinander seid. Gebt nicht willkürlich auf, sobald Schwierigkeiten auftauchen. Der Tempel im heiligen Hain hat viele Säulen, die du nicht leichtfertig herausbrechen darfst. Vielleicht symbolisieren sie die verschiedenen inneren Personen, die sich wieder unter einem Dach zusammenfinden möchten.

Erläuterung der Karte

Ein Mann und eine Frau sind auf dem Weg zum Tempel. Zum Zeichen ihrer Zusammengehörigkeit tragen sie ähnliche Kleider. Sie müssen sich nicht mehr geschlechtsspezifisch voneinander abheben, da auf diesem Weg nur das gemeinsame höhere Ziel zählt. Der Tempel ist umgeben von Zypressen, an denen im Altertum die heiligen

Die Trauer

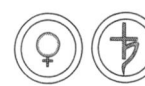

Signatur: **Waage/Steinbock, Venus/Saturn**

Thema als Kurzfassung

Das Verlassensein, Einsamkeit innerhalb einer Beziehung, Trauer und Trauerarbeit, Die trennenden Schicksalsmächte, Die Witwe

Erläuterung der Signaturen

Dieses ist die einzige Beziehungskarte, auf der wir nur eine der beiden Personen abgebildet sehen. Im Gegensatz zur Venus-Uranus-Karte, die den Akt der Trennung bzw. der Befreiung beinhaltet, zeigt sie uns den Prozess der Trauerarbeit nach einem Verlust. Dieser Verlust und das damit einhergehende Gefühl der Einsamkeit können sich auch beziehen auf Zeiten, in denen das Schicksal innerhalb einer Partnerschaft daran erinnern möchte, dass der Mensch letztlich allein ist. Es sind Zeiten, in denen du dich verabschieden musst von der Illusion, ein anderer sei für dich da und könnte dich (auf Dauer) tragen. Ein Abschied von positiven Projektionen kann ebenso schmerzhaft sein wie der Verlust einer geliebten Person. Wann immer der Mensch zu viele Energien an einen anderen bindet, fehlen sie ihm, wenn es den objektiven Mächten beliebt, eine Abtrennung vorzunehmen. Die Hoffnungslosigkeit und die Düsternis, die dann den »verwitweten Teil« befällt, ist zunächst untröstlich. Er fühlt sich wie die Hälfte eines Ganzen, unfähig, allein sein Leben wieder aufzunehmen. Ohne eine eingehende, intensive Trauerarbeit kann es keinen Neuanfang geben. Oft machen wir den Fehler, uns schnell – viel zu schnell – oberflächlich abzulenken und die tiefe Wunde mit einem neuen Menschen (als Trost-Pflaster) zuzudecken. Der Schmerz wird dadurch nicht aufgehoben, nur aufgeschoben. Die ungeweinten Tränen verstopfen den Lebenskanal, und die innere Person, der wir nicht gestatten zu trauern, sitzt wie die Witwe auf unserem Bild versteinert und hoffnungslos in einer öden Landschaft. Sie kann sich erst wieder erheben und auf einen neuen Partner zugehen, wenn der Trauerprozess beendet und sie bereit ist, die Verantwortung für den Verlust auf sich zu nehmen.

Stellen wir uns vor, wir säßen in einem Zug, dessen Weg entlang eines vorgegebenen Fahrplanes für unsere gesamte Lebenszeit bereits feststeht. Das Schienennetz ist (einschließlich aller Weichen) bei der Geburt bereits verlegt. Niemand außer uns selbst kann diesen Zug betreten. Andere »Züge« können rechts und links unseren Weg kreuzen und sogar eine gewisse Zeit parallel neben uns fahren. Wann es den Göttern gefällt, mir einen Zug (Partner) zuzuführen, oder seine Richtung von mir wegzuändern, kann ich nicht wissen. Doch dass jeder Mensch in seinem Zug grundsätzlich allein auf seinem Weg ist, spüren wir. Allerdings wollen wir dafür nicht die Verantwortung übernehmen. Wir leiden unter der Abtrennung von der Einheit und werden von Zeit zu Zeit daran erinnert. Die Tränen, die wir darüber weinen, sind nicht ausschließlich Tränen der Ego-Verzweiflung, sondern haben ihre Quelle auch im tiefen Leid der Menschheitsgeschichte. Wir haben die Einheit verloren und sind, wie Platon sagt, eine Hälfte des Kugelmenschen, der händeringend seine andere Hälfte sucht. Meister Saturn zeigt uns die Vergeblichkeit dieser Suche, solange sie sich auf das Irdische, das körperliche Dasein, bezieht. Es kommt immer der Tag, da deutet er wieder auf seine Sanduhr und zeigt damit an, dass die Beziehungszeit abgelaufen ist. Die Wunde bricht erneut auf und erinnert wieder und wieder an den uralten Schmerz. Um den Menschen (in der Tiefe) irgendwann heilen zu können.

Wirksamkeit (der Signaturen im Horoskop)

(−100 % = negative Wirksamkeit, 0 % = neutral, +100 % = positive Wirksamkeit)

Venus Spiegelpunkt Saturn = −70, Venus Quadrat Saturn = −60, Venus Opposition Saturn = −30, Venus Konjunktion Saturn = −30, Venus Sextil Saturn = −10, Venus Trigon Saturn = +10, Venus in Steinbock = −30, Venus im 10. Haus = −30, Saturn in Waage = +10, Saturn im 7. Haus = +10

Bedeutung der Karten im Legesystem

a) (als Einzelkarte oder als erste Karte): Das Problem

Du hast dich sehr weit von deiner inneren Wahrheit entfernt. Du verdrängst einen Schmerz und verhinderst so (unbewusst), dass die Wunde heilen kann. Du musst dich dringend jener inneren Person nähern, die deine Traurigkeit (eine Beziehung betreffend) verwaltet. Bevor du dich nicht mit ihr verbindest, um deine Trauerarbeit zu leisten, kann deine Lebensfreude nicht zu dir zurückkehren. Die Zeit heilt alte Wunden nur dann, wenn du sie mit dem Wasser deiner Tränen reinigst.

b) (als Folgekarte): Der Weg durch das Problem hindurch

Du wirst dich auf deinem Weg von einer Beziehung oder einer Form deiner Partnerschaft verabschieden müssen. Eine Zeit der Trauer und der Vereinsamung liegt vor dir. Um den Mut auch in düsteren Zeiten nicht zu verlieren, vergiss nie, dass auch sie vorübergehen. Am Ende dieses Prozesses wirst du verstehen, dass er notwendig war, um dir jene Energien, die du an einen Partner abgegeben hast, wieder zurückzubringen.

c) (als Endkarte): Das Ergebnis des Weges

Die Verantwortung für deine Beziehung liegt ganz auf deiner Seite. Am Ende dieses Entwicklungsweges wirst du erkannt haben, dass deine Abhängigkeit von den Reaktionen und Stimmungen deines Partners nur scheinbar existiert hat. Du lernst, aus Verwicklungen und Schuldzuweisungen herauszuwachsen und wirst stark und unabhängig.

Erläuterung der Karte

Eine Frau, zum Zeichen ihrer Trauer ganz in Schwarz gekleidet, sitzt einsam auf einem Stein. Im Hintergrund sehen wir, als Symbol ihres Verlustes, zerbrochene Säulen und eine karge, öde Landschaft. In früheren Zeiten war es mehr als heute ein ungeschriebenes Gesetz, nach dem Tod eines nahe stehenden Menschen ausschließlich schwarze Kleidung zu tragen. Der zurückgebliebene Ehepartner musste – zumeist ein Jahr lang – offen zeigen, dass er in Trauer und damit für eine neue Beziehung noch nicht offen war. Diese Sitte war sehr sinnvoll, da der Mensch erst nach getaner Trauerarbeit wieder frei ist, auf Neues (auch auf einen neuen Partner) zuzugehen.

Die Trennung

Signatur: **Waage/Wassermann, Venus/Uranus**

Thema als Kurzfassung

Die Befreiung, Die Scheidung, Der Sprung aus der Beziehung, Das Abschiednehmen, Das Ungebundensein, Die Beziehungsunfähigkeit

Erläuterung der Signaturen

Wie bei allen Waage-Karten, so geht es auch bei dieser um das Thema der »Beziehung«. Und Beziehung heißt: sich auf jemanden »beziehen«, d. h. jemanden zur eigenen Ergänzung zu benötigen. Das muss nicht unbedingt ein Liebespartner sein (obwohl die Karte hier auf ihrem Höhepunkt ist), sondern hier ist »Partnerschaft« in jeder Form (Geschäftspartner, Freunde, Verwandte etc.) gemeint.

Und immer, wenn sich zwei Menschen, ein »Ich« und ein »Du« einander zuwenden, wenn sie einander benötigen, wenn sie ein »symbolon« bilden, so liegt darin eine gemeinsame Aufgabe: Zwei Schienenstränge des Lebens werden durch eine Weichenstellung auf ein gemeinsames Gleis geführt – die beiden Züge haben jetzt miteinander zu tun. Sie sollen sich aneinander abarbeiten, und der eine soll vom jeweils anderen einen Teil der »Ladung« übernehmen. Ist diese Aufgabe erledigt, so kommt eines Tages der Moment, da gibt es nichts mehr auszutauschen, und die beiden Partner (die beiden Züge) verlassen durch eine erneute Weichenstellung das eine Gleis und laufen auf verschiedenen Schienensträngen wieder auseinander.

Die vorliegende Karte ist die Erinnerung an die *auseinander führende* Weichenstellung. Eine (gemeinsame) Aufgabe ist beendet, jetzt gilt es, Abschied zu nehmen. Da sich aber beide Seelen aneinander gewöhnt haben, möchten sie sich (in der Regel) nicht trennen, und so fällt einem der Partner die Aufgabe zu, sich zu lösen. Einer muss bei diesem Sprung aus der Beziehung die aktive Rolle übernehmen, einer muss *verlassen*, und der andere muss verlassen werden. Die psychische Mechanik, die in einer solchen Handlung liegt, muss genau verstanden werden: Es ist nämlich nicht so, dass *Jutta* den *Karl* verlässt, sondern die Person (von der unsere Karte handelt) im Inneren der Jutta taucht aus der Tiefe des Unbewussten auf und veranlasst Jutta, zu gehen! Es ist gleichsam ein Befehl, der an Jutta ergeht: Geh! Jutta versteht möglicherweise auch nicht, warum sie jetzt gehen muss (und Karl begreift es schon gar nicht!) und wehrt sich. Aber gegen die Person DIE TRENNUNG kommt sie nicht an, diese ist stärker als das subjektive Wollen der Jutta. Und weil beide Personen der Oberfläche (Jutta und Karl) doch noch (aus Bequemlichkeit oder Gewöhnung oder weil das Einfamilienhaus noch nicht abgezahlt ist) zusammenbleiben würden, muss die Person im Inneren der Jutta *etwas inszenieren*: Sie schickt Jutta einen neuen Mann ins Leben, und schon nimmt die Trennung ihren Lauf. Jetzt ist Karl in einem tiefen Jammer und spricht von »Verrat« an der Beziehung.

Das Spiel kann aber auch umgekehrt seinen Lauf nehmen: Will Jutta, in deren Leben diese Karte aufgetaucht ist, partout nicht gehen, und auch der auftauchende Mann wird von ihr nicht wahrgenommen, dreht *die innere Person der Jutta* den Spieß um und schickt Karl eine neue Frau ins Leben. Jetzt ist Jutta genau da, wo sie hin sollte, ist aber ohne Schuld geblieben (sie hat ihr Thema zur Erfüllung an Karl delegiert). Sie darf Karl als »Verräter« beschimpfen und selber jammern.

Immer wenn diese innere Person auftaucht,

Wirksamkeit (der Signaturen im Horoskop)

(−100 % = negative Wirksamkeit, 0 % = neutral, +100 % = positive Wirksamkeit)

Venus Spiegelpunkt Uranus = −80, Venus Quadrat Uranus = −60, Venus Opposition Uranus = −50, Venus Konjunktion Uranus = −30, Venus Sextil Uranus = +10, Venus Trigon Uranus = +30, Venus in Wassermann = −20, Venus im 11. Haus = −20, Uranus in Waage = −10, Uranus im 7. Haus = −10

Erläuterung der Karte

Eine Frau schwingt sich auf einem großen Vogel empor in die Lüfte der Freiheit. Sie genießt es – ganz offenkundig –, während er, der zurückbleibt, seine Hände traurig emporreckt, als wollte er sagen: Bleibe doch, es war so schön!

Aber – der ganze Himmel steht ihr offen, und sie fliegt. (Dass das Geschlecht auf dem Bild auch umgekehrt hätte gemalt werden können – er fliegt davon und sie trauert – sollte der Leser in sein Erinnerungswerk einbeziehen.)

Bedeutung der Karten im Legesystem

a) (als Einzelkarte oder als erste Karte): Das Problem

Du willst nicht wahrhaben, dass ein gemeinsamer Schienenstrang in deinem Leben gerade durch eine Weichenstellung beendet worden ist und eure Wege auseinander laufen. Jetzt versuchst du alles, um die beiden Züge doch noch zusammenzuzwingen, oder du klagst den anderen an, dich gerade schnöde zu verraten. Eigentlich willst du deine eigene Beziehungsunfähigkeit zu diesem Menschen nicht wahrhaben. So wie Wasser und Öl sich nur (vorübergehend) vermischen, wenn man sie kräftig verrührt, so versuchst du dich zu rühren, dass ihr doch noch zusammenbleibt. Das kannst du genauso gut lassen…

b) (als Folgekarte): Der Weg durch das Problem hindurch

Du bist auf dem Weg durch dein Leben zu sehr im »Wir« und zu wenig bei dir. Jetzt hast du die Aufgabe, deine Flügel auszubreiten und dir dein eigenes Thema zu erarbeiten. Du hast der Gemeinsamkeit bereits zu viel geopfert und bist immer noch nur halb. Die andere Hälfte aber kannst du in dir erst finden, wenn du dir mehr Freiheiten einräumst.

c) (als Endkarte): Das Ergebnis des Weges

Du hast dir (durchaus auch) innerhalb deiner Beziehung deine eigene Freiheit erarbeitet und kannst jetzt in jeder Beziehung (im doppelten Sinn des Wortes!) leben.

Du kannst deine Flügel jederzeit spüren.

wird der Mensch daran erinnert, welch ein Schmerz entsteht, wenn man bewusst wahrnimmt, dass man nur halb ist.

Wir weisen noch einmal darauf hin, dass nicht immer nur die Liebesbeziehung von dieser Karte gemeint ist, sondern dass es immer darum geht, frei zu werden. Merke: Man kann sich auch innerhalb einer Beziehung seine Freiheit und Unabhängigkeit erarbeiten!

Mitunter taucht diese Person in einem Leben oft auf – man sollte sich dann klar machen, dass man im eigentlichen Sinne beziehungsunfähig ist.

Die zwei Königskinder

Signatur: **Waage/Fische, Venus/Neptun**

Thema als Kurzfassung

Die romantische Beziehung, Der Traum-Partner (Die »Dual-Seele«), Die Beziehungslosigkeit, Die Illusion vom Einswerden, Der Liebes-Traum

Erläuterung der Signaturen

Wann immer in einer Verbindung eine der beiden Personen der Neptun ist, wird in die »Partnerschaft« ein Loch gerissen. Der (Schutz-) Engel hat die Aufgabe, das Wasser der (Auf-) Lösung über eine Person zu gießen, um ihr jedwede Subjektivität und Sicherheit zu nehmen. Er schickt sie damit auf die Suche, das »Loch« füllen zu wollen, um in der Suchbewegung Erfahrungen zu machen, die über die Grenzen des »Normalen« hinausgehen. Nun lässt der Mensch sich nicht so leicht und widerstandslos etwas wegnehmen. Schon gar nicht, wenn es sich dabei um die Erfüllung der Liebe, also um den Liebestraum handelt. Venus/Neptun heißt schlicht und schmerzvoll: Für dich gibt es keinen Partner, keine andere (bessere) Hälfte, keine (subjektive) Ergänzung zu deiner Person hier auf Erden. Das Gefühl, nur ein halber Mensch zu sein, ist eingebrannt in deine Seele, genauso, wie die unendliche Sehnsucht, die dich ein Leben lang zur Suche treiben wird. Der »Partner« existiert also nur als *Such*-Bild und ausschließlich in der Zukunft. Er lebt an einem »anderen Ufer«, an einem geheimnisvollen Ort und ist so weit von mir entfernt, dass ich all meine Phantasie und mein gesamtes Wunsch-Denken walten lassen kann, um ihn mir in den schönsten Farben auszumalen. Im Traum bin ich längst mit ihm vereint, im Traum findet die schönste Hochzeit statt, im Traum wird m(ein) Traum wahr. Auf diese Weise wird die innere Beziehungs-Leere mit Illusionen gefüllt, die sich immer weiter ins Leben hinein ergießen und jegliche Realität überschwemmen. Jede Person, zumeist eine gegengeschlechtliche, die nur weit genug entfernt – und damit unerreichbar – ist, kann dafür herhalten, dass ich sie in mein Wunschbild hineinzaubere. Kein Alltag kann dieses Bild zerstören, da der Mensch (unbewusst) darauf achtet, dass das Wasser *immer* zu tief ist und die KÖNIGSKINDER so niemals zusammenkommen können. Prinz und Prinzessin würden im Licht der Realität ihren Glanz und Zauber verlieren, und die Beziehungs-Wunde würde schnell wieder aufbrechen. So kann der Mensch seine Beziehungslosigkeit lange vor sich verbergen und sich immer wieder glaubhaft davon überzeugen, dass nur die trennenden Umstände schuld an seiner Einsamkeit sind. Er braucht sich niemals wirklich auf einen realen anderen einzulassen und seiner seelischen Distanz zum »Du« ins Auge zu blicken, wenn er sich immer wieder ein neues KÖNIGSKIND vorgaukelt, zu dem hin er in unendlich sehnsuchtsvoller Liebe zerfließen kann. (Äußeres Symbol für diesen Zusammenhang ist oft das – in esoterischen Kreisen so beliebte – Suchen nach der »Dual-Seele«.)

Da es im Inneren der Seele auch andere Personen gibt, die Beziehungen eingehen, kann sich dieses Thema auch *innerhalb* einer Partnerschaft zeigen. Dann allerdings ist der aktuelle Partner zumeist enttäuschend, und ihm wird ein Teil der Liebe vorenthalten, da das verzauberte Herz auf den »Richtigen« wartet und Erlösung innerhalb der bestehenden Zugehörigkeit nicht möglich zu sein scheint. Und tatsächlich ist das Eins-Werden mit einem anderen innerhalb der Abgrenzung unseres Körpers und unseres EGO wirklich nicht möglich. Neptun möchte nämlich nur die Erin-

Wirksamkeit (der Signaturen im Horoskop)

(–100 % = negative Wirksamkeit, 0 % = neutral, +100 % = positive Wirksamkeit)

Venus Spiegelpunkt Neptun = –60, Venus Quadrat Neptun = –50, Venus Opposition Neptun = –40, Venus Konjunktion Neptun = –30, Venus Sextil Neptun = +20, Venus Trigon Neptun = +20, Venus in Fische = –30, Venus im 12. Haus = –30, Neptun in Waage = –20, Neptun im 7. Haus = –20

Bedeutung der Karten im Legesystem

a) (als Einzelkarte oder als erste Karte):
   Das Problem

Du bist in einem Beziehungs-Traum gefangen. Deine Sehnsüchte vergiften den Nährboden deiner Seele. Du verschließt die Augen vor deiner Einsamkeit und webst unaufhörlich an einem Zauberteppich, der dich niemals richtig wärmen und tragen wird. Du möchtest jemanden, der nicht für dich bestimmt ist, in deine Illusion hineinverwickeln, um deine innere Leere nicht zu fühlen.

b) (als Folgekarte): Der Weg durch das
   Problem hindurch

Eine Ent-Täuschung liegt auf deinem Weg. Deine Sehnsucht nach Liebe und einem Partner ist im Moment nur die Karotte vor deiner Nase, die dich in die Bewegung und damit in die Entwicklung bringen soll. Du musst diese Seifenblase zum Zerplatzen bringen, denn sonst verlierst du dich weiterhin in Illusionen.

c) (als Endkarte): Das Ergebnis des Weges

Du weißt jetzt, dass unerfüllbare Sehnsucht einen Sinn in sich trägt. Sie lässt dich fühlen, was dir fehlt, und schickt dich so auf die Suche. So kommst du allmählich dem Geheimnis des Lebens auf die Spur: dass wir alle nur ein *Teil* des großen Ganzen sind und die Einheit schmerzlich vermissen.

nerung an eine Zeit in uns wachhalten, die vor der Spaltung des Adam, vor der Vertreibung aus dem Paradies hegt.

Erläuterung der Karte

Unsere Karte stellt bildhaft ein bekanntes Kinderlied dar: »Es waren ZWEI KÖNIGSKINDER, die konnten zusammen nicht kommen, das Wasser war viel zu tief...«. Prinz und Prinzessin (das Traum-Paar) sind durch eine tiefe Schlucht voneinander getrennt. So können sie sich von der Ferne aus bewundern und voneinander träumen. Die zarten Pastelltöne zeigen uns ein unwirkliches Phantasieland, über dem der Regenbogen der großen Hoffnung und Sehnsucht leuchtet.

Die Schwarze Messe

Signatur: **Skorpion/Schütze, Pluto/Jupiter**

Thema als Kurzfassung

Die Anbetung des Götzen, Religiöse und esoterische Dogmen, Die unverrückbare Meinung, Das positive Denken, Der unauffällige Fanatiker, Zweifellosigkeit

Erläuterung der Signaturen

Die Person, die hier aus einer Allianz entstanden, d. h. aus zwei Personen verschmolzen ist, ist auf den ersten Blick recht unauffällig, ja harmlos, und sie scheint wenig konfliktträchtig zu sein. Im Laufe der Zeit entfaltet sie allerdings ein tiefes Krisenpotenzial: Jupiter, dessen Amt es ist, immer während seinen Glauben zu suchen, trifft auf den Pluto, der ihm suggeriert, zu wissen, was Glauben ist. Damit eröffnet sich eine Gewissheits-Sackgasse. Immer, wenn man an einer Sache unverrückbar festhält, wenn man glaubt, die richtige Einsicht gehabt zu haben – jetzt und für alle Zeit –, sitzt man fest.

»Glauben« heißt nämlich (auch wenn es trivial klingt) »Nicht-Wissen«. Wer also in diesem Amt etwas weiß, der befindet sich in »Teufels Küche«.

Jupiter ist der »innere Therapeut«, der, der sich (und damit mich) zu erinnern hat. Aber Erinnerung ist kein statisches Geschehen, sondern ein Fluss, der in immer neue Landschaften hineinströmen möchte. Glaubt man aber, zu wissen, so errichtet man ein Staubecken und schneidet damit den lebendigen Fluss ab. Das Wasser kann nicht mehr weiterziehen, es wird brackig und stirbt ab. Es ist nicht mehr fruchtbar. Man sitzt jetzt in einem Dogma fest. So ist der größte Teil der heutigen Religionen zu Dogmen erstarrt und feiert (ohne es zu ahnen) nur noch »Schwarze Messen«. Ihre Rituale haben nicht mehr den Sinn, die Menschen auf den Weg zu bringen, sondern sie wollen sie nur noch an irgendwelche erstarrten Götzen binden. Es ist – wie beim »positiven Denken« – der Versuch, mit Gott ein Geschäft zu machen. Priester, Therapeuten und esoterische Lehrer werden so leicht zu Handelsvertretern, die mir etwas verkaufen wollen und die als Gegenleistung einen Teil meiner Seele fordern. Das Kriterium, an dem man diese innere Person erkennen kann, lautet: Ich habe keinen Zweifel mehr! Ich weiß es! Und damit vermittelt sich eine Lehre, die unfrei macht. Es ist der Guru, der Lehrer, der dich an seine Idee verpflichten will und nicht an deine Entwicklung. Er will dir sagen, wo es langgeht (weil er es weiß), damit du es nicht mehr selbst herausfinden musst. Diese Person bindet dich geistig an etwas Fertiges und nicht an etwas Offenes. Glaube aber ist die Bindung an etwas Offenes, an etwas, das ein Weitergehen erforderlich macht – ein Weitergehen über jede Idee hinaus, über jede Grenzziehung hinweg in die Offenheit der Erinnerungen. Diese Person jedoch präsentiert dir die Geschlossenheit einer Theorie und verlangt, dass du es dir innerhalb des Systems wohnlich einrichtest, und damit wirst du zu einem verhätschelten Gefangenen.

Jede Sekte enthält dieses Element und jede therapeutische Richtung, die dich auf die Grundprinzipien ihres Er-Finders festnageln will, von denen du nicht abweichen darfst.

Andererseits enthält diese Karte aber auch den Hinweis darauf, dass man sich – um überhaupt eine Erinnerung zu erhalten, oder um glauben zu lernen – eine gewisse Zeit an ein System verpflichten (und binden) muss, um nicht in einer folgenlosen Beliebigkeit zu versinken.

Wirksamkeit (der Signaturen im Horoskop)

(–100 % = negative Wirksamkeit, 0 % = neutral, +100 % = positive Wirksamkeit)

Pluto Spiegelpunkt Jupiter = –100, Pluto Quadrat Jupiter = –60, Pluto Opposition Jupiter = –50, Pluto Konjunktion Jupiter = –60, Pluto Sextil Jupiter = –20, Pluto Trigon Jupiter = +10, Jupiter in Skorpion = –40, Pluto in Schütze = ? (Pluto stand das letzte Mal um 1750 im Zeichen Schütze – wir haben keine Erfahrungen damit), Pluto im 9. Haus = –40, Jupiter im 8. Haus = –40

Erläuterung der Karte

Eine Schwarze Messe wird abgehalten, und das Symbol des Glaubens (das Kreuz) hängt verkehrt herum, ganz ebenso wie das Bild des offenen Menschen (das Pentagramm) jetzt um 180 Grad verdreht im »Dämonium« sich befindet. Die schwarzvermummten Priester beugen sich über den (verdeckten) Altar und opfern einen Teil von dir, einen Teil deiner Lebendigkeit. Die Zuschauer dürfen nicht eingreifen, sondern werden zu passiven Konsumenten, zu Rezipienten des »richtigen« Glaubens.

Bedeutung der Karten im Legesystem

a) (als Einzelkarte oder als erste Karte): Das Problem

Du hast dich in eine Einsicht verrannt und glaubst jetzt, im Besitz der Wahrheit zu sein und bist doch (so unscheinbar, dass man es kaum merken kann – das muss zu deiner Entschuldigung gesagt werden) nur einer subtilen Vorstellung (von der Wahrheit) auf den Leim gegangen. Nicht, dass die Grundidee falsch wäre! Sie war, als du sie hattest, richtig, aber jetzt hindert sie dich weiterzufragen, weiterzugehen. Du sitzt geistig fest.

b) (als Folgekarte): Der Weg durch das Problem hindurch

Auf deinem Weg musst du dich für geraume Zeit geistig verpflichten, d.h., du folgst einem theoretischen Gebilde (z.B. der Erleuchtung) oder einem geistigen Führer (Guru) und hast dabei keinen freien Willen mehr. Um überhaupt Einsichten zu bekommen, muss es diese Bindungen geben, sonst bleibt das Ganze eben unverbindlich. Aber du musst ganz ebenso wahrnehmen lernen, dass du (nach einiger Zeit) in diesem Gebilde festsitzt und erstarrst.

c) (als Endkarte): Das Ergebnis des Weges

Du hast verstanden, dass du dich an etwas (geistig) Totes gebunden hast. Das allein ist schon die Einsicht, derer es bedarf, um die Bindung zu lösen. Du brauchst nichts zu tun, außer zu sehen, dass du in der Stagnation warst. Damit verschwindet der Spuk von ganz allein.

Die Depression

Signatur: **Skorpion/Steinbock, Pluto/Saturn**

Thema als Kurzfassung

Das Festsitzen, Die Versteinerung, Die Kammer der Lethe, Der Schemel des Vergessens, Die Nachtseite der Seele

Erläuterung der Signaturen

Es gibt Zeiten im Leben eines Menschen, da lastet etwas auf ihm, macht ihn schwer und unbeweglich. Diese innere Person hat von allen die größte seelische Dichte. Sie vereint die schicksalhafte Härte des Saturn mit den magisch bindenden Kräften von Pluto. Ihr Sog in die Tiefe ist ungeheuerlich. Das Leben hängt dem Menschen dann wie ein Mühlstein um den Hals. Ein eiserner Panzer legt sich um sein Herz, bis er es eines Tages nicht mehr schlagen hört. Es wird still in seinem Inneren – tot und leer. Das Licht erlischt allmählich, und er befindet sich in absoluter Dunkelheit. Er vergisst, woher er kam und wohin er zu gehen hätte. Der Sinn seines Daseins verblasst in diesem inneren Raum des Vergessens. Die Göttin Lethe übt ihren Zauber aus, sie überflutet alles mit ihren dunklen Wassern, und die Erinnerungen werden davongeschwemmt. Der Herr der Unterwelt raubt dem Chronos – Saturn – die Zeit: Sie bleibt stehen. Es gibt keine Vergangenheit, keine Zukunft mehr, nur eine zähe, drängende, immer dichter werdende Gegenwart. Sie verdichtet den Menschen in eine Versteinerung hinein, in der er in Hoffnungslosigkeit gefangen gehalten wird. Er spürt keine Trauer, keine Freude, keinen Schmerz. Jegliches Gefühl wird verschluckt vom bodenlosen Nichts. Niemand, kein Freund, kein Therapeut, kein noch so liebevoller Partner vermag die verzauberte Seele in diesen Zeiten zu erreichen. Der Mensch hört wohl, wie jemand zu ihm spricht, doch es berührt ihn nicht. Er sieht die Sonne und den Tag, doch in seinem Inneren herrscht ewige Nacht. Niemand, auch er selbst nicht, kann etwas tun, außer warten und versuchen zu verstehen. Wir wissen nicht, wann die Zeiger der Uhren sich wieder drehen und die Erlösungsphase beginnt. Eine Depression kommt genauso geheimnisvoll, wie sie geht. Der Mensch ist ihr so lange ausgeliefert, solange er nicht versteht, dass er selbst diese innere Person der Verdrängung, der Dunkelheit und des Vergessens gerufen hat. Eine DEPRESSION hat immer damit zu tun, dass die Seele etwas ganz Bestimmtes nicht wissen will. Alles, selbst die düsterste Stimmung, scheint ihr lieber zu sein als die Erinnerung an etwas offenbar sehr Bedrohliches und Gefährliches. Das Wort »Depression« kommt von »Druck«. Du hältst einen Raum deines Unbewussten mit Gewalt unter Verschluss, du unter*drückst* eine Wahrheit: Sie muss um jeden Preis vergessen bleiben. Mit den Erinnerungen könntest du noch weniger leben als in der Dunkelheit. Du hast (wahrscheinlich ohne es zu wissen) Lethe zu Hilfe gerufen und gehst jetzt auf diesem Weg kein Risiko ein. Doch der Preis, den du zahlst, ist hoch: Deine Lebensenergie wird schwächer, eine bleierne Schwere erfasst deine Seele. Hilflos bist du den gerufenen »Dämonen« ausgeliefert. Erst wenn du ihnen die »verkauften« Tränen – denn noch nicht einmal weinen kannst du – wieder abringst und dir von ihnen deine Trauer, deinen Schmerz und deine versunkene Wahrheit wieder zurückholst, wird der düstere Vertrag allmählich ungültig, und Mnemosyne (die Gegenspielerin Lethes) vermag sich dir wieder zu nähern. Vergiss nie: Die Zeit der Dunkelheit wird irgendwann vorüber sein, und der Vorhang zur Erinnerung und damit zum Licht wird sich wieder öffnen.

Wirksamkeit (der Signaturen im Horoskop)

(–100 % = negative Wirksamkeit, 0 % = neutral +100 % = positive Wirksamkeit)

Pluto Spiegelpunkt Saturn = –100, Pluto Quadrat Saturn = –100, Pluto Opposition Saturn = –80, Pluto Konjunktion Saturn = –90, Pluto Sextil Saturn = –60, Pluto Trigon Saturn = –50, Saturn in Skorpion = –60, Pluto in Steinbock = –70, Pluto im 10. Haus = –70, Saturn im 8. Haus = –60

Erläuterung der Karte

Müde und gebeugt sitzt ein Mann gefangen in der Unterwelt auf einem Stein. Er ist schon so lange dort, dass er selbst schon fast versteinert ist. Erschöpft von der Wanderschaft durch die Abgründe des Lebens wollte er sich nur für einen Moment ausruhen. Doch im Machtbereich der Lethe, der Göttin des Vergessens, ist dies ein verhängnisvoller Fehler: Sie löscht allmählich jede Erinnerung an die Welt und an das Licht. Die anderen Gestalten auf dem Bild zeigen, was geschehen kann, wenn sie ihr Werk vollendet hat. Sie werden zu einem Teil der Unterwelt – kalt und versteinert bis ans Ende aller Tage.

Bedeutung der Karten im Legesystem

a) (als Einzelkarte oder als erste Karte): Das Problem

Ein wichtiger Lebensbereich ist im Moment im Stadium des Versteinerns. Du kannst nichts tun, außer diesen Prozess wahrzunehmen und dich mit der inneren Person zu identifizieren, die dafür verantwortlich ist. Sie hat dich dazu verführt, dich auf dem »Schemel des Vergessens« auszuruhen. Du selbst hast sie gerufen, um dir eine Wahrheit zu ersparen. Du willst etwas ganz Bestimmtes nicht wissen und nimmst dafür die Dunkelheit und die Leere in Kauf.

b) (als Folgekarte): Der Weg durch das Problem hindurch

Der Gang durch den inneren Raum deiner Versteinerungen wird dir nicht erspart bleiben. Dein Weg führt durch die Kammer des Vergessens, damit du dich erinnerst. Was immer du dort siehst, denke an die Worte Vergils, als er Dante durch die Unterwelt führte: »Schau hin und geh weiter.« Erkenne die erstarrten Gestalten als zu dir gehörig und erlöse sie mit deinem »Ja, das bin ich.« Lasse es aber nicht zu, dass sie dich mit ihrer dunklen Schwere so sehr bedrängen, dass du gemeinsam mit ihnen untergehst.

c) (als Endkarte): Das Ergebnis des Weges

Du hast schwere Zeiten hinter dir, doch am Ende des Tunnels siehst du wieder das Licht. Alte Strukturen haben sich in einem zähen, langwierigen Lebensprozess verändert. Jetzt wartet eine neue Form der Lebendigkeit auf dich, die scheinbar aus dem Nichts geboren wird. Eben noch war es dunkel und du hattest keine Ahnung, wie es für dich weitergeht – und plötzlich erwärmt die Sonne wieder dein Herz.

Der Phönix

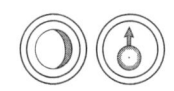

Signatur: **Skorpion/Wassermann, Pluto/Uranus**

Thema als Kurzfassung

Die Metamorphose, Die Befiederung des Seelen-Vogels, Untergang und Auferstehung (Stirb und Werde), Die Orientierungslosigkeit, Die Häutung

Erläuterung der Signaturen

Wer das Wort »Metamorphose« hört, denkt in der Regel an eine Verwandlung – so wie z.B. eine Raupe sich in einen Schmetterling verwandelt. Es ist ein wunderschöner Moment, wenn der neugeborene Schmetterling die alte Form verlässt und sich in die Lüfte hebt. Die Menschen vergessen freilich, dass vor jeder Wandlung die totale Zerstörung der vorherigen Struktur erforderlich ist. Blickt man auf unsere Karte, so setzt der Seelen-Vogel PHÖNIX gerade zum Flug an. Was aber die wenigsten auf den ersten Blick wahrnehmen: Unter ihm liegt eine zerstörte Welt, in der alles zu Schutt und Asche zerfallen ist. Biologen haben festgestellt, dass auch im inneren der Raupe sämtliche Zellen auseinander fallen, bevor der Schmetterling sich neu »organisieren« kann. Die Raupe muss also ebenso sterben wie unsere Welt, bevor eine tatsächliche Neugeburt stattfinden kann. Dieser Sterbeprozess ist äußerst schmerzhaft. Es geht buchstäblich um eine Todeserfahrung. Leid und Schmerzen sind immer erforderlich, bevor – wie Platon sagt – die Seele neu »befiedert wird«. Wir alle möchten von Zeit zu Zeit aus unseren alten Gewohnheiten und Umständen herausspringen. Wir wünschen uns Erneuerungen (natürlich zum Schöneren und Besseren hin), doch wenn es darum geht, die alte Form aufzugeben, haben wir Angst und blockieren den Prozess. Wir möchten gern unser altes Haus behalten und dennoch ein neues bauen. Dieser Vorgang des »Zugewinns« hat allerdings nichts mit einer Metamorphose zu tun. Ein wirklich neues »Haus« kann ich nur auf dem Fundament meines Lebens bauen, wenn das alte auch tatsächlich bis zum letzten Stein abgetragen wurde. Niemand aber zerstört freiwillig das schützende Dach seines Daseins. So obliegt es immer dem Schicksal, mich in den Geburtskanal hineinzustoßen und zur Erneuerung zu zwingen. Jeder Mensch, der sich inmitten eines Wandlungsprozesses befindet, leidet sehr. Er leidet unter dem Verlust des Alten und unter der Orientierungslosigkeit in die Zukunft hinein. Er ist dann keine Raupe mehr und noch kein Schmetterling. Er spürt nur, wie alles in ihm und in seinem Leben zerfällt: seine Sicherheiten, seine Ansichten, seine Pläne, seine Wünsche, kurzum, all seine Vorstellungen von sich selbst und von seiner Welt. Er vermag nur zuzuschauen, wie ein Teil seines Lebens zu einem Häufchen Asche zerfällt und wie es vom Schicksal davongetragen wird. Die Zeit vor der Auferstehung ist wohl die schrecklichste Zeit im Leben eines Menschen. Unser Bewusstsein lebt von der Form und der Struktur. Diese Identifikationen sind die einzigen Überlebensmöglichkeiten unseres EGO. Pluto gibt uns die Vorstellungen (der Lebensformen) vor, und wir lassen uns in sie hineinverführen. Sie stabilisieren unsere Persönlichkeit. Wenn jetzt Uranus, der Befreier, die Formen sprengt und sie vernichtet, verlieren wir diesen Halt und damit – für eine gewisse Zeit – unser geliebtes Ich. Ohne diesen schmerzvollen Verlust gibt es allerdings keine Entwicklung – und unsere von Pluto besetzte Seele könnte nicht geheilt werden.

Wirksamkeit (der Signaturen im Horoskop)

(–100 % = negative Wirksamkeit, 0 % = neutral, +100 % = positive Wirksamkeit)

Pluto Spiegelpunkt Uranus = –100, Pluto Quadrat Uranus = –100, Pluto Opposition Uranus = –80, Pluto Konjunktion Uranus = –70, Pluto Sextil Uranus = –50, Pluto Trigon Uranus = –20, Uranus in Skorpion = –60, Pluto in Wassermann = –20, Pluto im 11. Haus = –20, Uranus im 8. Haus = –60

Bedeutung der Karten im Legesystem

a) (als Einzelkarte oder als erste Karte): Das Problem

Alte Vorstellungen und Denkmuster sind zum Sterben verurteilt, doch du hältst an ihnen fest, ohne zu bemerken, dass sie längst überholt sind. In gewisser Weise hältst du an etwas »Totem« fest. Deine Seele ist im Moment gefangen, der Seelenvogel stirbt allmählich in dieser Unfreiheit. Den Käfig zu öffnen würde allerdings bedeuten, dass deine alten Strukturen und Lebensumstände zusammenbrechen und du vor einem Berg aus Schutt und Asche stehen würdest.

b) (als Folgekarte): Der Weg durch das Problem hindurch

Nichts in deinem Leben wird so bleiben, wie es war. Ein Sterbeprozess liegt auf deinem Weg, aus dem du nur dann – wie ein PHÖNIX aus der Asche – hervorgehen wirst, wenn du den Mut hast, die alte Situation wirklich zerfallen zu lassen. Erst nach dem Niedergang kommt der Aufstieg. Deine alten Lebensfiguren müssen erst, wie Kompost, verrotten, damit aus ihnen neue herauswachsen können.

c) (als Endkarte): Das Ergebnis des Weges

Leuchtend bunt erhebt sich der PHÖNIX aus dem Schutt deiner Vergangenheit – ein Lebensabschnitt ist zu Ende. Deine Seele hat sich aus ihrer Starre gelöst und befreit. Sie versteht jetzt, was es bedeutet, innerhalb eines Lebens zu sterben und wie neugeboren einem vollkommen neuen Abschnitt entgegenzutreten.

Erläuterung der Karte

Das Bild zeigt den buntgefiederten Seelen-Vogel, den PHÖNIX, der aus der Asche emporsteigt. Unter ihm liegt eine zerstörte Welt, aus der er sich gerade befreit. Er kann erst dann geboren werden, wenn kein Stein mehr auf dem anderen steht. Erst, wenn die Reste des alten Hauses ganz abgetragen worden sind, kann ein neues entstehen. Die Metamorphose beinhaltet immer den Untergang des Alten als Voraussetzung des Neuen. Für die Seele ist dieser Prozess erneuernd, für das EGO ist er äußerst schmerzhaft und destruktiv.

Der Heiligen-Schein

Signatur: **Skorpion/Fische, Pluto/Neptun**

Thema als Kurzfassung

Das Gute und das Böse (Die Polarität), Die Vorstellung vom Himmel, Die Schein-Heiligkeit, Der gefallene Engel, Die Parteilosigkeit

Erläuterung der Signaturen

Bei diesem Thema begegnen sich die beiden großen Engel des Menschseins und verschmelzen ununterscheidbar zu einer Person (die wir nur der Anschaulichkeit halber mit zwei Köpfen dargestellt haben!): Sie stecken so sehr ineinander, dass normalen Menschen eine Differenzierung nicht möglich ist. Wir finden hier das Phänomen des »gefallenen Engels«, mit dem Unterschied, dass sich Luzifer hinter der Maske des Michael verbirgt und mit einem Heiligenschein versehen sein (Un-)Wesen treibt. Das Wort HEILIGEN-SCHEIN (schreibt man es mit einem Bindestrich) drückt diesen Sachverhalt treffend aus: Das »Böse« steckt hinter der Maske des »Guten«. Jedenfalls ist das der *mittlere* Streckenabschnitt des Weges dieser inneren Person. Die Dialektik dieser Gestalt ist dreigeteilt:

Im *Anfang* halte ich jenen Teil der Welt (bestehend aus Sachen, Ideen, Personen etc.), den mir diese innere Person präsentiert und vor Augen stellt, für absolut göttlich. Ich sehe nur den Engel, das Heilige, die Lichtgestalt und lasse mich von ihr verzaubern. Mein Ego ist reinweg aus dem Häuschen. Von allen Sterblichen wurde ich vom Engel (und damit von Gott) auserwählt, die wenigen Reinen in das Raumschiff zu führen, das nur uns beim Untergang der Welt aufnehmen und damit retten wird. Die sakralen Chromleisten meines EGO glänzen im schönsten Lichterschein.

Nachdem ich mich eine Zeit lang in diesem Glanze (natürlich bescheiden und abwiegelnd) gesonnt habe, enthüllt sich eines Tages (mitunter erst nach vielen Jahren) der Schatten dieser Gestalt, und ich gerate auf die *mittlere* Ebene: Jetzt gibt sich die innere Person als Dämon zu erkennen, als einer, der mich verführt hat, sich ein Bild vom Himmel zu machen! Ich bin mit meinem Wunsch, gut zu sein, ihm auf den Leim gegangen und habe eine Schein-Heiligkeit angebetet. Ich muss erkennen, dass er mich bei meinen Vorstellungen, bei meinem Bild von Gott gepackt und manipuliert hat (es gilt nämlich: Du sollst dir kein Bild machen!) und mich damit selbst zu einem (wenn auch unbewussten) Mephisto gemacht hat. Einem Mephisto, der von sich sagen könnte: »Ich bin ein Teil von jener Kraft, die stets das Gute will… und stets das Böse schafft!« jetzt halten mich meine Schuldgefühle und meine Scham darüber gefangen, dass ich so leicht hereinzulegen war und jedem vermeintlich Heiligen dankbar die Füße küsse. Man hat mir eine Idee vom Himmel verkauft. Und der Dämon lacht sich ins Fäustchen darüber, wie leicht ich zu haben bin.

Am *Ende* (nach vielen Jahren), verstehe ich, dass nur dann, wenn ich besonders hoch in die eine Seite der Polarität (ins grenzenlose Gute) will, die andere Seite ebenso grenzenlos aufgeladen wird und sich der Schatten des Guten gnadenlos an meine Fersen heftet. Es könnte sein, dass ich jetzt zu einem parteilosen Bewunderer der Polarität als Ganzes werde. Ich stehe dann im Weder-Noch und bin Beobachter und Betrachter dieses ewigen Spiels, werfe aber meinen Stimmzettel, bei dem ich immer eine Entweder-oder-Partei ankreuzen müsste, nicht mehr in die Urne.

Freilich, wer an dieser Stelle steht (zu dem ihn

Wirksamkeit (der Signaturen im Horoskop)

(–100 % = negative Wirksamkeit, 0 % = neutral, +100 % = positive Wirksamkeit)

Pluto Spiegelpunkt Neptun = –100, Pluto Quadrat Neptun = –60, Pluto Opposition Neptun = –50, Pluto Konjunktion Neptun = –60, Pluto Sextil Neptun = –20, Pluto Trigon Neptun = –10, Neptun in Skorpion = –40, Pluto in Fische = ? (Pluto stand das letzte Mal um 1800 im Zeichen der Fische – wir haben keine Erfahrungen damit), Pluto im 12. Haus = –10, Neptun im 8. Haus = –40

Welt durch seinen wunderschönen Zerrspiegel. Er möchte, dass du dein EGO genauso polierst und will dich verführen, zum Herrscher der Welt zu werden (obwohl er genau weiß, dass du es nie schaffen wirst – aber das sagt er dir nicht. In letzter Konsequenz müsstest du dabei mit ihm in eine Konkurrenz treten, und würdest du gewinnen, so wärest du jetzt er! Aber das alles weiß der Mensch nicht.) Und so sagt er nur: Herrsche über die vielen! Während der weiße Engel sagt: Es herrscht immer das eine. Es ist die uralte Polarität: The One and the Many. Ein Kampf wie der zwischen Michael und dem Drachen, der in der Brust eines jeden Menschen ausgefochten werden muss – und bei dem es keinen Gewinner geben kann!

Bedeutung der Karten im Legesystem

a) (als Einzelkarte oder als erste Karte): Das Problem

Im Moment gehst du dem dunklen Engel auf den Leim. Natürlich hat er sich ein wunderschönes Lichtmäntelchen umgehängt und verkündet dir, wie edel, heilig und gottesfürchtig dein Werk, dein Guru, deine neue Beziehung gerade sei. Aber das ist nur die Karotte, die er dir vor die Nase hält, damit du in seine Richtung trotte(l)st und damit du nicht sehen kannst, dass er dich im Drang deines EGO, Gutes zu tun, voll im Griff hat.

diese innere Person in Wahrheit die ganze Zeit führen wollte), der merkt es kaum noch. Wer jedoch diese Stelle erreichen *möchte*, der ist mal wieder auf eine Karotte hereingefallen, die der dunkle Fürst ihm vor die Nase gebunden hat mit der Einflüsterung: »Du musst jetzt ins Weder-Noch! Strenge dich an! Suche dir einen Guru, der bereits im Weder-noch-Land ist.«

Dagegen ist nichts einzuwenden, außer: Wer auf diese Karotte hereinfällt, ist wieder mal ein Esel.

b) (als Folgekarte): Der Weg durch das Problem hindurch

Auf deinem Weg gibt es einen schmerzhaften Lernprozess zu durchlaufen, den Prozess nämlich, dass du dir kein Bild machen darfst. Jedes Bild, wie edel auch immer, ist Balsam für dein EGO, aber Gift für deine Seele. Es gilt, zu begreifen, dass du einem Götzen aufgesessen bist. Das ist peinlich und wird dich lange bedrücken – aber diesen Schmerz kannst du dir nicht ersparen. Es ist jetzt die Zeit, Schattenarbeit zu leisten und Bilder und Vorstellungen zu entlarven.

Erläuterung der Karte

Abgebildet ist ein eigenartiges Doppelwesen, das auf alten alchemistischen Darstellungen vorzufinden ist. Halb Engel des Lichts, halb Engel der Finsternis, wenn wir auch lange Jahre nur seine lichte Seite zu Gesicht bekommen, d. h. als Einziges zu sehen bemüht sind. Der Engel des Lichts hält das Ur-Ei in der Hand, den Ouroboros, der das uralte Symbol der Einheit allen Seins umfasst. Der Engel der Finsternis spiegelt dir die

c) (als Endkarte): Das Ergebnis des Weges

Du wirst verstehen, dass es nichts Helles gibt ohne seinen Schatten, das Dunkle, und dass es nichts Dunkles gibt ohne seinen Schatten, das Helle. Du musst jetzt nicht mehr Partei ergreifen, denn du siehst das eine in dem vielen und das viele in dem einen. Damit wirst du zwar nicht heilig (das wäre nur eine neue Karotte), aber möglicherweise gesund.

Die Beichte

Signatur: **Schütze/Steinbock, Jupiter/Saturn**

Thema als Kurzfassung

Das Bekenntnis, Die Reinigung vom Subjektiven, Die Verantwortung des Therapeuten (Priesters), Einsicht in das Schicksal, Die Brücke zwischen Subjektivem und Objektivem

Erläuterung der Signaturen

Das Bild auf unserer Karte kann leicht missverstanden werden, so als wäre die Richtung der Beichte vom älteren Mann zum Priester *hin* eine Einbahnstraße – das aber ist nicht gemeint. Die Grenzlinie, die in der Mitte der Karte gezogen ist und die die beiden Personen voneinander trennt, ist nicht die Wand des Beichtstuhles, sondern eigentlich die Grenze zwischen dem Subjektiven und dem Objektiven. Über diese Grenze wacht jene innere Person, die die Karte beschreiben möchte. Auf der diesseitigen Ebene herrscht noch die *subjektive* Figur des Priesters (Therapeuten), der in seiner rituellen Verkleidung zwar schon weiß, dass er nicht mehr dem Irdischen dient, aber der immerhin noch genügend Ziele und damit Subjektives auf seinem Weg hat (Bischof zu werden oder Kardinal oder gar Papst etc.), auf der jenseitigen Ebene steht der Sünder, der weiß, dass er – was immer er auch tun wird – zutiefst in der Sünde gefangen sitzt und dass die Sünde (die Absonderung) sich wie ein roter Faden durch sein Leben ziehen wird. Er bekennt sich zu dem, was die Kirche (oder der Priester) bereits überwunden zu haben glaubt. Er bekennt seine Schuld.

So wird jede ernst gemeinte Beichte zu einer (der ganz wenigen) Unternehmungen, bei der der Mensch sich – bewusst – einen Moment lang aus seinem EGO entfernt. Das macht jedes Bekenntnis zu einer derart schweren Sache, dass manche Menschen durch ihr gesamtes Leben laufen, ohne sich je bekannt zu haben, ohne je eine Beichte über ihre Verfehlungen abgelegt zu haben. Und so zählt die Beichte, die confessio, zu den großen, zu den erhabenen Momenten des Menschseins, wenn sie auch im Beginn meist mit großer Angst verbunden ist.

Wohlgemerkt, wir sprechen hier nicht von der Lüge oder dem Betrug, wir sprechen auch nicht von der Wahrheit (über diese Themen wachen andere Personen), sondern von dem Moment der Offenlegung von etwas Verborgenem. Von etwas, das, wird es nicht bekannt, unmerklich (oder drückend) auf der Seele lastet und sie beschwert.

Astrologisch spricht man bei einem direkten Zusammentreffen dieser beiden Planeten von einer »großen Konjunktion«, und man schreibt ihr (besonders im Zeichen Steinbock) epochestiftende Kraft zu. So gab es zu Jesu Geburt – so sagt man – eine derartige Konstellation, den sog. »Stern von Bethlehem«, und es verwundert nicht, dass die mit dieser Geburt begründete Religion der Beichte einen derart großen Stellenwert einräumt – wie es vorher wohl keine Religion tat.

Aber damit der Leser nicht auf Abwege gerät: Wir reden hier nicht von der kirchlichen Beichte (sie wird oft zu einer Pflichtübung, die nur absolviert werden muss), sondern von jener, die aus dir heraus unter großer Kraftanstrengung freiwillig zu erfolgen hat. Wir meinen jene, bei der du deinen Kindern, deiner Frau (deinem Mann), deinen Freunden, deinem Chef usw. etwas bekennst, was für dein EGO äußerst schmerzhaft ist.

Ein weiteres Thema dieser Karte lautet: Einsicht in dein Schicksal. Damit ist gemeint, dass alles, was geschieht, aus einem tiefen Hintersinn heraus stattfindet. Ja, dass es auf der ganzen Welt nichts Sinnloses gibt. »Mühe dich um den Sinn«, will die Karte hier sagen. Das bekannte Buch

Wirksamkeit (der Signaturen im Horoskop)
(–100 % = negative Wirksamkeit, 0 % = neutral, +100 % = positive Wirksamkeit)

Jupiter Spiegelpunkt Saturn = –50, Jupiter Quadrat Saturn = –40, Jupiter Opposition Saturn = –20, Jupiter Konjunktion Saturn = +100, Jupiter Sextil Saturn = +80, Jupiter Trigon Saturn = +80, Jupiter in Steinbock = –30, Jupiter im 10. Haus = –30, Saturn in Schütze = –30, Saturn im 9. Haus = –30

»Schicksal als Chance« (Steinbock als Schütze) ist gleichsam nur aus dem Thema dieser beiden Personen heraus zu verstehen, und so verwundert es natürlich nicht, dass der Autor sie an exponierter Stelle auch in seinem Horoskop hat.

Den Therapeuten unter den Lesern sei das Studium dieser Karte besonders anempfohlen, da diese sie auffordert, sich ihrer Verantwortung als »Brückenschläger« zum Objektiven bewusst zu werden. In dem Moment, in dem der Therapeut seine Werke als »subjektiv« missdeutet, gerät er unter den Bann des GESETZES (siehe die Karte DER MEISTER), und dieses geht nicht gerade zimperlich mit ihm um.

Erläuterung der Karte

Die beiden Personen werden durch eine Grenzscheide getrennt, und damit scheiden sich Subjektives (der Priester) und Objektives (der Bekennende). Der Priester glaubt, ihm gebühre der Vordergrund, und damit ist er im Irrtum. Statt Priester und Sünder hätten hier auch Therapeut und Patient abgebildet werden können. Und solange der Therapeut glaubt, im Besitz der Wahrheit zu sein, sitzt er weiterhin anmaßend auf seinem Thron. Der Patient (Sünder) ist vom Schicksal nur deshalb geschickt worden, damit der Therapeut (Priester) eine Einsicht erhält – seine Chance!

Bedeutung der Karten im Legesystem

a) (als Einzelkarte oder als erste Karte): Das Problem

Auf deiner Seele liegt eine Last, die du nach außen hin in ein Bekenntnis zu verwandeln hättest. Eine Beichte wäre erforderlich. Aber du glaubst, dass damit ein Teil deiner Größe schwinden würde, und damit hast du vollkommen Recht. Die anderen würden merken, dass du in deinen Einsichten auch noch nicht so weit bist, wie du es sie gerne glauben machen wolltest. Und so bleibst du vor der Beichtsituation stehen und überlässt dich nicht deinem Schicksal. Das kann dich hart und alt machen.

b) (als Folgekarte): Der Weg durch das Problem hindurch

Es genügt nicht, allein von Schuld zu sprechen, sie muss auch als deine dargestellt werden. Das ist es, was auf deinem Weg gefordert ist. Du musst dich zu jenen Stellen bekennen, wo du gestrauchelt bist, wo du aus Anmaßung abgewichen bist. Damit gehst du das Risiko ein, deinen Ruhm zu schmälern.

c) (als Endkarte): Das Ergebnis des Weges

Du weißt jetzt, dass und wo du gesündigt hast und dass dieses nur deshalb erfolgt ist, *damit* du etwas zu bekennen hast. Jedes Eingeständnis macht dein EGO kleiner und den Ruhm Gottes größer. Die Musen helfen dir, die Schöpfungsordnung zu rühmen und zu preisen und damit deine Subjektivität unter den Scheffel zu stellen.

Der Quanten-Sprung

Signatur: Schütze/Wassermann, Jupiter/Uranus

Thema als Kurzfassung

Der Paradigmen-Wechsel, Der Sprung ins Ungewisse, Der Sannyasin, Die Befreiung von religiösen Dogmen, The fool on the roof, Das Wissen, dass man nichts weiß

Erläuterung der Signaturen

Wo diese Karte auftaucht, will sie einen Befreiungsversuch vorbereiten helfen. Aber es geht dabei nicht so sehr um eine Befreiung aus materiellen Zwängen und Ängsten, sondern es geht um eine geistige Befreiungstat, d. h. eigentlich geht es um einen Sprung aus dem bisherigen *Sinn* (des Lebens), den man vorher gefunden zu haben glaubte. Ja, dieser Sinn kann obsolet werden. Wir haben dann jenes Phänomen, von dem Hegel (sinngemäß) sagte: Wenn die Philosophie ihr Grau in Grau malt, dann ist eine Gestalt des Lebens alt geworden! An dieser Stelle, wenn der bisherige Sinn grau geworden ist, ist es hohe Zeit für einen Sprung, für einen radikalen Wechsel, für einen Paradigmen-Wechsel. Das gesamte New-age-Gerede von einem Paradigmen-Wechsel hat nur dann einen Sinn, wenn es sich nicht auf die Wissenschaft als Ganzes bezieht, sondern auf das Leben eines jeden einzelnen Menschen, der (oft um das 42. Lebensjahr herum) vonstatten gehen sollte. Und es ist wichtig, zu begreifen, dass man sich jetzt auf einem Absprungs-Plateau befindet. Man müsste eigentlich springen! Heraus aus seiner Beziehung, heraus aus seinem Beruf, heraus aus seiner bisherigen Karriere, heraus aus seinem Lebens-Sinn. Einige Menschen nahmen (und nehmen) an dieser Stelle Sannyas, d. h., sie ließen Familie und Beruf zurück und gingen nach Indien oder sonst wie einige Zeit in einen Ashram, andere verließen die braven Pfade der Wissenschaft und wandten sich Gebieten wie der Astrologie oder der Fußreflexzonenmassage oder der Rettung der Regenwälder zu. Wieder andere schließlich nahmen sich einfach eine jüngere Freundin (oder einen anderen Freund) usw. Wir wollen dem Leser hier keine Flöhe in den Pelz setzen, denn man mag bezweifeln, ob alles das wirklich QUANTEN-SPRÜNGE waren. Anders gesagt: Die Schwierigkeit eines derartigen Sprunges besteht darin, dass jeder die Qualität seines eigenen Sprunges erst herausfinden muss. Denn nur so viel kann gesagt werden: Wenn der Sprung fällig ist, dann weiß ich zwar, wo ich stehe, aber ich weiß niemals, wo ich landen werde! Wüsste ich es, so wäre es per se kein QUANTEN-SPRUNG, sondern nur ein »switch«, ein Wechsel: Ich tausche dann die alte Arbeitsstelle gegen eine neue ein, oder die alte Ehefrau gegen eine junge Freundin. Das ist eine sportliche Übung des EGO, aber kein Sprung (wenn es auch mitunter einigen Mut und die Überwindung von Skrupeln kostet).

Ein QUANTEN-SPRUNG liegt immer dann vor, wenn der NARR losspringt, ohne zu wissen, ob auf der anderen Seite überhaupt ein Landeplatz sich befindet. Die Erinnerung und die Anweisung der Karte lautet also schlicht: »Jump!« Löse dich! Insbesondere löse dich von allem, was du einmal als sichere Überzeugung für dein Leben gewonnen hast. Löse dich von allem, was du zu wissen glaubst. Alles zu wissen ist nur ein Wissen auf der Oberfläche. Ist nur die obere Schicht der Wahrheit, es gibt aber noch ganz andere Schichten – und sie kannst du nur betreten, wenn dir dein bisheriges Wissen deutlich gemacht hat, wie wenig du eigentlich weißt. Nur aus der Sicherheit des Nichtwissens heraus findest du den Mut für den Sprung. Aber – und das wollen wir dir nicht verhehlen – dieser Sprung gehört zum schwers-

Wirksamkeit (der Signaturen im Horoskop)
(–100 % = negative Wirksamkeit, 0 % = neutral, +100 % = positive Wirksamkeit)

Jupiter Spiegelpunkt Uranus = –60, Jupiter Quadrat Uranus = –40, Jupiter Opposition Uranus = –20, Jupiter Konjunktion Uranus = –40, Jupiter Sextil Uranus = +50, Jupiter Trigon Uranus = +80, Jupiter in Wassermann = +50, Jupiter im 11. Haus = +50, Uranus in Schütze = +30, Uranus im 9. Haus = +30

ten! Sokrates war ein solcher Springer. Dabei ist es eigentlich der Sprung vom Wissen zum Glauben. (Es ist auch der Sprung aus den alten Glaubenssätzen der kirchlichen Dogmatik, und du springst in etwas hinein, was du vorher nicht zu glauben wagtest.) Und man muss erst wieder ein wenig dumm werden, eben zum NARREN, um diesen Sprung zu wagen. Nur ein NARR hat den Mut, in diese Unsicherheit zu springen.

Erläuterung der Karte

Zwischen zwei einander gegenüberliegenden Felswänden liegt eine tiefe Kluft. Über diese Kluft springt der NARR. Sein Gesicht ist entspannt, denn er weiß, es zählt nicht das Ankommen auf der anderen Seite (das ist nämlich ungewiss), sondern es zählt der Sprung an sich. Er hat sich gelöst von der Seite der Sicherheit, und jetzt hängt er vollständig »in der Luft«. Wer weiß…

Bedeutung der Karten im Legesystem

a) (als Einzelkarte oder als erste Karte):
   Das Problem

Du bist verwirrt, orientierungslos, kannst dich kaum noch am Alten festhalten und spürst deutlich, dass du eigentlich (aus dem Alten) herausspringen müsstest, aber du bist zu feige für diesen Sprung. Ja, der Boden bröckelt unter dir bereits bedrohlich und gibt ein wenig nach, denn deine Entwicklungssituation hat sich längst verändert – und doch möchtest du das Risiko, den vertrauten Boden zu verlassen, nicht eingehen.

Du weißt das alles, aber…

b) (als Folgekarte): Der Weg durch das
   Problem hindurch

Auf deinem Weg wirst du springen müssen. Du landest auf einem neuen Plateau deines Bewusstseins. Du wirst das Alte hinter dir lassen. Auch wenn dich deine (alten) Freunde für einen Spinner halten und vielleicht nichts mehr mit dir zu tun haben möchten – dieses Risiko ist immer mit einem derartigen Sprung verbunden.

c) (als Endkarte): Das Ergebnis des Weges

Du findest einen neuen Sinn, der sich gravierend vom alten unterscheidet. Du findest neue Bereiche, vielleicht neue Freunde, die mehr Sinn für dich machen als die bisherigen.

Du wirst gesprungen sein!

Die Pythia

Signatur: **Schütze/Fische, Jupiter/Neptun**

Thema als Kurzfassung

Die Intuition, Die Orakel-Priesterin, Die Wahrsagerin,
Die Astrologie (Deutung der Horoskope)

Erläuterung der Signaturen

Diese Karte zeigt einen Mann und eine Frau. Während sich die Frau, eine Priesterin, in tiefer Trance befindet und – mehr oder weniger – unverständliche Worte als Antwort auf eine Frage murmelt, hat er die Aufgabe, diese Worte den Gläubigen zu übersetzen. So finden wir hier eine Mischung aus Intuition, ein tief aus dem Inneren stammendes Wissen, und seine Anwendung in der religiösen Praxis. Es zeigt uns aber auch, dass wir das aus der Tiefe Stammende nicht beweisen können, sondern glauben müssen. Mit diesen Inhalten, die wie die Dämpfe auf unserem Bild vage und formlos aufsteigen, können daher auch in der »Übersetzung« Fehler gemacht und es kann viel Schindluder damit getrieben werden. Die Gefahr besteht darin, dass die aus den tiefen Schichten des Unbewussten hervorkommenden Erinnerungen zum Zwecke der Macht verwendet werden.

Im alten Griechenland funktionierte das Orakel zu Delphi so: Die Pythia saß auf ihrem dreibeinigen Schemel über den tranceerzeugenden Dämpfen. Im Raum unter ihr befand sich ein Drache (oder eine Schlange). Die Gläubigen wurden einmal im Jahr mit einer Frage zugelassen. Die Priesterin murmelte die Antwort, und ein Priester übersetzte sie den Pilgern. Die Pythia sprach immer in Rätseln. Das wussten die alten Griechen schon sehr genau, sie sagten: Das Orakel verkündet nicht, es sagt keine Wahrheiten – es deutet nur an! Der Suchende selbst hatte eine Arbeit zu vollbringen. Er bekam das Rätsel zur Lösung mit auf seinen Weg, um sich mit den »richtigen Fragen« selbst auf die Spur zu bringen.

In der heutigen Zeit sind wir sehr darauf erpicht, in allen (auch in esoterischen) Bereichen immer vorgefertigte Antworten bekommen zu müssen. Wir vertrauen nicht mehr auf die An-Deutungen, aus denen wir erst in einer langen Arbeit »Be-Deutungen« machen müssen. Ebenso haben wir den Zugang zu unserer Intuition weitgehend verloren. Wir verstehen die Bilder der Seele nicht mehr, und so haben sie für uns vieles von ihrem Symbolgehalt eingebüßt. Heute erwarten die meisten Menschen von einem Wahrsager (Astrologe etc.) klare, zukunftsorientierte Aussagen, die ihnen möglichst bei Entscheidungen helfen oder ihnen gar die eventuell problematische Zukunft ersparen sollen. Konkrete Ratschläge und Hilfestellungen sollen uns die Verantwortung für unser Leben abnehmen und uns möglichst in Sicherheit wiegen. Vor dieser Art der »Orakelei« solltest du dich hüten. Du gibst dabei die Person deiner inneren Priesterin nach außen ab und läufst Gefahr, dass Neptun (der ENGEL) im Außen seine »himmlischen Kräfte« verliert und dich zu einem trügerischen (illusionären) Spiel verführt. Ebenso büßt Jupiter bei diesem Absicherungs-Spiel seine Fähigkeiten ein, deiner Seele treu als Erinnerer und Übersetzer zur Seite zu stehen. Eventuell verschwendest du – ohne es zu merken – eine tiefe, große Kraft: deine eigene Intuition. Besser ist es zu lernen, deine Kräfte zu fördern und deiner Intuition zu vertrauen. Benutze die Bilder als Brücke zu deinem Unbewussten, um das »Rätsel« deines Daseins irgendwann lösen zu können. (Auch hier gilt die alte homöopathische Regel: Nur ein Rätsel kann ein Rätsel lösen!) Es ist dabei unerheblich, ob diese Bilder aus deinen Träumen

Wirksamkeit (der Signaturen im Horoskop)
(–100 % = negative Wirksamkeit, 0 % = neutral, +100 % = positive Wirksamkeit)

Jupiter Spiegelpunkt Neptun = –60, Jupiter Quadrat Neptun = –50, Jupiter Opposition Neptun = –30, Jupiter Konjunktion Neptun = +10, Jupiter Sextil Neptun = +20, Jupiter Trigon Neptun = +80, Jupiter in Fische = +60, Jupiter im 12. Haus = +60, Neptun in Schütze = +40, Neptun im 9. Haus = +40

den aufsteigen, geben dem Raum ebenso wie die violette Farbgebung eine mystische Atmosphäre. Die Pythia, die Orakelpriesterin zu Delphi, beugt sich über die betäubenden Dämpfe und fällt so in eine tiefe Trance. Die »Eingebungen«, die sie während dieser Sitzungen hat, sind die Antworten auf Fragen der Gläubigen, die an bestimmten Tagen an sie gerichtet werden dürfen. Da sie in unverständlichen Silben spricht, muss der Priester immer anwesend sein, um ihre Botschaften zu übersetzen.

Bedeutung der Karten im Legesystem

a) (als Einzelkarte oder als erste Karte): Das Problem

Du klammerst dich an einen konkreten Rat oder an eine prophetische Aussage, die dir jemand erteilt hat. Damit bist du in der Falle. Die Quelle deiner eigenen Intuition ist versiegt, da du die Wasser deiner Seele in ein fremdes Flussbett umgeleitet hast. So wirst du des Rätsels Lösung niemals finden. Jede (scheinbare) Antwort eines Fremden wirft neue Fragen auf, die dich aufs Neue verwirren. Du verlierst dich an eine trügerische Welt, die vorgibt, eine spirituelle zu sein und die doch immer genauso weit davon entfernt ist wie du von deiner Wahrheit.

zu dir finden, ob du sie in Trance herbeirufst oder ob sie dir von (kundigen!) Astrologen, Kartenlegern oder Therapeuten gegeben werden. Wichtig ist, sie dürfen dich nicht festlegen. Sie müssen dich auf die Suche schicken – nicht in die Sackgasse einer Meinung bzw. eines Ratschlages führen. Je tiefer dich ein Bild berührt und je weiter und geheimnisvoller seine Deutungsmöglichkeiten gefasst sind, desto größer ist auch die innere Welt, die es dir eröffnet. Der Schlüssel zu deiner Seele wird dir oft dargeboten, doch es kann sehr leicht sein, dass du ihn (da du an der falschen Stelle suchst) nicht erkennst. Mache dir also klar, dass diese Karte auch bedeuten kann: Du hast ein wichtiges Symbol bereits erhalten und musst dich jetzt auf die Suche machen, es zu übersetzen. Bedenke: Das Orakel antwortet nie zweimal auf dieselbe Frage.

b) (als Folgekarte): Der Weg durch das Problem hindurch

Auf deinem Weg wirst du ein – zunächst einmal unverständliches – Symbol erhalten. Die Übersetzungsarbeit, die du zu leisten hast, um dieses Rätsel zu lösen, wird dich (fast unbemerkt) zu wahrem spirituellen Denken hinführen. Dies kann ein mächtiger Schritt für deine Seele sein – die Lösung für deine Probleme nicht mehr im Außen zu suchen, sondern auch in Zukunft deiner Intuition, d. h. deiner inneren Priesterin zu vertrauen.

c) (als Endkarte): Das Ergebnis des Weges

Ein altes esoterisches Wort sagt: Gefragt, was es bedeutet – es sagt sich nicht! Es sagt sich nicht mit Worten, doch du kannst es jetzt wissen – in Bildern. Du wirst gelernt haben, deiner Intuition zu vertrauen, dich ebenso auf sie zu verlassen wie auf deinen Intellekt. Sie ist die andere, die weibliche Seite des Verstehens. Der Mensch ist erst dann vollkommen, wenn er gelernt hat, über die Brücke vom »Weisen zum Heiligen« zu gehen.

Erläuterung der Karte

Dieses Bild zeigt das Innere eines Tempels. Das heilige Feuer und die Dämpfe, die aus dem Bo-

Die Gefangenschaft

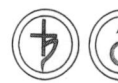

Signatur: **Steinbock/Wassermann, Saturn/Uranus**

Thema als Kurzfassung

Der Überdruck, Der geworfene Stein, Die Verspannung, Die drohende Explosion, Die Er-Pressung

Erläuterung der Signaturen

Die Schwierigkeit, diese Karte zu erfassen, besteht darin, dass sich hier zwei Personen aus dem objektiven Polgebiet des Menschseins zusammengetan haben und – Hand in Hand – vom Objektiven auf das Subjektive herniederwirken. Man könnte behaupten, zwei objektive Größen steigern von oben die Spannung, damit unten etwas (Subjektives) in Bewegung gerät. Das erste der Themen besteht darin, dass der untenstehende Mensch die Verantwortung, die er zu tragen gezwungen ist, wahrzunehmen lernt, das zweite besteht in der Freiheit, die er genauso zu erkämpfen gezwungen ist. Die beiden Melodien, die von oben herabklingen, lauten also: Verantwortung versus Freiheit. Erfülle die Verantwortung und werde frei! Die Ironie, die freilich mit diesem Zusammenwirken von These und Antithese verbunden ist, ergibt sich daraus, dass beim Anwachsen des einen das andere ganz ebenso anwächst und es erst einmal keine Synthese gibt. Je stärker mich die Verantwortung drückt, desto mehr wächst der Wunsch nach Freiheit. Je mehr ich mich befreien will, desto manifester wird der Druck der Verantwortung.

In einem anderen Bild: Je stärker der Druck im Inneren des Dampftopfes wird, desto stärker werden auch die Wände des Kessels. Beides wächst proportional. Das Subjekt erlebt dieses Thema als ausweglosen Überdruck, als absolute Verspannung und als Angst vor einer drohenden Explosion. Es empfindet sich als in die Mangel genommen, erlebt es als die »Daumenschrauben des Schicksals«. Es gibt kein Ventil für diese Pression, und manchmal wünscht man sich (auch als Außenstehender), ein derartig verspannter Mensch möge doch endlich (aggressiv) explodieren, damit der Druck ein wenig abgeleitet wird. Doch das ist ein frommer Wunsch, denn diese Karte ist ausdrücklich nicht die Explosion, sondern nur die Anhäufung von explosivem Material, ohne dass der erlösende Funke fällt.

Und so bleibt der Mensch ein Gefangener, der auf seine Befreiung hofft, während rings um ihn die Mauern seiner Gefängnisse immer enger werden. Je mehr er gegen die Wände revoltiert, desto näher rücken sie zusammen. Fast ist man geneigt, von einer »Gemeinheit« des Schicksals zu sprechen, den Menschen in eine derartige Situation zu versetzen (ohne ihm gleichzeitig einen Ausweg zu bieten), ahnte man nicht, dass dahinter ein tieferer Sinn verborgen läge: Wenn zwei der objektiven Wesenheiten angetreten sind, dann steht zu vermuten, dass es einem Teil des Subjektiven an den Kragen geht. Und so ist es auch hier. Es geht um das Anerkennen, dass der Mensch mit seiner Subjektivität am Ende ist, dass er nichts mehr machen kann und dass er eigentlich ein Geworfener ist. Die Götter erwarten von ihm, dass er jetzt eine Lektion lernt: nämlich dass es Kräfte gibt, die größer sind als er. Er mag zappeln und strampeln, wie er will, solange dieses Anerkennen nicht erfolgt, bleibt er ein Gefangener.

Wirksamkeit (der Signaturen im Horoskop)

(–100 % = negative Wirksamkeit, 0 % = neutral, +100 % = positive Wirksamkeit)

Saturn Spiegelpunkt Uranus = –100, Saturn Quadrat Uranus = –100, Saturn Opposition Uranus = –90, Saturn Konjunktion Uranus = –80, Saturn Sextil Uranus = –40, Saturn Trigon Uranus = –10, Saturn in Wassermann = –20, Saturn im 11. Haus = –20, Uranus in Steinbock = –60, Uranus im 10. Haus = –60

Bedeutung der Karten im Legesystem

a) (als Einzelkarte oder als erste Karte): Das Problem

Dein Problem besteht darin, dass du auf einer tiefen Ebene ein Gefangener bist und dass die Spannung, die dieser Zustand mit sich bringt, noch weiter anwächst. Je mehr du an deinen Gitterstäben rüttelst und dich befreien möchtest, desto mehr erhöht sich der Druck. Zwar sieht es mitunter so aus, als seien andere Menschen für diese Erpressung (nimm dieses Wort bitte wörtlich) verantwortlich, doch in Wahrheit sind sie nur Hilfsmittel für eine höhere Instanz. Du kannst hier nichts tun, außer die Gitter loszulassen.

b) (als Folgekarte): Der Weg durch das Problem hindurch

Auf deinem Weg musst du akzeptieren, dass eine Entscheidung zwischen Verantwortung und Freiheit gar nicht möglich ist. Vertraue darauf, dass derartige Zeiten richtig sind und finde ihren Sinn in dir und nicht im Außen.

c) (als Endkarte): Das Ergebnis des Weges

Du kannst jetzt sehen, dass du der »geworfene Stein« bist. Nur durch das Verstehen deiner Flugbahn, die eindeutig feststeht und an der du gar nichts verändern kannst, wirst du *auf der Bahn* frei.

Erläuterung der Karte

Der NARR, der so gern frei wäre, sitzt hinter Gittern und schaut traurig nach draußen. Sogar seine Kopfbedeckung hängt melancholisch nach unten. Er rüttelt an den Gittern, doch vergebens. Im Mauerwerk sind schon vereinzelte Risse sichtbar, die auf verzweifelte Befreiungsversuche hindeuten.

Die Moira

Signatur: **Steinbock/Fische, Saturn/Neptun**

Thema als Kurzfassung

Die Versöhnung mit dem Schicksal, Die Weisheit, Die Verbitterung, Die Ohnmacht vor dem Schicksal, Das Tauwetter

Erläuterung der Signaturen

In der griechischen Mythologie treffen wir auf drei Schicksalsgöttinnen, deren gemeiner Name die MOIRA (manchmal auch »die Moiren«) lautet. In der römischen Mythologie werden sie die drei »Parzen« und bei den Germanen die »Nornen« genannt. Die erste spinnt den Schicksalsfaden, die zweite bemisst seine Länge, die dritte schneidet ihn ab und teilt ihn zu. Im übertragenen Sinn will diese innere Gestalt sagen: Du kannst deinem Schicksal nicht entkommen, es ist für dich zugeschnitten. Freilich, der Mensch glaubt nicht mehr an diese alten Geschichten. Er sieht sich selbst als Herr über sein Leben und glaubt, sich beliebig dagegen auflehnen zu können. Je mehr er jedoch dagegen angeht und den für ihn bemessenen Teil abweist, desto mehr verstrickt und verwickelt er sich ohnmächtig in ein ganzes Knäuel von fremden »Fäden«. Irgendwann weiß er nicht mehr ein noch aus. Er macht sich die MOIRA zum Feind, und damit sperrt sich sein Bewusstsein gegen ihre Weisheit. Solange er sich nicht ent-wickelt und sich mit ihr (seinem Schicksal) versöhnt, bekommt er den »roten« Faden seines Gesetzes nicht in die Hand und fühlt sich ausgelieferter denn je. Er empfindet die Führerin seines Lebensfadens als hart und unbeugsam und sieht in seiner Verbitterung nicht ihre Objektivität und Neutralität. Der Mensch hat (wie immer dem Gesetz der Polarität folgend) zwei Möglichkeiten, mit dieser Gestalt umzugehen. Für *ihn* hat die Schicksalsgöttin zwei Gesichter. Er selbst hat es in der Hand, welche Seite er in ihr sehen möchte. Ihr (sein!) abgewandtes Gesicht ist hart und verbittert (er will von den Gegebenheiten seines Lebens nichts wissen). Lernt er jedoch von ihr und hört auf das, was sie ihm beibringen möchte, sieht er in ihrem (seinem!) ihm zugewandten Gesicht Milde und Weisheit. Somit gibt es zwei Wege, die in das höhere Lebensalter hineinführen. Man kann an den Gesichtern der Menschen ablesen, für welchen der beiden sie sich entschieden haben. Über dem einen leuchtet ein »Ja« und über dem anderen ein großes »Nein«. Das »Ja« bedeutet: So schwer und so feindlich mir mein Schicksal auch oft erschienen ist, irgendwann verstehe ich, dass es zu mir gehört, ein Teil von mir ist und dass die Gottheiten mich auffordern, diesen Teil aufzunehmen und mich mit ihm zu versöhnen. Das Eis im Inneren der Seele beginnt zu schmelzen, wenn ich bereit bin, die MOIRA als eine *meiner* inneren Personen zu sehen. Schicke ich sie jedoch nach draußen und sehe sie an als eine Macht, die mir zufällige Gemeinheiten auf meinen Weg wirft, so stolpere ich viele Male und bleibe irgendwann fluchend mit einem »Nein« im Herzen liegen. (So sieht es oft so aus, als stürben diese Menschen schon zu Lebzeiten.) Das »Nein« macht sie unbeweglich, es raubt ihnen den Sonnenschein, und die Kälte lässt ihre Seele frieren. Verbitterung versteinert ihr Gesicht, und oft erstarren sie auch auf der körperlichen Ebene. Das Alter bietet dann nicht mehr als Krankheit und ein Warten auf den Tod.

Wie kannst du es anstellen, nicht mit deinem Schicksal zu hadern? Was kannst du tun, um auch dann offen zu bleiben, wenn die Bürde deines Daseins dir mal wieder sehr bedrückend erscheint? Die Geschichte einer Frau, die vergewal-

---

Wirksamkeit (der Signaturen im Horoskop)

(−100 % = negative Wirksamkeit, 0 % = neutral, +100 % = positive Wirksamkeit)

Saturn Spiegelpunkt Neptun = −80, Saturn Quadrat Neptun = −60, Saturn Opposition Neptun = −50, Saturn Konjunktion Neptun = −30, Saturn Sextil Neptun = −10, Saturn Trigon Neptun = +10, Saturn in Fische = −30, Saturn im 12. Haus = −30, Neptun in Steinbock = +50, Neptun im 10. Haus = +50

spinnen, bemessen und zuteilen. Ein Mensch, der im Einverständnis mit dem ihm zugeteilten Schicksal lebt und der sich mit den Moiren vertraut gemacht hat, wird selbst ebenso wissend und weise wie sie. Seine Verhärtungen weichen auf, seine Blockaden (Saturn) dem Leben gegenüber beginnen zu schmelzen (Neptun). Dieser Prozess wird auf dem Bild dargestellt durch die Schneeschmelze und den Frühlingsbeginn, der neues Leben in Form des Schneeglöckchens hervorbringt.

Bedeutung der Karten im Legesystem

a) (als Einzelkarte oder als erste Karte): Das Problem

Du stehst mit deinem Schicksal auf Kriegsfuß. Mache dir klar, dass du dabei bist, einen Weg zu beschreiten, der dich unlebendig und hart macht. Im Moment bist du so uwersöhnlich, dass niemand einen Zugang zu dir findet. Du stellst dich taub den Moiren gegenüber und willst nicht wahrhaben, dass alle deine Schicksalsumstände aus dir geboren werden. Sie sind keine Zufallsprodukte einer »bösen« Macht.

b) (als Folgekarte): Der Weg durch das Problem hindurch

Du stehst vor einer inneren Entscheidung, um die du sehr ringen musst. Es gibt zwei Wege, mit dem anstehenden Problem umzugehen: Der eine beinhaltet die Versöhnung mit den Lebensumständen, also das Annehmen. Der andere zeigt Abweisung und Verhärtung. Es könnte geschehen, dass du es versäumst (dir, anderen oder deinem Schicksal), zu verzeihen. Zwei Kräfte ringen um deine Seele: die Weisheit und die Verbitterung.

c) (als Endkarte) Das Ergebnis des Weges

Du bist selbst zur MOIRA geworden. Gütig und wissend schaust du in die Welt, voller Mitgefühl und einem leisen Bedauern denen gegenüber, die so hart gegen ihr Schicksal ankämpfen. Deine Weisheit kann ihnen jetzt zu einem Leitbild der Hoffnung werden, an das sie sich in ihren schweren Stunden erinnern.

tigt und misshandelt wurde und dabei erblindete, hilft dir vielleicht, die Antwort zu finden. Als sie vor Gericht ihrem Täter gegenübersteht, antwortet sie auf die Frage, warum sie nicht voller Wut, Hass und Verbitterung sei: »Er hat sich einen Tag meines Lebens genommen, warum sollte ich ihm den Rest auch noch geben!« Eine wahrhaft weise Antwort. Das, was ihr geschehen ist, gehört zu ihrem Gesetz. Es ist durch nichts (auch nicht durch Erkenntnisse) zu vermeiden! Doch wie ich mit dem mir zugewiesenen Schicksal umgehe, ob ich daraus lerne und mich versöhne, oder ob ich böse und verhärtet daraus hervorgehe, bleibt mir – seit ich von dem Baum der Erkenntnis des Guten und Bösen gegessen habe – ganz allein selbst überlassen.

Erläuterung der Karte

Das Bild zeigt eine weise alte Frau, die auf altmodische Art einen Faden spinnt. Sie symbolisiert in einer Person die drei Moiren, die Schicksalsgöttinnen, die den Menschen ihren Schicksalsfaden

Die Grals-Frage

Signatur: **Wassermann/Fische, Uranus/Neptun**

Thema als Kurzfassung

Die Heils-Frage, Die ewige Suche, Das verschollene Wissen, Das objektiv Unbewusste, Die Tiefe des Archetypus, Der Ur-Grund, Die Suche nach Gott

Erläuterung der Signaturen

Es ist dies die letzte Karte des »Erinnerungs-Spiels«. Sie ist die Einzige, die keine Person abbildet. Und so bezieht sich die Karte auch nicht mehr auf eine innere Person, die es zu ent-decken gilt (jede Suche wäre hier ergebnislos), sondern die Karte möchte das verstärken, worum es bei dem Thema der »Er-Innerung« zuallererst und zuallerletzt geht: um das Fragen selbst!

Als Parzival auf seiner Suche nach dem Gral endlich – nach vielen Abenteuern – die erlösende Frage stellt: »Oheim, was fehlt dir?«, so bekommt er nicht etwa eine philosophisch tiefsinnige Antwort, sondern allein das Finden der richtigen Frage macht ihn zum Grals-König! Es ist nicht die Antwort, die heilt – es ist allein die Frage!

So ist es auch mit dem Thema der Erinnerung. Wir alle missverstehen dieses Bild zutiefst, so als gäbe es eine richtige Antwort zu erinnern, also als müssten wir die causa für irgendetwas finden. Aber, bei Licht besehen, wir müssen nur um die richtige Frage ringen. Die Erinnerungen sind das Beiwerk zu den Fragen, nicht deren Ziel. Und je mehr Fragen wir stellen, desto unwichtiger werden die Antworten. Natürlich verlangt es uns nach Antworten, und mittelfristig erhalten wir ja auch etliche. Aber nach jeder neuen Antwort, nach jeder neuen Erinnerung, die ja nur heute gilt, taucht bald wieder eine weiterführende Frage auf. Und wieder müssen wir kämpfen, um wieder neue Erinnerungen als Beiwerk auf unserem Weg zu erhalten. Darum sagt der Dichter: »Wer *ewig* strebend sich bemüht, den können wir erlösen.«

Solange *wir* Antworten zu finden hoffen, ist es noch die Absicht unseres EGO, Grals-König zu werden. Aber dieses Königreich wird nicht errungen oder erkämpft, es wird – wie jedes wahre Königtum – verliehen. Von wem? Nun, von jenen beiden inneren Personen, deren Konkretion sich zeichnerisch oder mit Worten nicht mehr darstellen lässt. Hier gilt in der Tat das Verdikt: Du sollst dir kein Bild machen! Hier hat das Subjektive zu schweigen und ehrfürchtig zu akzeptieren, dass es etwas Höheres gibt, dem mit menschlichen Mitteln nicht beizukommen ist. Dieses Areal kann psychologisch benannt werden als das *objektiv Unbewusste* (im Gegensatz zum subjektiv Unbewussten, aus dem sich unsere Neurosen speisen), als die Tiefe des Archetypus. Wer hier unvorbereitet zu tief hineingerät, wird unweigerlich verrückt. Er gerät in den Abgrund des Ur-Grundes, und mit diesen Kräften ist weder zu spaßen noch sind sie zu beherrschen. Manche Philosophen – wie Nietzsche – sind hier gestürzt und haben sich nie mehr erholt. Hier lauert der morbus sacer – die heilige Krankheit, die von den Göttern geschickt wird und deren Genesung ebenfalls eine Sache des Ur-Grundes ist.

Was der Mensch beitragen kann zu diesem Prozess der Genesung? Die *notwendige* Bedingung (so vermuten wir) ist die: zu glauben, dass es diese höhere Macht in ihm gibt. Die *hinreichende* Bedingung ist die, weiter Fragen zu stellen.

Wirksamkeit (der Signaturen im Horoskop)
(–100 % = negative Wirksamkeit, 0 % = neutral, +100 % = positive Wirksamkeit)

Uranus Spiegelpunkt Neptun = –60, Uranus Quadrat Neptun = –50, Uranus Opposition Neptun = –20, Uranus Konjunktion Neptun = +80, Uranus Sextil Neptun = +40, Uranus Trigon Neptun = +70, Uranus in Fische = +50, Uranus im 12. Haus = +50, Neptun in Wassermann = +80, Neptun im 11. Haus = +80

Erläuterung der Karte

Abgebildet ist eine Art Kirchenfenster, in dessen Mittelpunkt sich ein strahlender Pokal befindet. Dieses Fenster besteht aus vielen hundert Teilen, die nach einem bestimmten Muster zusammengesetzt sind. Eine Frau, die an multipler Persönlichkeitsstörung (MPD) gelitten hat, sagte einmal: Multiplizität ist wie ein Puzzle, das du zusammensetzen musst, aber du hast den Karton (mit dem Bild darauf) verloren. Das *Fragen* dient dazu, die einzelnen Teile des Kirchenfensters in der richtigen Abfolge wieder zusammenzusetzen. Aber du weißt vorher nie, welches Bild sich am Ende ergeben wird.

Bedeutung der Karten im Legesystem

a) (als Einzelkarte oder als erste Karte): Das Problem

Du läufst der falschen Frage hinterher und fällst dabei oft auf die Nase. Du starrst in das grelle Licht des Subjektiven, willst mit dieser Frage eine ganz bestimmte – dir angenehme – Antwort herbeizwingen. So kannst du nur in die Irre geführt werden, d. h., du führst dich mit deiner Frage selbst an der Nase herum. Mache dir klar, dass du eine neue Frage finden musst, die nicht mehr *dich* zum Mittelpunkt hat. Dein Hinfallen dient nur diesem Zweck.

b) (als Folgekarte): Der Weg durch das Problem hindurch

Du wirst auf deinem Weg die Lichter umstellen müssen. Du leidest gar nicht am Subjektiven, sondern am Objektiven, also letztlich an der Vertreibung aus dem Paradies. Du musst den Mut finden, die Frage gar nicht mehr beantwortet haben zu wollen, sie aber dennoch umso intensiver zu stellen. So kannst du nach jedem Hinfallen bald wieder aufstehen.

c) (als Endkarte): Das Ergebnis des Weges

Du weißt jetzt, dass es an dieser Stelle keine Antworten mehr gibt, und Gelassenheit darf sich ausbreiten. Du bist ein Geführter, vertraust auf die höheren Mächte (des Objektiven) und lernst erneut (du hast es als Einjähriger schon einmal gelernt), dass man hinfallen muss, *damit* man laufen lernt.

Anhang
Legesysteme

Allgemeine Regeln für das Arbeiten mit den Karten

Wie wir im ersten Kapitel ausführlich beschrieben haben, gibt es für das Legen der Karten einige Regeln, die sich im Laufe der Zeit als sehr sinnvoll herausgestellt haben.

Wir nennen sie, zusammen mit einigen neuen, hier noch einmal stichwortartig.

Bevor du mit deiner Arbeit beginnst, mache dir klar, es handelt sich um eine Art therapeutische Sitzung. Du bist »Patient« und »Therapeut« in einer Person, und die Karten sind das »symbolon«, das Werkzeug, das dein Problem (innerer Patient) mit dem heilenden Wissen (innerer Therapeut) verbindet. Es ist also wichtig, dass du dir einen Rahmen schaffst, in dem eine ernsthafte Seelen-Arbeit möglich ist:

1. Sorge für eine stressfreie Umgebung.

Hektik und von außen kommende Störungen (Telefon) können dich aus der Konzentration herausreißen und deine Energien zerstreuen. Vielleicht kreierst du für diese Zwecke ein spezielles Ritual, das du jedes Mal, wenn du etwas erarbeiten möchtest, beibehältst. Solche Rituale haben den Sinn, seelische Kräfte zu konzentrieren und deine Aufmerksamkeit zu erhöhen. Dies könnte folgendermaßen aussehen: Du stellst eine meditative Stimmung her, z. B. mit Kerzenlicht, Räucherstäbchen, Trance – Musik und evtl. einer schönen Decke als Unterlage für die Karten.

Falls du eine sehr wichtige existentielle Frage zu stellen hast, kann es auch sehr hilfreich sein, diese nachts oder gegebenenfalls in Trance zu stellen. Du bist dann deiner weiblichen Seite, deinem Unbewussten viel näher als sonst. in den verschiedensten Kulturen wurden die Kräfte des Mondes in Vollmondnächten für mystische Erfahrungen und Erkenntnisprozesse genutzt.

2. Versuche deine Frage(n) so sorgfältig wie möglich auszuarbeiten und zu formulieren. Bedenke, dass das Kartenspiel keine simplen Ja/Nein-Antworten geben kann. Es sagt dir auch niemals, was du tun sollst (oder gar musst), sondern es sagt dir, was du im Sinne deiner *seelischen* Entwicklung tun könntest und an was du dich erinnern solltest, um einen Schritt weiterzukommen.

Die sinnvollsten und hilfreichsten Fragen sehen etwa so aus:

Für die a-Karten:

An was soll mich das vorliegende Problem oder Thema erinnern?

Welche innere Person ist hier unerkannt am Werk?

Was übersehe ich, so dass es mir von außen als Konflikt entgegenkommt?

Was verdränge ich, so dass es in der Dunkelheit des Schattens gefangen ist?

Für die b-Karten:

Was kann ich tun, um bewusster mit meinem Problem umzugehen?

Was fördert meine seelische Entwicklung?

Was könnte der nächste sinnvolle Schritt auf meinem Weg sein?

Was kann ich aktiv zu meiner Problemlösung beitragen?

Und eventuell (je nach Legesystem):

Was hindert mich an der Weiterentwicklung?

Für die c-Karten:

Welcher (endgültige) Sinn liegt in meiner jetzigen Konfliktstellung?

Was werde ich am Ende meines Prozesses gelernt haben?

Was ist das Beste (im Sinne der Erkenntnis), was mein Problem mir beibringen will?

Was werde ich gelöst haben?

3. Lege auf jeden Fall *vorher* fest, wie viele Karten du ziehen und welches Legesystem du für diese Frage verwenden möchtest. Finde heraus, welches System am besten zu deiner Frage passt und bleibe dann dabei.

So rätselhaft (für den Moment) dir die Antwort auch erscheinen mag, ziehe auf keinen Fall zur selben Problematik sofort eine neue Karte. Die Muse antwortet nie zweimal auf dieselbe Frage!

Später, wenn du die Bilder verstanden hast und auf deinem Problemweg ein wenig weitergewandert bist, kann es sinnvoll sein, für die nächste Station (zu demselben Thema) noch einmal eine neudurchdachte, neuformulierte Frage zu stellen. Dann (und nur dann!) wird die Antwort weitreichender und tiefer sein.

Fragst du ziellos und zu oft (nach dem Motto: Ich frage so lange, bis mir die Antwort gefällt), so »verärgerst« du die Musen, sie wenden sich achselzuckend ab, und das »symbolon« kann sich nicht schließen. Es kommt zu einer Art Inflation der Antworten, sie verlieren ihre Bedeutung.

4. Mische die Karten. Lege sie fächerartig vor dir aus und lasse deine *linke* Hand suchend über das Spiel gleiten, bis du spürst, von welcher Karte die richtige Energie ausgeht. Sie findet dich, nicht du sie! Du kannst dabei auch die Augen schließen. Lege jetzt die Karten *verdeckt* (in der richtigen Reihenfolge) auf den ihnen im Legesystem zugehörigen Platz. Du kannst sie hernach gemeinsam aufdecken.

5. Du hast jetzt eine oder mehrere Karten gezogen und damit eine symbolische Darstellung deines Problems erhalten. Dies ist jetzt die Ausgangsbedingung für das »Erinnerungswerk«. Es ist noch nicht die Erinnerung!

6. Nun benötigst du Zeit (viel Zeit), bis deine Seele – angeregt durch die Bilder und die Texte unseres Buches – ihre Geheimnisse preisgibt und bis du die verschiedenen Bilder zu einer Gesamt-Ausgabe verbunden hast. Erst jetzt beginnt die eigentliche Arbeit, die aus der *allgemeinen* Deutung (die du im Buch nachlesen kannst) eine Be-Deutung *für dein Leben* machen kann.

7. Wir empfehlen, die Symbole aufzuschreiben (oder die Bilder für einen längeren Zeitraum herauszulegen und anzuschauen) und evtl. mit Datum und der entsprechenden Frage zu notieren. So erhältst du im Laufe der Zeit eine Landkarte deiner inneren Personen mit ihren Problemen, Progressionen und ihrer Entwicklung.

8. Eine weitere Möglichkeit, deine Erkenntnisse zu vertiefen, besteht darin, der Person, die du in deinem Inneren vorgefunden hast, einen Namen zu geben. Du machst sie dir auf diese Art und Weise zunehmend vertraut und nimmst sie – durch diese Taufe – sozusagen auf in deine innere Familie. Verstehe uns nicht falsch, nicht der Person, die auf der Karte abgebildet ist, sollst du einen Namen geben (sie muss neutral und objektiv bleiben für weitere Symbolarbeit), sondern die innere an deinem Problem beteiligte Figur (an die die Karte dich nur erinnert hat) sollte benannt werden. Sie braucht einen Namen, damit sie immer mehr in dein Bewusstsein hinein kann und dir nicht wieder ins Unbewusste hinab entgleitet.

9. Vielleicht möchtest du dich am Ende deiner Sitzung bei Mnemosyne, der Schutzherrin des »symbolon-Erinnerungsspiels«, für ihren »musischen Kuss« bedanken.

10. Möglicherweise bist du ein Therapeut oder hilfst auf andere Weise Menschen bei ihrer inneren Suche. Für dich gelten ebenso die oben beschriebenen Regeln. Achte darauf, deinem Gegenüber keine Deutungen aufzudrängen. Gib ihm behutsam Hilfestellung bei seiner Findung des »Symbolon«, ohne ihn jedoch beeinflussen zu wollen. Vergiss nicht, du bist nur ein weiteres Bindeglied, ein weiterer Stein der Brücke zu seinem Unbewussten. Auch du hast die Aufgabe, objektiv und neutral zu bleiben, da du nie sicher wissen kannst, was in seinem Unbewussten jetzt ans Licht will.

I. Tat twam asi
(Das bist du!)

Zu legende Karten: 1

Dieses System ist das einfachste überhaupt.

Es geht darum, dass du dich im Moment vor einem Problem bzw. in einer Krise befindest und nun wissen möchtest, was sich auf dem (seelischen) Grund dieses Problems befindet. Du richtest deine Frage an die Göttin der Erinnerung in der Hoffnung, dass sie dir ein Symbol schickt, mit dem du arbeiten kannst, um aus deiner unguten Situation zu lernen und irgendwann aus ihr herauszuwachsen.

Es ist ja immer so: Eine deiner inneren Personen versucht (mit Hilfe des Problems), deine Aufmerksamkeit auf sich zu ziehen. Eventuell benutzt sie äußere Umstände und Personen, um (wieder) in dein Bewusstsein zu gelangen. Sie inszeniert Verwicklungen und legt dir so lange Steine in den Weg, bis du dich ihr in deinem Inneren wieder näherst und lernst, sie anzunehmen.

Das Bild auf der Karte ist ebenso ein Symbol für diese Person wie auch der dazugehörige Text ein Hinweis ist auf dein momentanes Thema. Deine Suche beginnt, sobald du die Karte gezogen und damit ein Symbol als Richtungs- und Wegweiser bekommen hast. Jetzt geht es darum, dir die verschiedenen Facetten dieser inneren Figur anzuschauen:

Wo in deinem (äußeren) Leben taucht dieses Thema oder gar eine ähnliche Person auf und macht dir dort das Leben schwer? Sie ist zu verstehen als eine Projektion deines eigenen Unbewussten.

Wann (in früheren Zeiten) und unter welchen Umständen ist dieser Problemkreis schon einmal in dein Leben getreten? Auf welche Weise bist du damals damit umgegangen?

Betrachte diese Person von allen möglichen Seiten und versuche, sie immer besser kennen zu lernen. Du holst sie damit aus der Dunkelheit ans Licht. Ein sinnvoller Weg, sie aus dem Unbewussten quasi herauszurufen, besteht darin, ihr einen Namen zu geben. Wie schon zu Beginn dieses Anhanges beschrieben, geht es nicht darum, der Figur auf der Karte, sondern deiner inneren Person einen Namen zu geben. Dieser Name ist eine Art Arbeitstitel, der für dein jetziges Problem hilfreich sein kann. Zu späteren Zeiten mag es durchaus ein neuer Name sein, da jede innere Person viele Seiten, viele Gesichter und damit auch viele Namen hat.

Eine weitere Möglichkeit, mit nur einer Karte zu arbeiten, empfiehlt sich für denjenigen, der auf diesem Weg die Bilder erst einmal kennen lernen möchte: So kannst du jeden Abend eine Karte für den vergangenen Tag ziehen. Sie hat dann weder die Bedeutung a), b) noch c). Du liest dir nur die neutrale Bedeutung des gezogenen Bildes durch und versuchst, das Thema in deinem Tagesablauf wiederzufinden. So lernst du, auch auf kleine unspektakuläre Inhalte zu achten und verstehst es irgendwann, äußere Umstände mit den inneren Symbolen in eine Beziehung zu setzen.

Irgendwann kannst du auch am Morgen eine Karte für den Tag ziehen. Doch hüte dich davor, diese als Wahrsagung auszulegen oder gar dramatische Vorgänge daraus zu konstruieren. Auch sie sagt etwas aus über Inhalte, über seelische Ereignisse und nicht über äußere materielle Formen.

II. Der Janus-Kopf
(Die zwei Seiten einer Medaille)

Zu legende Karten: 2

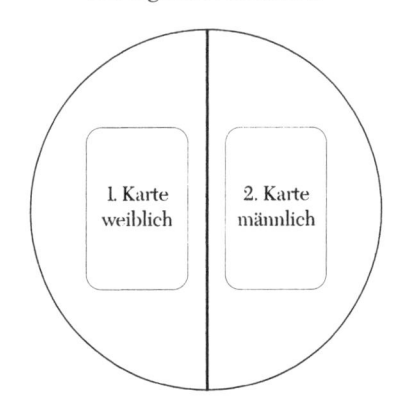

[Diagramm: Kreis mit vertikaler Mittellinie, darin zwei Karten – links "1. Karte weiblich", rechts "2. Karte männlich"]

Um eine Sache, ein Thema wirklich zu verstehen, muss ich mir darüber klar werden, dass jedes Ding zwei Seiten hat. Normalerweise verfolgen wir immer nur eine Seite. Und zwar jene, die unser Verstand nach langem Denken und Suchen als die »bessere« herausgefunden zu haben glaubt. In der Regel entscheiden wir uns für die männliche, die rationale Seite. Aber, da jede Sache einen Janus-Kopf, d. h. zwei Gesichter, hat und wir letztlich doch – oft schmerzhaft – mit der anderen Hälfte konfrontiert werden, ist es wichtig zu akzeptieren, dass wir niemals das eine ohne das andere bekommen: kein Licht ohne Schatten, kein Tag ohne Nacht.

In diesem Legesystem geht es nicht um ein »Entweder-Oder«, nicht um eine Entscheidung für 1 oder 2.

Es geht darum, zu sehen, dass beide Seiten eins sind, dass sie ebenso zusammengehören wie die zwei Seiten einer Medaille. Am ehesten verstehst du dieses System, wenn du dir klar machst, dass du eine Karte für deine *weibliche* Seite und eine für deine *männliche* Seite ziehst. In diesem Fall ist es ausnahmsweise einmal angebracht, die zweite (männliche) Karte mit der rechten Hand zu ziehen.

Die folgende Liste ist nur eine kleine Auswahl der beiden Pole, die du zwangsläufig in deinem Leben vorfindest. Suche dir das entsprechende Paar zu deiner Frage heraus.

1	2
links	rechts
weiblich	männlich
passiv	aktiv
negativ	positiv
unbewusst	bewusst
Schatten	Licht
Stagnation	Fluss
Hemmendes	Förderndes
Vergangenheit	Zukunft

Für dieses Legesystem gelten nicht die unter a), b) und c) beschriebenen Deutungen, sondern der Text der Karte als Ganzes.

III. Die Reise des Helden
(Die Dialektik des Märchens)

Zu legende Karten: 3

Dieses System ist sehr einfach und leicht zu handhaben, da es sich direkt auf unsere drei Deutungsvorschläge (unter a, b und c nachzulesen) bezieht. Es ist aufgebaut wie eine moderne Astrologie-Triade, bestehend aus (a) der Anlage – im Horoskop: der Aszendent –, (b) dem Weg – im Horoskop der Sonnenstand – und (e) dem Ziel – im Horoskop das MC.

Es folgt ebenfalls der Dialektik eines jeden Märchens: Wie immer ist die Titelfigur des Märchens verzaubert. Diese Verzauberung (der Schatten) entspricht dem Aszendenten, in unserem Spiel der ersten, der a-Karte und im Leben des Menschen seinem (zutiefst unbewussten) Problem.

Die zweite, die folgende (b) Karte, sagt, welcher Weg vom Helden zurückgelegt werden muss und welche Aufgabe zu erfüllen ist, um diese Verzauberung letztlich zu lösen. Sie sagt dem Märchenhelden, was er zu tun hat, so wie der Sonnenstand in der Astrologie die Verhaltensanweisung beschreibt.

Nachdem der Held – Du bist in deinem Leben der Held – aktiv geworden ist, das Problem also nicht unter den Tisch gekehrt wurde, sondern er mutig und handelnd auf es zugegangen ist, kann sich nach einiger Zeit der Zauberbann (der das Problem festhält) lösen.

Die dritte, die Endkarte, zeigt also an, wie die Er-Lösung in symbolischer Darstellung aussieht. Das MC im Horoskop sagt ähnlich, wie hier im Dreier-Schritt der Karten, dass es wohl im Kleinen (für das Einzel-Problem) wie im Großen (im ganzen Leben) immer ein bestimmtes Ergebnis gibt.

Dieses Ergebnis zeigt uns an, wohin die vom Schatten freigewordenen Energien streben. Aus ihnen entsteht etwas vollständig Neues.

Der – erlöste – Frosch ist am Ende des Märchens kein schöner, glücklicher Frosch, sondern ein Prinz.

Dieser »Prinz« – die C-Position der Triade – hat viele Gesichter, viele Bedeutungen. Doch eines ist er niemals: die Erfüllung deiner subjektiven Wünsche!

Hätte die Prinzessin gewusst, dass aus dem Frosch ein wunderschöner Königssohn hervortritt, wäre ihr dieses Erlösungswerk niemals gelungen.

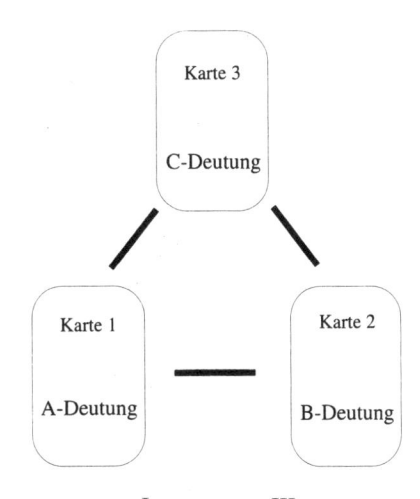

Legesystem III

Karten auf den Plätzen:
1 = Das Problem aus dem Unbewussten (A-Deutung)
2 = Der Weg als Verhaltensanweisung (B-Deutung)
3 = Das Ziel als Sinn und Lösung (C-Deutung)

IV. Der Gordische Knoten
(Das Kreuz der Materie)

Zu legende Karten: 4

Jeder Mensch hier auf Erden ist in einer doppelten Polarität gefangen. Das christliche Kreuz will diesen Zusammenhang darstellen: Die waagrechte Achse symbolisiert die Zeitachse, die senkrechte Achse ist die Bewertungsachse von Gut und Böse.

Die Zeitachse verläuft von der linken Seite, der Vergangenheit (Karte 1), zur rechten Seite in die Zukunft (Karte 2). Der Mensch träumt entweder davon, dass das, was er in der Vergangenheit einmal hatte, wiederaufersteht, oder dass seine Zukunft das negativ Gewesene bald überholt und ihn in ein goldenes Zeitalter führen wird. Dabei übersieht er den wesentlichen Punkt: die Gegenwart, das Hier und Jetzt. Er bleibt entweder in seiner Kindheitsneurose stecken oder bindet sich an illusionäre Zukunftsvisionen. In beiden Fälle verpasst er das Jetzt!

Die zweite Polaritätsachse, an die der Mensch gefesselt ist, ist die Achse von Böse und Gut, von Unten (3. Karte) und Oben (4. Karte). Zumeist will er das Gute verwirklichen und das Böse bekämpfen oder unterdrücken. Wieder ist er nicht in der Mitte und damit nicht frei. Insofern ist das Kreuz der Materie das Rad im Hamsterkäfig, in dem der Mensch sich abzustrampeln gezwungen ist. Er will – ebenso wie der Hamster – in seinem Rad nach oben klettern, damit er bald (in der Zukunft) hoch oben (im Guten) ankommen wird. Doch die Welt ist tatsächlich wie das Rad im Hamsterkäfig: Sie dreht sich immer weiter! Kaum oben angelangt, geht es schon wieder nach unten. Wir mühen und wir quälen uns und kommen doch – über diesen Weg – niemals heraus.

Für den Hamster gilt: Sobald er herausfindet, dass er das Rad seitlich verlassen kann, ist er frei. Doch wo ist diese »Seite« bei uns zu finden? Wer kann sich einen (Stand-)Punkt vorstellen, der nicht von der Vergangenheit genährt ist oder nicht in die Zukunft weist und der von uns nicht als gut oder böse betrachtet – und damit wieder bewertet würde?

Nur der »Erleuchtete« (was immer das ist?) mag diesen Punkt, der den Mittelpunkt des Kreuzes darstellt, kennen. Wir, die wir unser Kreuz noch zu tragen haben, müssen uns zunächst einmal damit begnügen, die vier Eckpfeiler immer besser kennen zu lernen, um uns damit auf den Weg zur Mitte (zu unserer Mitte) machen zu können.

In diesem Legesystem haben alle vier Karten einen neutralen Inhalt (also nicht die A-, B- oder C-Deutungen), sondern der große Text der Beschreibung der Karte des Buches gilt hier.

Die Karten stellen die Bindung an ein Problem dar, das (für den Moment) keinen Aus-Weg aufweist. Der Weg soll dich nicht heraus-, sondern immer tiefer hineinführen in deine Wahrheit, die letztlich die Wahrheit der gesamten Menschheit ist: Solange wir inkarniert sind, müssen wir unser Kreuz von Punkt 1 zu Punkt 2 tragen (von der Vergangenheit zur Zukunft) und unsere Gefühle und Gedanken dazu wahrnehmen, die sich ausweglos auf der Achse zwischen Punkt 3 und 4 (Böse und Gut) hin- und herbewegen.

Was bedeuten diese Sätze für unser Legesystem?

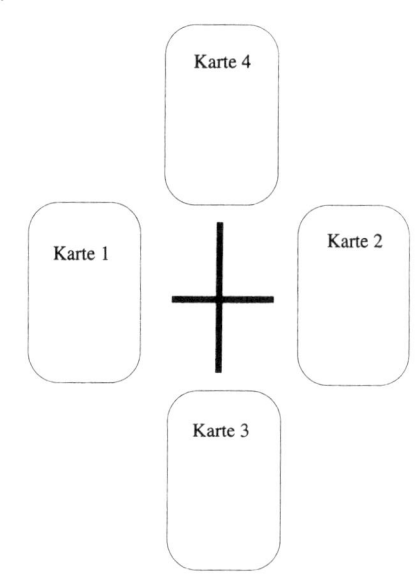

Legesystem IV

Die vier Karten, die du genau in dieses Kreuz der Materie hineinlegst, symbolisieren jene Seelenlandschaft, in der du im Moment gefangen bist. Karten auf den Plätzen:

1 = Woran du in der Vergangenheit noch hängst
2 = Die Projektionen auf die Zukunft
3 = Was du als Böse bewertest
4 = Was du als Gut bewertest

V. Das Pentagramm
(Der kreative Mensch)

Zu legende Karten: 5

Die Karten sind so angeordnet wie jener Mensch von Leonardo da Vinci, der mit geöffneten Armen und Beinen seiner Lebenskraft Ausdruck gibt und der sein Potenzial zu leben vermag.

Insofern ist dieses Legesystem geeignet für die Fragen:

Wie kann ich meine kreativen Fähigkeiten, die mein Gesetz für mich vorgesehen hat, besser erkennen und leben?

Habe ich Zugang zu meinen inneren Fähigkeiten und das Selbstvertrauen, mich leben zu können (eventuell auch ohne die Bestätigung von außen)?

Was hindert mich, meine Kreativität auszuleben?

Deine beiden Beine, auf denen deine Fähigkeiten stehen, stecken zutiefst im Unbewussten. Das bedeutet zuerst einmal, dass, solange du sie nicht kennst, die Energien blockiert sind. Wenn der Stand jedoch unsicher ist und du zu viele Energien an deine Zweifel verlierst, musst du herausfinden, was dich aus der Tiefe heraus hindert, deiner Kreativität und damit deinem Selbst Ausdruck zu verleihen.

So stehen die beiden unteren A-Karten für diese Blockade: Die erste symbolisiert die Bauch-, die Gefühls-Hemmung, die zweite die Kopf-Hemmung (was du irrtümlicherweise zu diesem Thema in deiner Gedankenwelt herumschleppst).

Die beiden B-Karten auf den Plätzen 3 und 4 sagen:

3 = Was kannst du tun? Was fördert deinen kreativen Prozess?

4 = Was solltest du auf keinen Fall tun? Also: Was hindert dich, deine Kräfte zu entfalten?

Die fünfte (eine C-Karte) zeigt dir deine wahrheitsgemäßen Möglichkeiten, dein tatsächliches Potenzial, die Ebene deiner Selbstverwirklichung und deiner Talente.

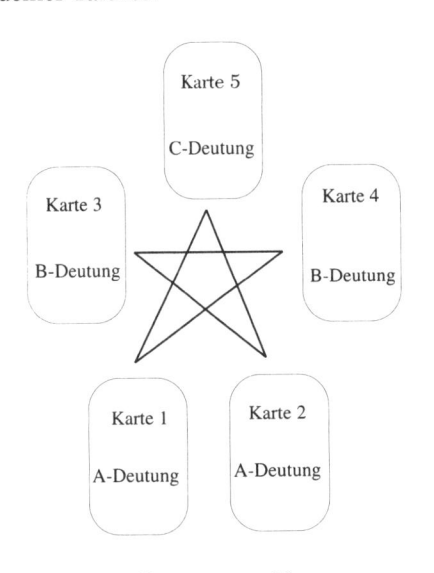

Legesystem V

Karten auf den Plätzen:
1 = Blockade (unbewusst): Bauch (A-Deutung)
2 = Blockade (bewusst): Kopf (A-Deutung)
3 = Das solltest du tun (Förderung) (B-Deutung)
4 = Das solltest du lassen (Hinderung) (B-Deutung)
5 = Dein spezifisches kreatives Potenzial (C-Deutung)

VI. Skylla und Charybdis
(Die Entscheidung)

Zu legende Karten: 6

Der Mensch glaubt immer, dass er durch eine Entscheidung (und zwar durch die richtige) seinen Werdegang grundsätzlich beeinflussen kann.

»Wenn ich nur ...«, denkt er, »... den richtigen Partner ... Beruf ... etc. hätte, meine Arbeitsstelle kündigen, eine Ausbildung anfangen würde, dann fände ich endlich die wahre Berufung und das wahre Glück.«

Und in der Tat wirft das Schicksal uns oft genug Möglichkeiten für Entscheidungen vor die Füße. Es ist wie mit den beiden See-Ungeheuern, vor denen Odysseus gewarnt wurde: auf der linken Seite die Klippe der Skylla und auf der rechten die der Charybdis. Odysseus entschied sich, es mit keinem der beiden aufzunehmen, sondern in der Mitte zwischen den beiden hindurchzusegeln. So ähnlich ist auch unser sechstes Legesystem zu verstehen.

Es will dir zeigen: Für welche Seite du dich auch entscheidest – am Ende landest du doch in der Mitte. Das heißt, eigentlich führt jede Entscheidung inhaltlich zu demselben Ergebnis, auch wenn die Wege dorthin mitunter ganz anders aussehen.

Für dieses Legesystem ist es wichtig, dass du dir vorher die beiden Entscheidungsmöglichkeiten so deutlich als möglich klar machst – und eventuell sogar aufschreibst. Hinter jeder Entscheidungsfrage steht zuerst einmal *ein* Problem. Für diese Ursache, die sich gespalten hat, ziehst du die erste Karte (eine A-Karte). Daraufhin unternimmst du ganz bewusst die Trennung in Weg 1 (es ist der Gefühls-Weg, d.h. wohin deine Gefühle mehr tendieren) und Weg 2 (es ist der Vernunfts-Weg, wohin dein Kopf mehr tendiert).

Also: Was muss ich tun, wenn ich Weg 1 gehe (2. Karte, B-Deutung) oder: Was muss ich tun, wenn ich den zweiten Weg gehe (3. Karte, B-Deutung)?

Mache dir klar, beide Aktionen führen zu einem ganz bestimmten Ergebnis.

Karten 4 und 5 (beide C-Deutungen) symbolisieren die direkten Folgen deiner Taten. Die letzte, die oberste und sechste Karte führt die beiden durch die Polarität getrennten Wege wieder zu einem übergeordneten Sinn und Ziel zusammen (C-Deutung).

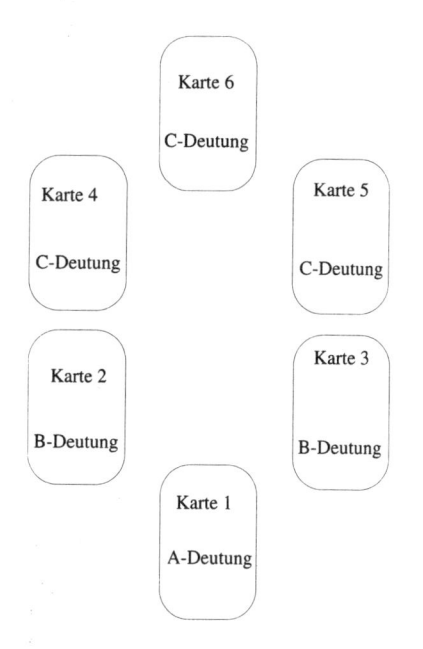

```
                Karte 6
                C-Deutung

  Karte 4                      Karte 5
  C-Deutung                    C-Deutung

  Karte 2                      Karte 3
  B-Deutung                    B-Deutung

                Karte 1
                A-Deutung
```

Legesystem VI

Karten auf den Plätzen:

1 = Die unbewusste Ursache für deine Entscheidungs-Problematik (A-Deutung)
2 = Das gibt es zu tun auf Weg 1 (Gefühls-Weg) (B-Deutung)
3 = Das gibt es zu tun auf Weg 2 (Vernunfts-Weg) (B-Deutung)
4 = Das »Zwischen«-Ergebnis auf Weg 1 (C-Deutung)
5 = Das »Zwischen«-Ergebnis auf Weg 2 (C-Deutung)
6 = Der übergeordnete Sinn – das höhere Ziel beider Wege (C-Deutung)

VII. Die Seelenburg
(Der Weg zur Intuition)

Zu legende Karten: 7

Während unser 5. Legesystem sich beschäftigt mit dem Thema der Kreativität, also mit der Art, wie ich meine inneren Kräfte in einen Ausdruck bringen kann, will das 7. Legesystem dem Themenkreis der Intuition näher kommen. Im Gegensatz zum *Ausdrucksgeschehen* der Kreativität ist die Intuition eher eine Bewegung nach innen, die es ermöglicht, das vorzufinden, was in mir als *Eindruck* vorhanden ist. Eindruck heißt hier so viel wie: Jemand oder etwas hat einen Stempel in meine Seele gedrückt, hat ihr Tiefe verliehen, hat Inspiration und Spiritualität in mich gesenkt.

Christliche Mystiker sprachen an dieser Stelle vom »Heiligen Geist«, der über sie gekommen sei.

Heutige Esoteriker sprechen hier von »Spiritualität«, wir würden lieber sagen, es handelt sich um eine höhere Form der Wachheit, die volkstümlich auch der »siebente Sinn« genannt wird. Im 17. Jahrhundert gab es ein Buch, das den Weg zu dieser Art der Wachheit (zu Gott hin) beschreibt: »Die Seelenburg« der Teresa von Avila. In ihr beschreibt die spanische Nonne und Mystikerin in einem wunderschönen Bild, dass unsere Seele (also wir) aus sieben Wohnungen besteht, die man nacheinander zu durchwandern hat, bis man irgendwann in die innerste Wohnung, in das Heiligtum, vordringt. Teresa beschrieb freilich das Durchwandern der Kammern für ihre Mitschwestern, also für Nonnen, unser Legesystem ist weit weniger anspruchsvoll. Wenn es auch den Gedanken der Teresa aufgreift, so beschreibt es für uns Heutige, was im Sinne einer erhöhten Wachheit zu tun wäre, um zur Quelle der eigenen Intuition zu gelangen. Diese Quelle ist sozusagen die Mitte all dieser »Wohnungen«, sie ist die allerwichtigste, da dort, wie Teresa sagt, die »tiefgeheimnisvollen Dinge zwischen Gott und der Seele vor sich gehen«.

Somit ist dieses Legesystem eher eine Meditation, ein Weg, nach innen zu gehen, ein Weg der inneren Einkehr, vielleicht sogar ein inneres Gebet.

Wir durchwandern zuerst die Räume, die uns erkennen lassen, welche (äußeren) Lebensbereiche uns von unserer Mitte abhalten, welche unserer Versenkung – und damit dem intuitiven Erfassen der Welt – entgegenarbeiten.

So beantworten die ersten vier Karten auf der Spirale, die zum Herzen der Seelenburg führt, folgende Fragen:

1. Karte: In welchem Lebensbereich ist mein Wille, mein Machtstreben, mein Geltungsdrang am meisten verankert und lässt mich nicht los? (A-Deutung)

192

2. Karte: An welche Bereiche der sichtbaren bzw. der materiellen Welt habe ich mich verloren und kann dort nicht loslassen? (A-Deutung)

3. Karte: Welche Gedanken, Bilder, Vorstellungen und Zerstreuungen binden meine Lebenskräfte, so dass meine Seelenenergien nicht fließen können? (A-Deutung)

4. Karte: In welchen Gefühlszuständen sitze ich fest? Wo bin ich so subjektiv an meine Emotionen gebunden, dass meine Seele in diesen Gefühlen gefangen ist und mir die Freiheit und damit die Öffnung nach innen fehlt? (A- Deutung)

Die nächsten beiden Stationen auf deinem Weg nach innen sagen dir, was du tun kannst, um deine intuitiven Kräfte zu vertiefen:

Karte 5 beschreibt, was du konkret tun kannst (B-Deutung), und Karte 6 (ebenfalls eine B-Deutung) sagt dir, welches Opfer du zu bringen hast, um durch das Tor zur »Perle, zum Baum des Lebens, der inmitten der lebendigen Wasser des Lebens, also in Gott gepflanzt ist« (Teresa), vorzudringen.

Lasse die 7. Karte, die *deine Quelle* der Intuition symbolisch darstellt, zunächst einmal zugedeckt liegen. Versuche, ihr Bild, ihren Inhalt mit deinem dritten Auge, mit deiner Intuition zu erfassen.

Dies ist kein Ratespiel, mit dem du dich eventuell hinterher brüsten kannst (du fällst damit sofort zurück in Wohnung 1), sondern eine Möglichkeit für dich – für dich allein – deine unbewussten Kräfte zu fördern und dein drittes Auge zu schulen.

Du kannst diese Karte auch ein paar Tage (solange du magst) verdeckt liegen lassen. Eventuell erträumst du sie – oder sie erscheint unvermittelt vor deinem inneren Auge.

Nimm dir genügend Zeit, denn wir alle haben unser drittes Auge verkümmern lassen, und es dauert lange, bevor es von den Sandkörnern der Materie nach einem langen Schlaf wieder gereinigt ist.

Karten auf den Plätzen:
1 = Das hält meinen Willen fest. (A-Deutung)
2 = Das bindet mich an das Materielle. (A-Deutung)
3 = Diese Vorstellungen lassen mich nicht los. (A-Deutung)
4 = In diesen Gefühlen sitze ich fest. (A-Deutung)
5 = Das kann ich tun. (B-Deutung)
6 = Das muss ich opfern. (B-Deutung)
7 = Das Heiligtum. Die Quelle der Intuition (C-Deutung)
(Zugedeckt liegen lassen und versuchen, die Karte mit der Intuition zu erfassen.)

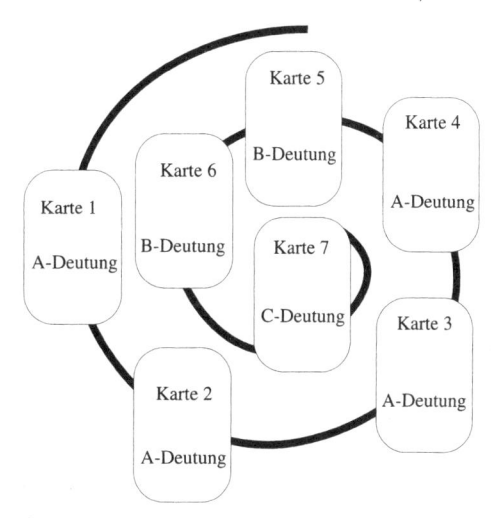

Legesystem VII

VIII. Persephone
(Der Gang durch den Hades)

Zu legende Karten: 8

Seit es eine aufgeschriebene Geschichte gibt, wissen wir, dass der Mensch – jeder Mensch – in bestimmten Perioden seines Lebens festsitzt und seine Entwicklung keinen Millimeter weitergeht. Die Götter haben hier eine enorm schwere Aufgabe in die Seele des Menschen gesenkt: den Gang durch das dunkle Reich der Unterwelt, die Reise durch die Nacht, den Weg durch den Hades.

Vor 700 Jahren hat der italienische Dichter Dante Alighieri eine genaue Wanderkarte für uns Abendländer für diesen Weg vorgezeichnet. Sein »Inferno« stellt diesen Abstieg in die Hölle in symbolischen Farben sehr ausführlich dar. Für uns Heutige, die wir mitunter vor dem großen Tor der Depression stehen, sieht es noch genauso aus. Wir müssen hinab und uns anschauen, welche Kräfte uns an diese dunkle Welt binden.

Vor dem Eingangstor zur Unterwelt stehen immer die schicksalsschweren Worte: »Wanderer, der du hier eintrittst, lasse alle Hoffnung fahren… «

Der Wanderer, der sich in diese Welt unvorbereitet und allein hinabbegibt, läuft allerdings Gefahr, nie wieder zurückzufinden. So wie Dante braucht auch er einen Führer, einen Verbündeten, der sich in diesem Reich auskennt und der ihn geistig begleitet.

Dante hatte als Wegbegleiter den alten römischen Dichter Vergil, der zu diesem Zeitpunkt bereits 1300 Jahre tot war. Aus diesem Bild können wir lernen, dass jede Seelenfigur ein Verbündeter sein kann (2. Karte).

Anschließend beginnt der eigentliche Abstieg.

Dort im Inneren begegnest du als Erstes einem Feind, der dich von deinem (für dich wichtigen) Weg abbringen will. Er stellt eine erste Konfrontation mit einer dir feindlich gesinnten inneren Person dar, die dich auf deiner Erkenntnissuche gern sabotiert (3. Karte).

An dieser Stelle ist es von entscheidender Wichtigkeit, eines zu wissen: Gestalten der Unterwelt kann man a) weder bekämpfen noch b) vor ihnen davonlaufen.

Jeder Kampf und jede Flucht wenden sich unmittelbar gegen dich.

Wenn du diesem Feind standgehalten hast, weder weggelaufen bist, noch ihn bekämpft hast, begegnet dir die nächstgrößere Gestalt, von der eine riesige Gefahr ausgeht: **Deine Angst!** (Bzw. die materielle Form, die deine Angst hier unten angenommen hat.) (4. Karte)

Für diese Angst gilt ebenfalls einer der wichtigsten Sätze aus Dantes Inferno: »Ma guarda e passa!« (Schau hin und geh weiter!)

Diese Angst – egal, wie du dich heute verhältst – hat schon vor langer Zeit dafür gesorgt, dass ein Teil von dir vor Schreck erstarrt ist. Du hast in einem furchtbesetzten Moment einen Teil von dir selbst abgespalten, ihn verraten, ihn den dunklen Mächten »zum Fraß« hingeworfen. Du hast ihm (dem abgespaltenen Teil) deine lebendigen Seelen- Energien entzogen und in der Verzauberung der Unterwelt erstarren lassen (5. Karte).

Um dir das Thema der Gefangenschaft und der Versteinerung deutlich vor Augen zu führen, kannst du an diese, die 5. Stelle, den dunkelsten Punkt der Unterwelt, die Karte für Saturn-Pluto DIE DEPRESSION legen. Deine 5. Karte legst du dann deckungsgleich auf diesen Platz. Auf diesem Weg wird dein Unbewusstes bildhaft angesprochen und so zur Offenlegung der gehüteten Geheimnisse »überredet«.

Die 6. Karte sagt dir jetzt, was du tun kannst, um die Verzauberung zu lösen, eventuell, welches Opfer du zu bringen hast, um wieder Leben in diesen toten Punkt deiner Seele zu bringen. Manche Opfer scheinen dem Helden zu schwer.

Das Geschaute lastet auf seiner Seele – er wird müde. Der lange Gang durch die Dunkelheit hat so sehr an seinen Kräften gezehrt, dass er sich ausruhen möchte und dort eventuell die Zeit, seine Aufgabe, sein Ziel vergisst. Die Mächte des Dunklen versuchen hier noch einmal, ihn zu verführen, auf dem »Schemel des Vergessens« (wie es in der Mythologie heißt) sitzen zu bleiben, um so auf immer das Licht zu verlieren – damit er ein Teil ihrer Welt wird.

Die 7. Karte sagt dir, womit du verführbar bist, in welchem Lebensbereich du dich ausruhen (also nicht weiterlernen) willst.

Hat der Wandersmann diese Klippe (mitunter nach vielen Monaten oder Jahren) überwunden, so wird es auf einmal sehr schnell hell. Der Ausgang aus der Unterwelt führt ihn unvermittelt in neue Lebensbereiche, einem neu gefundenen Sinn entgegen.

Erst dann vermag er zu verstehen, welche Metamorphose er zu durchlaufen hatte und mit welchem Ergebnis diese schwere, dunkle Zeit gekrönt wird.

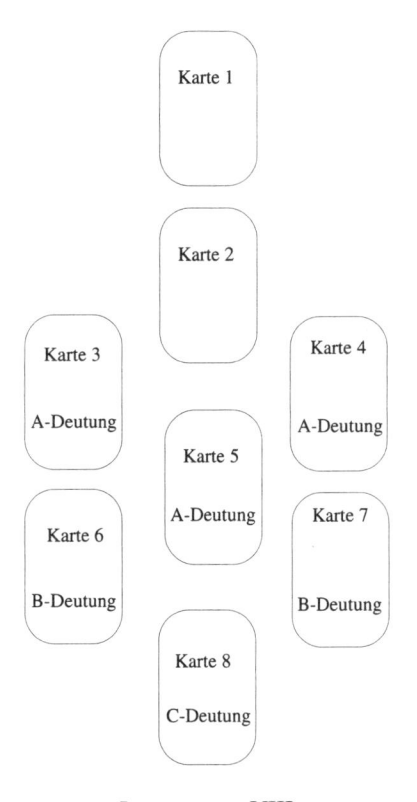

Legesystem VIII

Die 8. Karte zeigt dir das Licht des Bewusstseins, das nur auf diesem Weg zu erringen war. Es ist in der Tiefe der Dunkelheit entstanden und konnte nur von dir emporgetragen werden.

Karten auf den Plätzen:
1 = Diese Hoffnung fahren lassen (neutraler Text)
2 = Der Verbündete (neutraler Text)
3 = Der innere Feind (A-Deutung)
4 = Die Angst (A-Deutung)
5 = Die Verzauberung (A-Deutung)
 (An diesen Platz vorher die Karte DIE DEPRESSION legen)
6 = Das gibt es zu tun (B-Deutung)
7 = Der »Schemel des Vergessens« (B-Deutung)
8 = Ausgang und Ergebnis (C-Deutung)

IX. Das »symbolon«
(Der Partner als Spiegel)

Zu legende Karten: 9

Dieses Legesystem ist das einzige, das sich für die Problemlage zweier Menschen anbietet. Es geht um das Beziehungs-Spiel. Die beiden müssen nicht unbedingt Liebespartner sein, sondern das Spiel ist ein Therapeutikum ebenso zwischen Mutter und Kind, Angestelltem und Chef oder auch zwischen Geschwistern. Es wird also eine gemeinsame Problemlage behandelt.

Jeder der beiden hat für sich allein eine Problemmenge, die, trifft sie auf eine andere Problemmenge, eine ganz individuelle und eigene Mischung ergibt. (Figurativ gesprochen: Ist der eine in seinem Unbewussten z.B. eher wie eine Zitrone und der andere eher wie Milch und gießt man die beiden ineinander, so entsteht eine höchst problematische Ausflockung – kein Wunder, dass beide jetzt sauer sind.)

Auf diese gemeinsame Mischung hebt unser 9. Legesystem ab. Jede Beziehung – jede! – trägt in sich eine gemeinsame Verzauberung (Karte 1). Natürlich speist sich diese Verzauberung aus den Einzelproblemen des Weiblichen (Karte 2) und des Männlichen (Karte 3). Wer im Falle zweier Brüder bzw. von Chef und Angestelltem der jeweils männliche bzw. weibliche Teil ist, sollte vorher von den Fragenden festgelegt werden.

Die linke Säule des Systems bezeichnet immer die weibliche und die rechte Säule immer die männliche Seite.

Karte 4 und Karte 5 sagen den beiden Fragenden, was sie – jeder für sich – zur Problemlösung beitragen können.

Die Karte 6 gibt den gemeinsamen Weg an, der dazu verhelfen kann, den Beziehungsknoten zu lockern bzw. zu lösen.

Das Dreieck der Karten 7, 8 und 9 stellt den Tempel der Beziehung dar. Karte 7 und Karte 8 zeigen das aus der Partnerschaft erlernte Thema, das die beiden (jeder für sich) quasi als Lohn aus der Gemeinsamkeit ziehen können. Die 9., die letzte Karte, symbolisiert das übergeordnete Dach des Tempels, den höheren Sinn, unter dem zwei Menschen sich finden und der sich daraus ergibt, dass ihrer beider Energien zusammengeflossen ein Neues und Drittes herausbilden.

Dieses Dach weist auf eine höhere Ebene hin, die, abgesehen von dem subjektiven Wachstum zweier Seelen, einen objektiven, der Allgemeinheit zugeordneten Sinn ergibt. Diese 9. Karte schließt das auseinander gefallene »symbolon« wieder zu einem Ring.

Die Arbeit jedoch, die davorliegt, ist hart. Zwei Menschen sind einander immer Schatten und Spiegel. Die beiden Säulen, die linke und die rechte, sind also zwei Hälften eines Ganzen, die sich aber durch Abgrenzung und Verdrängung voneinander entfernt haben. Jeder Partner ist immer die »schlechtere Hälfte« von dir, da du die »bessere« ja schließlich bei dir selbst behalten hast. Da diese Projektionen immer in sehr tiefe Schichten des Unbewussten reichen, ist es auch sehr zweifelhaft, ob der fragende Partner für den anderen dessen Karten mitziehen und legen kann. Es könnten Wunsch- oder Hassgebilde dabei herausgezogen werden. Falls nun dein Partner sich weigert, dieses »Spiel« mitzumachen, ist es besser, eine andere, objektive Person seine Karten ziehen zu lassen.

Die mittlere Säule wird immer von beiden gemeinsam gelegt, und gegebenenfalls suchen beide so lange, bis sie sich einig sind, welche der (verdeckten) Karten die richtigen sind.

Auch hier gilt: Die gezogenen Karten stehen jetzt symbolisch für die Beziehung und für die zu leistende Arbeit. Jede weitere (neue) Karte verwässert die Aussage und wirkt sich inflationär auf die Bewusstseinsarbeit aus.

Karten auf den Plätzen:
1 = Das unbewusste Problem der Beziehung (von beiden zu ziehen) (A-Deutung)
2 = Der unbewusste Teil, den der eher weibliche

Partner in den gemeinsamen Topf hineingibt (A-Deutung)
3 = Der unbewusste Teil, den der eher männliche Partner in den Topf hineingibt (A-Deutung)
4 = Arbeitsanweisung für den eher weiblichen Partner (B-Deutung)
5 = Arbeitsanweisung für den eher männlichen Partner (B-Deutung)
6 = Der gemeinsame Weg (beide ziehen) (B-Deutung)
7 = Der Sinngewinn für den weiblichen Partner (C-Deutung)
8 = Der Sinngewinn für den männlichen Partner (C-Deutung)
9 = Das Dach des Tempels, d.h. die übergeordnete Erfüllung der Beziehung (von beiden zu ziehen) (C-Deutung)

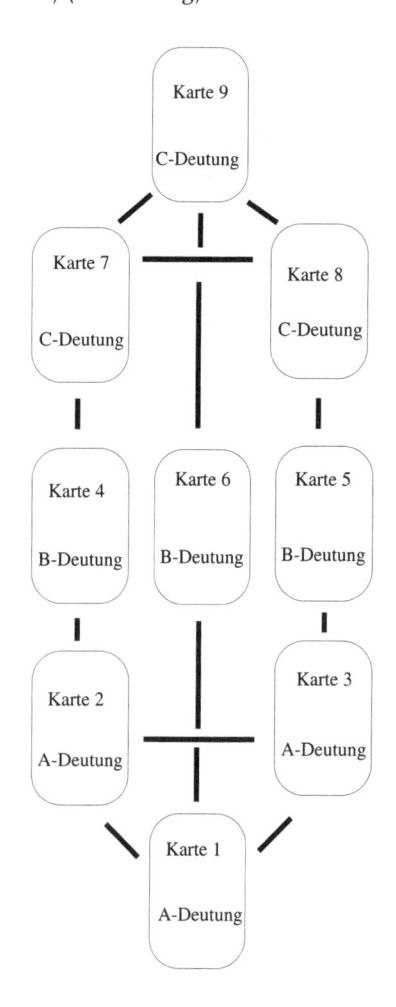

```
                    Karte 9
                   C-Deutung

    Karte 7                      Karte 8
   C-Deutung                    C-Deutung

    Karte 4      Karte 6         Karte 5
   B-Deutung    B-Deutung       B-Deutung

    Karte 2                      Karte 3
   A-Deutung                    A-Deutung

                    Karte 1
                   A-Deutung
```

Legesystem IX

X. Mnemosyne (und ihre 9 Töchter)
(Die Familiengeschichte)

Zu legende Karten: 10

Mnemosyne ist – wir sagten es bereits – die Göttin der Erinnerung. Ihr ist dieses Spiel als Ganzes gewidmet, ihren Auftrag erfüllt es. Sie selbst tritt nie in Erscheinung, sondern sie arbeitet mit ihren abgesandten Töchtern, den Musen, die – neun an der Zahl – die Menschen in den verschiedensten Bereichen er-innern. Jede Erinnerung hat eine große Gegenspielerin – Lethe –, die darauf erpicht ist, dass du dich nicht erinnerst.

Jede Erinnerung nimmt ihren Ausgang bei den beiden großen Gestalten deines Lebens: Vater und Mutter, Sonne und Mond. Ohne sich dieser beiden Figuren im Inneren der Seele bewusst zu werden, kommt eine seelische Arbeit nicht in Gang. Es ist schwierig, diesen Sachverhalt in ganzer Schärfe zu verstehen. Der Mensch steht erst einmal da und ist, egal wie alt er heute ist, ein Kind. Ein unzufriedenes, unbeherrschtes, zaghaftes, beleidigtes, verletztes, zorniges, abgetriebenes usw. Wesen, das einen weiten Weg zurückzulegen hat, bis es sich eines Tages im archetypischen Stadium des Erwachsenseins befindet. In diesem Sinne bedeutet Erwachsensein allerdings nicht, das innere Kind überwunden oder gar abgeschafft, sondern seine Blockaden, seine Ängste und seine Wunden geheilt zu haben. Ein derartiger Erwachsener ist eine liebevolle Gestalt, die Verständnis für die Schwächen und Gefühle der eigenen Seele und die Seelen der anderen Menschen hat. Diese verständnisvolle Zuwendung lässt die Spontaneität und Lebensfreude, die (wenn auch verschüttet) in jedem Kind vorhanden sind, wieder zu, und sie verbindet sich mit einer inneren Instanz, die verantwortungsbewusst und lebens- bzw realitätsbezogen ist. Jeder von uns hat irgendwann – oft viele Male – sein inneres Kind im Stich gelassen. Die Schmerzen, die es zu erleiden hatte, die Ungeborgenheit und Kälte, in die es sich hineingeworfen fühlte, waren so unerträglich, dass die einzige Chance zu überleben (scheinbar) darin bestand, diese Gefühle abzuspalten und zu verdrängen. Mit dieser Abkoppelung der negativen Erfahrungen ist nun die Verbindung zum Innersten hin unterbrochen, und die positiven Eigenschaften des Kindes, wie Spontaneität, Lebendigkeit, Kreativität, Intuition und die Fähigkeit, zu spielen, wurden mit in die Dunkelheit verbannt.

Zu diesem ganz speziellen Weg des Erwachsenwerdens, das diesen »Schatz« wieder zu lieben vermag, wollen die Göttin und ihre Töchter das Material für einen Entwicklungsvorgang nach und nach beisteuern. Dieses Material besteht hauptsächlich in der »inneren Mutter« und dem »inneren Vater«. Da diese beiden großen seelischen Gestalten aber immer so schwer gefunden werden können, müssen wir die Arbeit bei ihren »Spiegelungen« beginnen. Die Spiegelung der inneren Eltern sind jedoch die äußeren Eltern! Mein Verhältnis zu ihnen aufzuarbeiten, heißt gleichzeitig diese beiden inneren Personen einer Gesundung zuzuführen. Sobald ich mich auf diesen Weg mache, muss ich mir allerdings als Erstes mein **Kindsein** (wie immer es aussehen mag) rückhaltlos eingestehen (Karte 1). Diese Karte also zeigt dir an, auf welchen Aspekt, auf welches Thema deines inneren Kindes du im Moment (oder je nach Fragestellung: in deinem Leben) aufmerksam gemacht werden sollst.

Das linke Kartenquadrat – die Karten 2 bis 5 – sind deiner Mutter(-Problematik) bzw. deiner weiblichen Seite zugeordnet. Die Karte 2 symbolisiert dabei deine (innere und äußere) Mutter. Sie ist dir vom Schicksal mit einer (unbewussten) Aufgabe, also einer unerlösten Seite (Karte 3) zugeordnet worden, auf dass du über sie lernst und dich an ihr entwickelst (Karte 4). Die 5. Karte zeigt dir, welcher Sinn darin liegt, dass du gerade diese – und keine andere! – Mutter im Leben haben musstest. Sie zeigt dir deine entwickelte innere Mutter und weibliche Seite, die du als Lösung schon immer in dir trägst, obwohl zwischen ihr und dir zunächst noch die Zeit eines (oft harten) Erkenntnisweges liegt.

Die Karten 6 bis 9 zeigen die gleichen Stationen des Erwachsenwerdens auf, doch nun von der männlichen, der väterlichen Seite aus betrachtet.

Die Karte 6 ist der Vater, die 7. Karte beschreibt die Problemstellung der Vaterbeziehung. Karte 8 steht für den Weg der Entwicklung, und die 9. Karte symbolisiert das Beste, was das väterliche Prinzip in dir, in deiner Seele zu verwirklichen vermag.

Die 10. Karte letztendlich zeigt dir deinen entwickelten, liebevollen inneren Erwachsenen, der eine enge Verbindung zum inneren Kind hat, der dieses annimmt und fördert und in seinem Interesse, ohne sich dabei vor der Verantwortung gegenüber der Welt zu drücken, handelt.

Dieses letzte Bild schließt einen Kreis. Es zeigt die Aussöhnung mit den kindlichen Gefühlen wie Trotz, Wut, Beleidigtsein etc. Wenn diese hemmenden Gefühlszustände wieder in den Fluss geraten sind, so entwachsen ihnen Spontaneität, Kreativität und eine lebhafte Kindlichkeit, die jeden Menschen beseelt und ihm und seiner Umwelt Freude zu bereiten vermag.

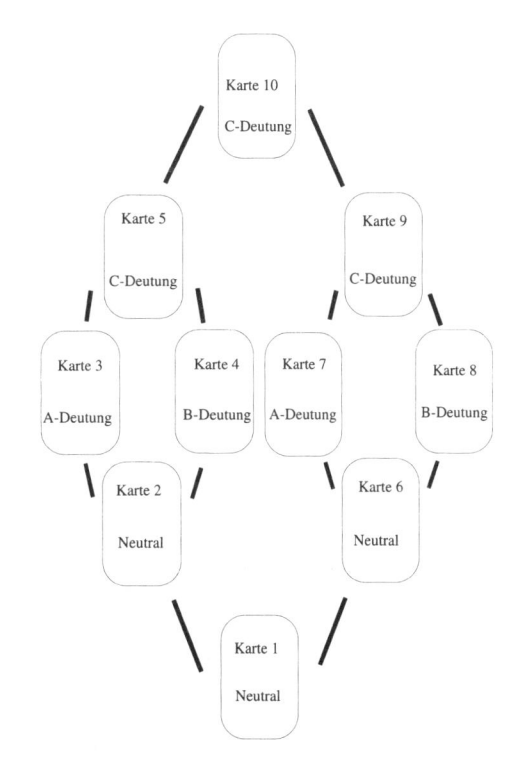

```
                    Karte 10
                    C-Deutung

      Karte 5                      Karte 9
      C-Deutung                    C-Deutung

  Karte 3    Karte 4     Karte 7    Karte 8
  A-Deutung  B-Deutung   A-Deutung  B-Deutung

      Karte 2                      Karte 6
      Neutral                      Neutral

                    Karte 1
                    Neutral
```

Legesystem X

Karten auf den Plätzen:
1 = Das unbewusste verdrängte Kind (neutrale Deutung)
2 = Die innere (und äußere) Mutter (neutrale Deutung)
3 = Die Mutterproblematik (A-Deutung)
4 = Der aktive Weg, diese Problematik zu lösen (B-Deutung)
5 = Die Aussöhnung mit der Mutter (C-Deutung)
6 = Der innere (und äußere) Vater (neutrale Deutung)
7 = Die Vaterproblematik (A-Deutung)
8 = Der aktive Weg, diese Problematik zu lösen (B-Deutung)
9 = Die Aussöhnung mit dem Vater (C-Deutung)
10 = Der liebevolle innere Erwachsene (C-Deutung)

XI. Der Quanten-Sprung
(Der Weg in die Freiheit)

Zu legende Karten: 11

Das Thema dieses Legesystems ist auf einer Karte bereits vorgegeben, deshalb darf diese Karte nicht im Spiel bleiben. Suche sie dir als erstes heraus (Schütze-Wassermann = DER QUANTEN-SPRUNG) und lege sie aufgedeckt auf den achten Platz. Betrachte diese Karte und du siehst, worum es bei diesem System geht.

Gefordert wird von dir ein Sprung ins Ungewisse. Du weißt zwar, wo du herausspringst, aber du weißt nicht, wo du landen wirst! Hast du bereits ein Ziel, in das hinein du springen möchtest, so handelt es sich *nicht* um einen »Quanten-Sprung«, sondern um eine Ent-Scheidung (siehe System Nr. 6).

Wir wiederholen: Der Quanten-Sprung erfordert, dass du ins Ungewisse springst! Theoretisch kann es sein, dass du nach dem Sprung in der Gosse landest (das dürften zumindest deine Befürchtungen sein). Doch das Schicksal ist meist mit jenen, die den Mut zum Sprung haben, und es lähmt die, die niemals springen.

Ein Quanten-Sprung ist immer ein Sprung in eine gänzlich neue Richtung, in eine neue Denkart, es ist der Sprung ins Wundersame (es handelt sich niemals um ein Umsteigen, sondern um ein Aussteigen in einem fremden Land). Der Sprung erfolgt in der Regel, wenn deine bisherigen Lebensgestalten und -themen grau geworden sind. Wenn auch der Sprung sich durch äußere Lebensumstände (meist durch Schmerzen hindurch) vorbereitet, so ist doch von dir ein persönlicher und bewusst vorzunehmender Absprung (d.h. ein Kräftesammeln zum Sprung) erforderlich.

Ohne ein gerüttelt Maß an Mut hat noch kein Sprung stattgefunden.

Die erste Karte, die du ziehst, zeigt dir die innere Person, die im Moment sehr unfrei, sehr gefangen und blockiert in deinem Inneren ihr Leben fristet. Mache dir klar (auch wenn du vorher ganz andere Gedanken dazu hattest), dass es um sie bzw. um dieses Thema geht (Karte 1).

Die zweite Karte stellt dar, welcher Teil dieses Themas oder dieser Person dir noch sehr unbewusst ist und dich von daher – aus dem Bauch heraus – hemmt. Karte 3 symbolisiert »Kopf«-Gebilde, die dich ebenso hindern, da »falsche« Glaubenssätze dich von deinem Weg, den du zu gehen hast, abhalten. Karte 4 zeigt an, welche Schritte (Taten) deinen Weg in die Freiheit hindern, und Karte 5 sagt dir, welche (Bewusstseins-) Schritte ihn *fördern* können.

In der Regel hängt der Mensch an irgendetwas fest, von dem er glaubt, sich niemals trennen zu können. Ohne eine Art Opfer (Karte 6) und die dazugehörigen Konsequenzen (Karte 7) kann dir der Sprung nicht gelingen – du hättest zu viel Ballast und wärest damit zu schwer.

Die Karte 8 (unsere aufgedeckte Jupiter-Uranus-Karte) verdeutlicht dir noch einmal, dass es um einen Sprung ins Ungewisse geht. Auf diese Karte legst du keine andere Karte, sie ist die

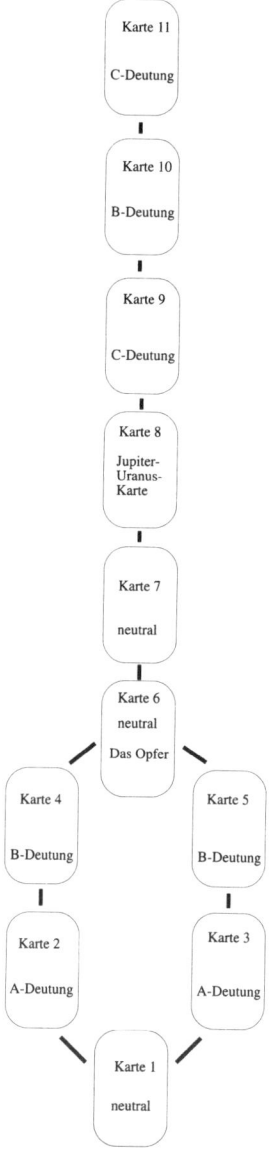

```
        Karte 11
        C-Deutung
           |
        Karte 10
        B-Deutung
           |
        Karte 9
        C-Deutung
           |
        Karte 8
        Jupiter-
        Uranus-
         Karte
           |
        Karte 7
        neutral
           |
        Karte 6
        neutral
       Das Opfer
        /      \
  Karte 4     Karte 5
  B-Deutung   B-Deutung
     |           |
  Karte 2     Karte 3
  A-Deutung   A-Deutung
        \      /
         Karte 1
         neutral
```

Legesystem XI

Brücke zu den letzten drei Karten. Wenn du nicht bereit bist, das geforderte Opfer der Karte 6 zu leisten und die Konsequenzen der 7. Karte zu tragen, bist du auch nicht bereit zu springen, und es macht für dich wenig Sinn, über diese Brücke zu gehen und die letzten drei Karten aufzudecken.

Bist du aber mutig und bereit (ernsthaft!) zu Opfer und Sprung, dann zeigt dir die 9. Karte eine überraschende Wende, die Karte 10 einen neuen Weg, den du gehen wirst und schließlich die 11. Karte den krönenden Erfolg deines Mutes und den Sinn deines Weges in die Freiheit, deine ganz persönliche Freiheit.

Noch einmal die Karten in der Zusammenschau:
1 = **Die Gefangenschaft und die Blockade** (neutrale Deutung)
2 = **Die unbewusste Hemmung im »Bauch«** (A-Deutung)
3 = **Hemmende Gedanken (Kopf)** (A-Deutung)
4 = **Hinderliches Verhalten** (B-Deutung)
5 = **Förderndes Verhalten** (B-Deutung)
6 = **Darzubringende Opfer** (neutrale Deutung)
7 = **Daraus sich ergebende Konsequenzen** (neutrale Deutung)
8 = **Die aufgedeckte Jupiter-Uranus-Karte** (DER QUANTEN-SPRUNG) als Brücke der Erinnerung
9 = **Überraschende Wende** (C-Deutung)
10 = **Der neue Weg** (B-Deutung)
11 = **Der krönende Erfolg** (C-Deutung)

XII. Drehbuch des Lebens
(Die 12 Personen im Inneren)

Zu legende Karten: 12

Auf der Bühne des Lebens und damit in der Seele eines jeden Menschen tummeln sich in jedem Falle zwölf Innenweltbewohner. Da diese Personen sich mischen können und aus ihnen sozusagen »Kinder« entstehen, werden es im Einzelfall wesentlich mehr sein. Die Zahl 12 ist also die knappeste Bestandssumme, die wir mit diesem Legesystem kennen lernen können.

Als Erstes wählen wir ein Zuordnungssystem, d.h., wir legen kreisförmig die Einzelkarten (Große Arkana) so aus, als würden wir einen Tierkreis bilden. Beginnend mit dem KRIEGER und endend mit dem ENGEL haben wir jetzt einen Kreis von (aufgedeckten) Karten liegen. Das ist die *allgemeine* Form. Als Nächstes wählst du die *für dich spezifische* Form, d.h., du ordnest den einzelnen inneren Personen, die so (archetypisch) in jedem existieren, eine für dich spezielle Karte zu. Wieder ziehst du entlang der Reihenfolge vom KRIEGER bis zum ENGEL jeweils eine Karte und legst sie verdeckt auf die bereits liegenden zwölf Karten.

Die verdeckten Karten zeigen deine Ausprägungen dieser Personen und Themen, entweder der augenblicklichen Zeit oder, falls so gewünscht, deiner Lebenszeit (in diesem Fall darfst du dieses System nur **einmal** legen!).

Die Karten behandeln also die Problemstellung, die Erinnerungsarbeit und das Erlösungswerk der darunterliegenden Personen. Du kannst davon ausgehen, dass jeweils ein unbewusster Aspekt der offen liegenden Karte durch die verdeckt liegende angesprochen wird. So bekommst du eine Bestandsaufnahme deiner Lebenssituation, die alle Lebensthemen beinhaltet. Du kannst erkennen, welche Bereiche auffallend problematisch hervor- und welche bescheiden und unauffällig zurücktreten. Für jede der gezogenen Karten gilt in diesem Fall sowohl die neutrale als auch die A-, B- und C-Deutung. Die angesprochene Person hat einen Entwicklungsweg zu durchlaufen, der vom Schatten bis hin zum Licht reicht. Sie hat »gute« und »schlechte« Seiten und kann sowohl Hilfestellung als auch Hinderung sein. Deine Aufgabe ist es, sie in ihrer ganzen Bandbreite kennen und vielleicht sogar lieben zu lernen.

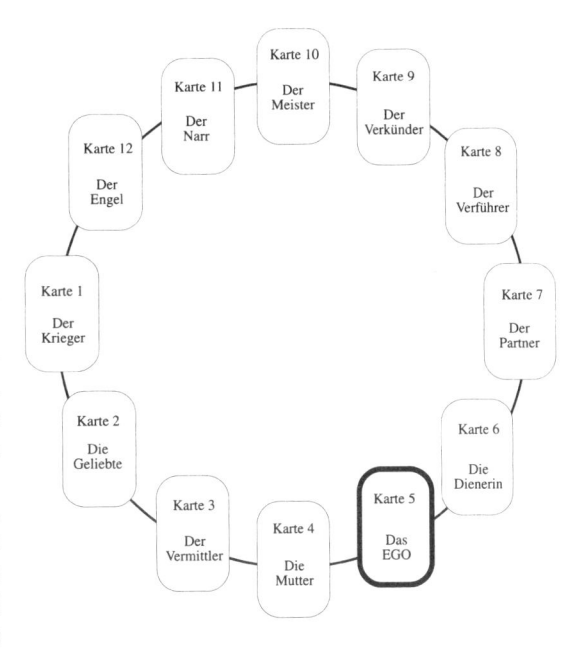

Legesystem XII

- Karte 1 — Der Krieger
- Karte 2 — Die Geliebte
- Karte 3 — Der Vermittler
- Karte 4 — Die Mutter
- Karte 5 — Das EGO
- Karte 6 — Die Dienerin
- Karte 7 — Der Partner
- Karte 8 — Der Verführer
- Karte 9 — Der Verkünder
- Karte 10 — Der Meister
- Karte 11 — Der Narr
- Karte 12 — Der Engel

Dr. Peter Orban arbeitet seit 1978 als Astrologe, Psychotherapeut sowie als Gruppenleiter und Ausbilder in beiden Bereichen. Er versteht sich als »Anwalt und Lobbyist der Seele«, und er vertritt seinen Klienten in all seinen Belangen.

Peter Orban ist Autor und Mitautor folgender Bücher: *Die Reise des Helden, Pluto, Verborgene Wirklichkeit, Seele, Tanz der Schatten, Personare, Symbolon, symbolon – Das Horoskop-Mandala, Drehbuch des Lebens, Der multiple Mensch, Drehbuch Partnerschaft*

Ingrid Zinnel begann ihren Weg als Autorin und Zeichnerin von Kinderbüchern. 1982 gründete sie mit Dr. Peter Orban »symbolon«, eine Praxis für Selbsterfahrung. Seit dieser Zeit arbeitet sie als Therapeutin, Astrologin, Homöopathin und Ausbilderin in eben diesen Berufen.

Ingrid Zinnel ist Mitautorin (zusammen mit Peter Orban) der Bücher: *Tanz der Schatten, Drehbuch des Lebens, Personare, Symbolon sowie symbolon – Das Horoskop-Mandala.*

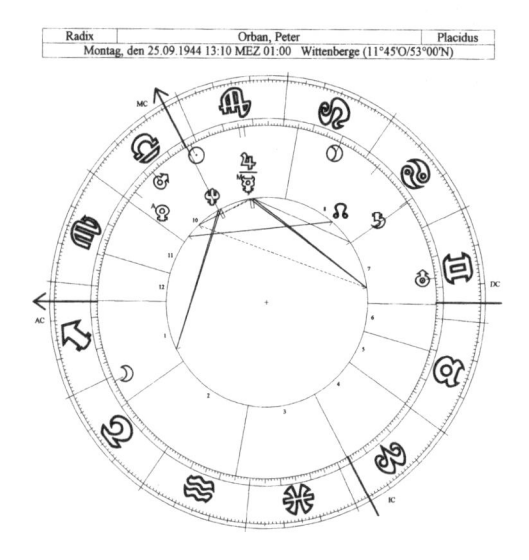

Für weitere Informationen über therapeutische Einzelsitzungen, Horoskop-Beratungen, Astrologie-Ausbildungs-Kurse und Therapeuten-Ausbildungen kann ein Jahresprogramm angefordert werden bei:
symbolon
Eduard-Rüppell-Straße 3, 60320 Frankfurt,
Telefon 069 / 5601472

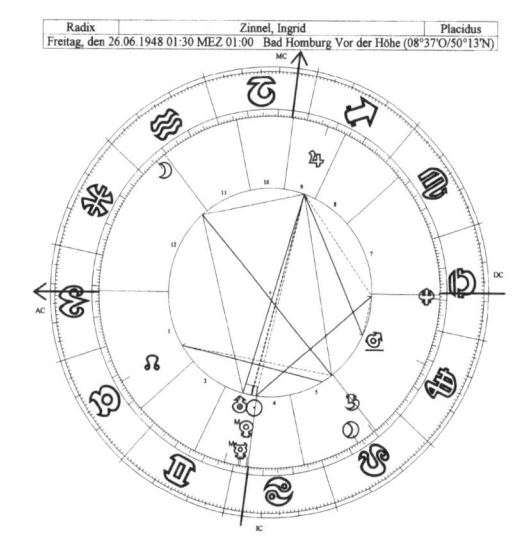

Für weitere Informationen über therapeutische Einzelsitzungen, Horoskop-Beratungen, homöopathische Behandlungen und Ausbildungsgruppen kann ein Jahresprogramm angefordert werden bei:
symbolon
Neuhofstraße 13, 60318 Frankfurt,
Telefon 069 / 5971888